U0347237

勇敢说出

你的想法

The Assertiveness Workbook

如何在工作和生活中大胆表达、主动争取

（原书第2版）

[加] 兰迪·J. 帕特森 ◎ 著
(Randy J. Paterson)

刘彦◎译

How to Express Your Ideas and Stand Up for Yourself at
Work and in Relationships（Second Edition）

机械工业出版社
CHINA MACHINE PRESS

Randy J. Paterson. The Assertiveness Workbook: How to Express Your Ideas and Stand Up for Yourself at Work and in Relationships, Second Edition.

Copyright © 2022 by Randy J. Paterson.

Simplified Chinese Translation Copyright © 2025 by China Machine Press.

This edition arranged with New Harbinger Publications through BIG APPLE AGENCY.

This edition is authorized for sale in the Chinese mainland (excluding Hong Kong SAR, Macao SAR and Taiwan).

本书中文简体字版由 New Harbinger Publications 通过 BIG APPLE AGENCY 授权机械工业出版社仅在中国大陆地区（不包括香港、澳门特别行政区及台湾地区）独家出版发行。未经出版者书面许可，不得以任何方式抄袭、复制或节录本书中的任何部分。

北京市版权局著作权合同登记　图字：01-2023-4766 号。

图书在版编目（CIP）数据

勇敢说出你的想法：如何在工作和生活中大胆表达、主动争取 /（加）兰迪·J.帕特森（Randy J. Paterson）著；刘彦译. -- 2 版. -- 北京：机械工业出版社，2025．1．-- ISBN 978-7-111-76956-9

Ⅰ. H0-49

中国国家版本馆 CIP 数据核字第 2024B0D190 号

机械工业出版社（北京市百万庄大街 22 号　邮政编码 100037）

策划编辑：刘利英　　　　　　　　　责任编辑：刘利英　侯思琪

责任校对：李　霞　李可意　景　飞　责任印制：单爱军

保定市中画美凯印刷有限公司印刷

2025 年 3 月第 1 版第 1 次印刷

147mm × 210mm · 11.75 印张 · 252 千字

标准书号：ISBN 978-7-111-76956-9

定价：69.00 元

电话服务　　　　　　　　　网络服务

客服电话：010-88361066　机　工　官　网：www.cmpbook.com

　　　　　010-88379833　机　工　官　博：weibo.com/cmp1952

　　　　　010-68326294　金　书　网：www.golden-book.com

封底无防伪标均为盗版　机工教育服务网：www.cmpedu.com

前　言

　　哟，多么美妙的一段旅程。

　　很多年前，我参加了美国心理学会（APA）的年会。该会议犹如一场令人困惑的、多达 40 圈的马戏表演，在持续 5 天的过程中穿插着演讲、研讨会、海报展和专题讨论会。会议大厅在清晨时分最为安静，因为有一大半的参会者还在床上，他们中的许多人因前一晚与年轻时结交的朋友重聚而宿醉未醒。

　　我显然不在其中，因为我几乎不认识任何人，并且打算充分利用自己的时间。在一个相对狭小的房间里，有一个关于自助类书籍写作和出版的会议。很久以前，我就在心理学和某种形式的写作中选择哪个作为职业犹豫不决。虽然后来选择了前者，但我依然对能否找到办法同时追随后者颇

IV

有兴趣。

我当时负责管理一个团体治疗项目，旨在预防已完成住院治疗、刚被批准出院的重度抑郁症患者再次住院。我们这个分 8 次进行的治疗项目似乎对他们有所帮助，但很明显，关于人际关系边界的一小部分内容对他们当中的许多人来说远远不够。

我创立了一个全新的、完全专注于坚定自信技巧的团体项目，已经完成原先普通项目的患者可以根据个人意愿决定是否参加。事实证明，这个项目非常受欢迎，其培训手册更是成为心理健康专业人士巡回研讨会的一部分。我化身为坚定自信培训版的苹果佬约翰尼[⊖]，在全国各地的酒店讲台上传播着"以'我'为开头的表述"和"重复话语技巧"。

在出发参加美国心理学会的出版会议前，我将培训手册塞进背包，然后坐下来，听一群临床医生描述他们是如何将自己的兴趣爱好写成书的。一个高个子、留着胡子的男人在前排专心地倾听。会议的最后，他转向散布在房间各个角落的小团体，向大家介绍自己是美国新先驱出版公司（New Harbinger Publications）的联合创始人帕特里克·范宁（Patrick Fanning）。在关于写作和实际出版一本书的可行

⊖ 即约翰·查普曼（John Chapman），绰号"苹果佬约翰尼"（Johnny Appleseed），是美国苗圃匠人先驱、西进运动时代的传奇人物。19 世纪早期移居俄亥俄州，随后在宾夕法尼亚州等地种植苹果，并且生产苹果酒。在传说与一些记载中，他是将苹果树引入北美许多地区的第一人。

性方面，他对一些与会成员的观点表示赞同，然后会议就结束了。

撰写一本关于坚定自信技巧手册的缺点是，当机会来临时，你不能以害羞为借口逃避。如果我悄悄溜出去提早吃午饭，我怎么在日常工作中面对我的来访者呢？我向范宁介绍了自己，拿出我复印的手册，感觉像一名在课堂上进行展示说明的二年级小学生。

他说："事实上，我们还没有一本关于坚定自信的书。我能拿走这本手册仔细看看吗？"

两天后，我收到了一份合同草案。又过了一年多，第1版图书问世了。它逐渐找到了自己的市场，并经过时间的洗礼，成为这个领域的标杆之作。当报纸、杂志和广播媒体需要找人来聊关于坚定自信的沟通和人际关系边界的话题时，工作人员往往会联系我。

没有什么像上广播节目那样让你深切地意识到自己并没有真正"功成名就"。在第一个电话到来时，你不禁想象自己和主持人有悠闲的1小时，可以好好聊聊错综复杂的重要观点并提供反馈。

事实根本不是这样。你被安排在播报交通和天气的环节之间，你的作用就是填充那5分钟的内容。制作人坐下后总是会说："时间有限，所以我们真的希望能直奔主题，谈论你这本书的核心概念。如果听众想要更多的信息，他们可以自己去买书。所以，我们主要的关注点是什么呢？"

　　几个月来，我一直在为这个问题苦苦思索。这本书的核心概念是什么？整本书基本上是几百页的技巧集合。哪一个是关键点？基石在哪里？尽管我是作者，但我完全答不上来。

　　然而，随着时间的推移，我逐渐意识到整本书确实是建立在一个单一原则之上的，这个原则在第 1 版中始终被隐晦地提及，但从未有过明确表述或被置于核心位置。图书出版后的这些年来，这个概念对我而言一次又一次得到了强化。它是所有坚定自信沟通的秘诀，也解释了为什么时至今日，坚定自信对很多人来说依然是如此难以企及的目标。

　　去问任何人为什么他们想学关于坚定自信的课程或阅读关于这个主题的书时，他们会说："我有一个非常难对付的配偶（或女儿、兄弟、父母、最好的朋友、伴娘、老板、医生、邻居、员工、同事），而我所做的一切尝试似乎都没有任何效果。我需要他们做出改变。"怎样的改变？答案包括：表现出一些尊重，找一份工作，停止偷我的笔，移开栅栏，归还我的割草机，保守我的秘密，停止越界行为，还有把马桶盖放下来。

　　改变世界的冲动激发了大家对更好的坚定自信技巧的渴望。问题和解决方法就藏在这种冲动当中，而我需要告诉业务缠身的广播制作人的答案也在其中。

　　坚定自信并不是要控制他人，而是要控制自己。

　　就这么多。这就是全部的重点。你现在不需要读完整本书了，你已经完成了任务。

当你在书已经出版后才意外发现书的核心主题时，难免有些尴尬。这个领悟就像卡在你牙缝里的爆米花粒一样，一待就是好多年。你会想，"我真该回过头去重新聚焦一下"。但那是将来某一天的事了。

此外，你会收到各种反馈，有些来自读者，有些来自网上的评论，还有些来自通过引导自己的来访者实践书中的内容而积累的经验。你会想，"我希望书中多一点儿这样的内容"，或者，"我在这里写得有点儿冗长了"。20 年后你将意识到，那些涉及长途电话、台式电脑和广播电视的例子可能已经过时，而涉及智能手机或电子邮件的例子的缺失也同样如此。

这就是我的机会。现在离第 1 版的出版已经有一段时间了。坚定自信的沟通在某种程度上是不受时间影响的话题，所以谢天谢地，我不必写很多和老版本存在矛盾的内容。但是，在过去的这 20 年里，时代发生了变化，我也学到了一些新的东西。

那我们就开始进入正题吧。

兰迪·J. 帕特森

The Assertiveness
Workbook

目　录

前言

|第一部分| 什么是坚定自信

|第二部分| 跨越坚定自信的障碍

什么是坚定自信

The Assertiveness
Workbook

第 1 章

彰显你的存在

世界是一个舞台，所有的男男女女不过是演员。

——威廉·莎士比亚（William Shakespeare），

《皆大欢喜》(As You Like It)

来吧，上去吧。剧院是空的，没有人会阻止你。爬上舞台边的楼梯，沿着木板一直走到悬在管弦乐池上的边缘地带。

这个房间是你的世界。你的生活就贯穿在四壁之内。这周是《皆大欢喜》；上周是《麦克白》(Macbeth)。一切都在这里。你仍然可以看见《歌剧魅影》(Phantom of the Opera)中那盏该死的吊灯砸到甲板后留下的凹痕。

在很大程度上，你可以选择自己的角色。那会是什么呢？

一种选择是跳回舞台下，在座位上被动地观看。除了你，每个人都被允许上台。你的工作是为明星鼓掌，在他们忘记台词的时候给他们提醒。还有，也许是在排练间隙跑出去取咖啡。

不适合你？哦，好吧。试想另一个场景：这是一场个人表演，只有你可以上台，其他人都不行。成为聚光灯下的焦点是你的特权。其他所有人的工作都是配合你发光发亮，并且永远不妨碍你。

太具有攻击性？没问题。让我们把这场表演变成一出闹剧：你看起来没有任何冒犯之意，只是忙前忙后做好服务观众的准备，但你仍然设法把所有人都挤下舞台，一个人抢尽风头。这不是你的过错！但那是怎么发生的？你为什么在同一时间表现得既被动又具有攻击性？

太狡猾了？也许这些场景看起来是不是都有点儿孤独？你孑然一身，要么单独站在台上，要么躲在台下的廉价座位里？

好吧。如果想象一下第四种选择呢？这是一部大制作，你可以上台，其他人也一样。你有你的角色，他们也有他们的戏份。你们都是整个作品中的一部分。如果这是你想要的表演，你来对地方了。

让我们开始吧。想象一下。

假设你决定尝试心理治疗。在进行第一次的预约咨询时，你的临床医生对你所知甚少。也许在初诊表格上，你已经描述了一些自己近来持续出现的症状，以及生活中不那么尽如人意的地方。这可能会派上用场。这些信息描述了你现在不喜欢什么东西。

你的心理医生可能会感谢你提供的信息，然后身体稍稍向前倾，问道："那你想要什么呢？"想象一下治疗非常顺利的情景，3个月、6个月或12个月后你回头看这一切，说："嘿，心理治疗是一个伟大的决定。"是什么导致了这个结论？你有什么改变呢？

当你阅读一本自助图书时，这种既往前看也往后看的双重立场也很有用。人们通常出于一种对现状的不满而去读这些书。你觉得有些事不太对劲，比如在你的生活中，你处于一个特定的位置，而你想去别的地方，一个更好的地方。所以现在，请你问自己两个问题：

- 你的生活中有什么令你不满意的地方，使你认为读一本关于坚定自信沟通的书可能是个好主意？
- 如果这本书确实能帮助你实现你想要的，你的生活会有什么不同？

如果你能回答这些问题，你就为自己打造了一个指南针。另外，你已经在旅途中增加了胡萝卜和大棒来激励自己：必然出现的不适是大棒，而有待实现的愿景是胡萝卜。

那么，现在来说说坚定自信的表达。这种表达方式的目标是什么？

有些人想要打磨自己的形象。他们向世界展示的是一张面具，有时它会破裂，有时它会掉下来，有时人们会看穿它。他们想学习如何把面具握得更紧，如何滴水不漏地呈现这个面具，如何不让别人轻易看穿他们的真面目。他们拒绝了真实的自己，并已经下定决心，要选择成为他们向世界展示的那个人。他们时常想学习如何更有效地控制他人，如何促使他人同意他们的观点，理解他们做事的方式，并按照他们的方式做事。

本书中的一些技巧可能会帮助这些人实现这一目标。但这本书不是为他们写的。至少，它的创作目的不是以他们希望的方式来帮助他们。

坚定自信与精心伪装无关，它旨在培养卸下伪装的勇气。它能帮助那些已经尝试过扮演虚假角色，却发现这种体验令人窒息的人。他们想以自己的身份走上世界舞台，他们想以一种不会把别人挤出舞台的方式做自己——这种方式也邀请他们遇到的人更充分地做自己。

其实，坚定自信说到底就是在那里（being there）。彰显你的存在，占据属于你的合理位置。

有些人害怕冲突和批评。他们认为自己会在任何对抗中败下阵来，而任何批评都会击垮他们。他们觉得没有权利把自己强加给这个世界。他们从出生起就被教导，自己要扮演的是乖乖听话的角色，要接受并遵守别人强加的标准。无论是引人注目、有缺陷、坚持自己的观点，还是有自己的愿望，都会让他们成为被攻击的对象。

这是你吗？

对于一些人来说，简单的解决方案是隐身。在别人发表意见之前，自己不主动发言，别人发表了意见之后，表示同意就好；答应任何要求；不要设置边界或障碍；永远不要说不；放弃掌控自己的生活；安抚那些可能不赞成你的人；隐藏你的想法、梦想、愿望和情绪；以特定的方式穿着、行动、生活，尽量融入背景，消失在人群中；不要以你自己的身份存在，而是作为他人的一面镜子，反映出他们的想法、愿望、期望、希望和目标，不惜一切代价确保你无法真正在那里。

问题是，这个解决方案并不奏效。人类不应该是隐身的，也不应该是别人生活的映像。从长远来看，消灭你的个性并不是一个好的选择。它会导致更大的恐惧、更多的无助、更尖锐的怨恨，以及更深的抑郁。

另一些人把生活看作一场竞争，一个存在赢家和输家的游戏。他们要成为赢家，就必须让其他人都输掉比赛。每个人都必须接受他们的观点；他们的方式必须是所有人的方式；如果有人不让步，他们就会愤怒；他们必须敦促别人解决这个问题；他们忽视或践踏其他人的愿望、希望和欲望，因为他们觉得自己更清楚状况；他们要在那里，其他人（以及他们碍事的态度和观点）就必须让步或缺席。总之，要么按他们的方式来，要么滚蛋。

这是你吗？

这种非赢即输的方法也不太管用，即使是赢家也不会赢多少。所谓的胜利从来都不是真正令人满意的。让步的一方绝不会快乐地屈服，随着时间的推移，他们开始选择离开，留下愤怒的"赢家"独自怨恨"输家"的抛弃行为。控制他人的努力只会让自己的生活失去控制。

那么，更好的解决方案是什么呢？是在那里，而不是追求完美。向别人暴露我们的缺点、我们非理性的情绪和意见、我们奇怪的偏好、我们难以被理解的梦想、我们无法解释的品味，以及我们再人性不过的自我。活在当下，不是为了让别人膜拜我们，或者让他们在我们面前隐藏自我，而是采用一种邀请他们也在那里的方式。我们可以承认周围的每个人都有权利，和我们一样不理性、有缺陷、充满人性。这不是谁赢谁输的问题，而是让每个人都可以登台表演，各自为自己的行为和生活负责。

在这本书里，你将学到很多技巧和想法，有助于你在自己的世界和生活中更充分地处于活在当下的状态。你会看到对自己的生活负责比试图指挥周围的人更能让你感觉一切尽在掌控之中。最终，你将发现努力改进自己能带来许多你希望在人际关系中发生的变化。这当中的有些技巧你已经知道了，有些对你来说则可能是全新的。为了让它们进入你的生活，你需要练习和努力。

准备好了吗？

为什么阅读这本书

也许你想知道读这本书有什么好处。让我们早点儿结束这个悬念吧。好处并不多。也许你会学到更多关于坚定自信的知识，也许你能更容易发现别人使用的坚定自信策略，或者变得更擅长将自己的行为归类为坚定自信型或其他类型。

但是读这本书并不会改变你的行为或生活。确切地说，仅仅靠阅读是改变不了的。

想象一下你要学游泳的情形。你找来一本关于游泳的书，从头到尾读了一遍。读完之后你会游泳了吗？当然不会。这本书告诉你关于游泳的知识，但它并没有教给你游泳的技巧。要学会游泳，你必须在游泳池里真正地练习。也许那个时候这本书会给你一些有用的建议。

你为什么拿着这本书？也许你对自己与人相处的方式不满意。也许有些事情阻碍了你在别人面前做自己，阻碍了你表达自己的意见、愿望或期望，阻碍了你设定自己可以捍卫的边界。也许你很难容忍别人与你的不同，或者总忍不住试图控制他们。也许你发现当不得不与生命中最重要的一些人打交道时，你被恐惧、愤怒、沮丧或绝望的情绪淹没了。

如果你想对坚定自信有相对深入的了解，你需要做的不仅仅是阅读。只停留在阅读层面远远不够。在这本书里，你会发现一系列的自我评估、简短的写作练习和实操建议。停下来。找一支笔，真正付诸行动，完成实操练习。这样做会放慢你的阅读速度，需要你投入更多精力，但也几乎肯定会产生大得多的回报。

如果变得更加坚定自信对你来说很重要，那么它必须在你的生活中占有高度的优先权。现在是时候了吗？你有能力，并且有意愿花时间来改变你的沟通风格吗？如果没有，那么也许你应该把这本书放在书架上，等你真的准备好了再说。你会等到那一刻的。生活迟早会说服你：你需要有能力维护自己的权利，并且使用一种邀请别人也忠于自我的方式。你可以现在就开始，也可以推迟，以后再尝试。选择权在你手里。

勤加练习，改变你的沟通风格

告诉你一个秘密。大多数人都没有按照作者预期的方式使用这些练习。他们不想因为在书里写字而"破坏"他们的书。或者他们想保持它的原始状态，这样他们就可以把它借给朋友阅读。又或者他们担心有人会把它从书架上拿下来翻看，从而了解他们所有不为人知的恐惧、希望和失败。

我建议你别再纠结了，这可不是《战争与和平》（*War and Peace*）。你想在书的空白处写什么尽管写。如果你担心别人会发现，就把它藏在床底下。

但也许你还是不情愿。

如果你不打算直接在书里做练习，不妨准备一个笔记本。每个书店和文具供应商都有好看的笔记本供你使用。在你的笔记本里做练习，并把这本书的相应页码写在笔记本页面的顶部，这样你就可以井井有条，而不必把每个练习的主题都写出来。

我是认真的，请照做。这会对你有帮助。

找到练习搭档

坚定自信的能力需要练习。在这本书中，你会发现许多实操练习的建议。这些练习的重点不是在笔记本里写字，而是在你的生活中做出真正的改变。

和另一个人一起练习是很有帮助的。在坚定自信训练小组中，人们通常会结对进行模拟交流：发表意见、交换赞美或批评、提出要求、拒绝。然后他们可以得到关于如何改进技术的反馈。

在你自己的生活中，有没有人愿意和你一起尝试这样做？理想情况下，这个人也想培养自己坚定自信的沟通技巧，这样你们都能从努力中有所收获。你们可以一起练习这些技术，互换角色，从正反两个方面看看坚定自信是如何做到的。比起在现实生活中进行尝试，提前在练习中学习这些技能总是相对容易一些的。比如，虚假的侮辱比真正的侮辱要容易处理得多。另外，你们给彼此的反馈可能极具价值。"当你说'不'的时候，你让自己显得非常渺小和谦卑，你注意到这点了吗？"

如果你不认识任何想要提升自己坚定自信能力的人，不要紧，也许你认识一些仍然愿意帮助你练习的人。或许向他们提出请求可以作为你给自己的第一项任务。也许你会惊讶于他们的随和程度。毕竟，不管他们是否知道，你都会在他们身上进行练习。

做你自己的练习搭档

最好的反馈来源之一是你自己。不管你是不是和别人一起练习，你都可以招募自己做搭档。在镜子前做一些练习，像对别人说话一样对自己说话。虽然我们很难客观地对待自己，但镜子练习可以帮助我们评估自己给别人留下的印象。当你看自己的表演时，试着忘记你正在观察你自己。想象一下是另一个人在和你说话。你会如何反应？

手机上的视频录制功能也很有用。把手机放在和眼睛持平的高度，像对真人一样对着你的手机说话。录完后回放视频，集中精力评估你的沟通风格，仿佛你是别人一样。这比在同一时间既试图表达自己又评估自己的表现更容易。

坚定自信记分板的使用

如果你学习游泳，你可能要等到身体进入水里的那一刻才能开始练习你的技术。但说到坚定自信，你可以从今天立即开始，就是现在。我们大多数人都经常遇到困难的人际互动，它们可能正是最初促使你读这本书的原因。不妨好好利用这些情形，写下发生了什么事，以及你是如何处理它们的，然后找出一个更能体现坚定自信型风格的替代方案。

在这本书的后面，你会发现名为"坚定自信记分板"的页面，那里有一组说明，然后是两张打印到一页上的表格。每个表格用于一个单独的事件或互动。你可以直接从书中影印这些页面，也可以简单地把你的遭遇记录在笔记本里。

从现在开始，每当你遇到一个有挑战性的互动，而这个互动可能会得益于你坚定自信型的回应，你就填写一次记分板。如果你在和他人的某次交流后感到不满意，这是一个很好的提示，是时候填写记分板了。首先，记录下日期、时间、地点、参与人员，并对情况进行简要描述。"在杂货店排队的时候有人插到了我前面。"这样描述就可以，别写个没完——这只是为了提醒你发生了什么事。

然后，记录下你实际做了什么。在杂货店的例子中，你可能什么也没说，或者用胳膊肘把他推开，又或者对后面的人说了难听的话。

之后，将你的回应分为四种基本的沟通风格：坚定自信型、被动型、攻击型或被动攻击型。是的，我知道，我们还没有讲到这些。但即使是现在，你也可能对如何将不同的回应进行分类有一定了解。（在上面的三种样本回应⊖中，它们是 P- 被动型，Ag- 攻击型，和 P/A- 被动攻击型。）

⊖　即什么也没说、用胳膊肘把他推开、对后面的人说了难听的话这三种样本回应。样本里没出现的第四种回应为 A- 坚定自信型。——译者注

接着，记录事态的发展情况。"他先得到了服务。"之后你有什么感受？"对他感到愤怒。对自己感到沮丧。"

最后，如果你认为你的回应不够坚定自信，花点儿时间重新思考，设计出一个效果可能更好的替代方案。当你刚开始尝试的时候，构思一个理想的回应可能会比较慢。随着时间的推移和练习的积累，你会进步的。

来看一个完整的例子（见表 1-1）。

表 1-1　坚定自信记分板完整示例

日期：3 月 12 日	时间：下午 3 点	地点：我的办公室

人物 / 情境：尽管我们需要一个有经验的人，我的部门主管保罗还是要求我雇用他的侄子，把他安排在暑期替代岗位。

你的回应：想不到该说什么。告诉他我会考虑一下，然后感谢他的提议！

回应属于哪种风格：P- 被动型

结果如何：他理所当然地认为我会雇用他的侄子。

事后的感受：对自己感到愤怒。对保罗试图操纵我感到愤怒。

回应的替代方案：保罗，这个岗位需要一个懂行的人。我打算雇一名社区大学的应届毕业生。欢迎你的侄子申请，但我不愿意把他放在候选名单的首位，除非他具备相应的资格。

当你使用这些表格时，你会发现你逐渐变得越来越擅长给出坚定自信型的回应。最终，相对更有效的回应会在你需要的时刻及时出现，于是你就能把它们付诸实践。

注意这个记录练习的作用：它把不受欢迎的情形变成了受欢迎的情形。它们不再是威胁或失望，而是练习的机会。

关于暴力关系的警告

有些人发现自己处于虐待或暴力的关系中——有时是与

家庭成员，有时是与其他人。人们很容易认为，坚定自信训练也许会对此有所帮助。它确实可能产生这样的效果，但也可能导致暴力升级。这些问题值得更专门的关注，不是这样一本书所能提供的。

如果暴力在你的任何关系中扮演着一定的角色，请不要把这本书视为解决办法。你应该找一个可以帮助你根据具体情况调整你的反应的咨询师，来解决这些问题。

大多数出现在关系中的暴力，至少部分的核心是一方为了实现或维持对另一方的控制。坚定自信训练旨在帮助人们重新掌控自己的生活。不可避免地，这意味着要减少别人对我们的控制。一个习惯当老板的人，或者习惯为所欲为而不承担后果的人，很可能会抵抗失控的感觉。在暴力关系中，这种抵抗也许会变成身体上的斗争。

在这本书里，你将被鼓励在准备好了的情况下直接、坚定、自信地处理麻烦的或充满压力的情形。在大多数情况下，这将最终改善你的人际关系，但它很可能会在一段时间内令人感到不安或具有破坏性。你将改变这些关系的条款，使当事双方处于一种相互尊重的模式。这种变化会让那些不习惯平等对待你的人产生焦虑或失控感。

如果你决定继续前进，且无论如何都要学习更多关于坚定自信的知识，请认清一点：在每一段关系中，你都可以选择是否或如何应用这些想法。请先不要将它们应用在有暴力倾向的关系中。等你得到所需的支持，可以在安全且仔细规划的前提下应用时，再尝试也不迟。

如果你自己也有暴力史，那么试着和别人练习坚定自信的表达可能会让你处于触发的状态，导致你在无意中将自己的言行升级至暴力水平。你需要专门的帮助来减少这种风险，请向专业人士求助，处理这个问题。

本书结构

坚定自信的沟通是一个宽泛的话题，适用于我们生活中大多数涉及人际关系的情境。和所有复杂的话题一样，它的挑战在于如何在关节处把主题切割开来，就好像它是一只烤鸡。这一章是关于鸡腿的，这一章是关于鸡翅的，等等。这本书确实是这样处理的，但是各种各样的副主题（比如给予反馈或提出要求）并不像表面上看起来的那么可切割和不同。例如，当你说自己不喜欢棒球时，你可能是在表达你的观点，也可能是在要求换台。

不可避免地，某些想法和策略适用于多种情况。我可以在每一个相关章节里重复这些概念，但这会变得乏味。我（大多）会采用的另一种策略，是在最开始的章节里介绍一些适用的想法，然后在后面的章节里以更简短的形式引用它们。因此，你可能会发现，从头到尾阅读这本书是最有帮助的，尽管你也可以尝试基于对你而言最具挑战性的情形来选择性地阅读某些章节的做法。

在第 1 版里，（出于对简洁的渴望和严重的个人懒惰）我决定以要点形式[⊖]撰写大部分的内容。我所认为的潜在缺点反而成为许多读者眼中的优点，因为他们发现简短、重点突出的信息比冗长的优美散文更容易提炼和应用。我在新版

　　⊖　即 point form，一种简洁的表达形式，主要列举事物的关键要点，而不使用完整的段落进行描述，常用于笔记、提纲等。——译者注

里保留了这种写作手法，如果你想要托尔斯泰风格的东西，请直接读托尔斯泰的作品。

那么你应该使用这本书的哪些部分呢？答案可能是所有章节。大多数人会发现，每一章都至少有一部分内容适用于他们自己的情况。不过，某些领域对你来说可能格外困难，你需要特别留意关于这些主题的章节。

这本书分为三个部分。

第一部分概述

第一部分涵盖了坚定自信背后的许多基本想法。第 2 章定义了四种主要的沟通风格：被动型、攻击型、被动攻击型和坚定自信型。因为这些定义构成了接下来所有内容的基石，所以你务必阅读本章。它包含了一些练习，旨在帮助你确定自己最常使用哪种沟通风格，以及哪些情况最让你感到困难，还阐述了坚定自信型风格通常比其他风格效果更好的原因。

无论在什么情况下，某些原则都是坚定自信的基础。这些强有力的概念将在第 3 章中呈现——包括整本书里最重要的一点，即为什么人们会在困难的互动中感到无助或失控，以及你应该把自己的精力集中在哪里。

第二部分概述

如果在大多数情况下，坚定自信的表达真的会带来更好的结果，那为什么不是每个人都时时刻刻保持坚定自信呢？这里有两个问题。

- 坚定自信需要使用一些非常具体的技能，而这些

技能是大多数人从未学过的。你将在第三部分学
到这些内容。

● 即使你知道这些技能，也可能会有一些东西阻
止你付诸实践，或者导致你在付诸实践时遇到
阻力。

第二部分包含从第 4～7 章的内容，讨论了许多人在通
往坚定自信的道路上遇到的障碍。

第 4 章回顾了应激反应对沟通的影响，以及应激反应如
何使我们远离使用坚定自信型沟通风格的目标。本章提供了
一些策略来减少你生活中的应激状态，帮助你克服与应激有
关的障碍，从而有效地沟通。

第 5 章讨论了他人的期望如何使我们更加难以坚定自
信地表达。尽管变得更加坚定自信也许最终能改善我们的关
系，但我们周围的人难免会抗拒改变。第 5 章还指出了你的
性别对他人期望的影响，以及处理性别歧视等其他形式的歧
视时遇到的一些挑战。

第 6 章探讨了我们对沟通和我们在这个世界上的位置的
潜在信念如何影响我们的沟通风格。我们将研究一系列常见
的自我限制信念，很可能正是这些信念阻止你变得更加坚定
自信。意识到这些扭曲的或无益的信念是朝摈弃它们并继续
好好生活的目标迈进的关键一步。

第 7 章提供了一套关于沟通和生活的积极的、支持
性的信念，可作为替代方案供你考虑。这些想法鼓励你做
出坚定自信的行为，可以帮助你在沟通方式上做出积极的
决定。

第三部分概述

书中最长的部分介绍了在坚定自信的沟通中使用的实际技巧。这个部分的每一章都包括一个或多个旨在帮助你掌握技能的实用练习。如果你真的想要更坚定自信地沟通，那么对你来说，把这些练习摆在优先位置是很重要的。

第 8 章探讨了非言语行为的作用。非言语行为会传达出很多关于我们的期望、态度和坚定自信程度的信息，即使是最坚定自信的用词，也会被不坚定、不自信的非言语沟通风格所破坏。我们将研究非言语行为的各种要素，并根据它们的外观和声音来比较不同的沟通风格。你将进行一系列的练习，旨在帮助你在各种情况下采取坚定自信的笃定姿态。

然后我们继续考虑不同类型的人际互动。第 9 章将向你展示如何在各种情况下提出你的观点，从表达对餐馆的偏好到讨论政治。这里的挑战是在充分表达自己观点的同时给别人留下不同的思考空间——无论你认为他们的想法多么错误。这种基本的关系技能是与他人共处的核心所在。

第 10 ～ 13 章探讨了如何在关系中提供和接收反馈的问题。第 10 章通过讨论一项技能来开启主题：接受赞美。这项技能看似简单，却令人惊讶地经常给我们制造困难。我们将审视人们最常陷入的一些陷阱、隐藏在其表象之下的扭曲思维，以及当别人友善对待我们时我们的回应方式。

第 11 章讨论了如何给予他人正面反馈的问题。大多数人在给出正面反馈这件事上都比较吝啬，而他们不情愿的态度往往是由各种各样的恐惧引起的。我们将研究这些想法，并提供具体的、关于如何给予有效且有用的正面反馈的建议。无论你是赞美琼阿姨的果冻沙拉，还是帮助办公室里的实习生掌握他们的工作，想必都能从这些建议中获益。

在第 12 章中，我们将讨论接收和利用来自他人的负面反馈的重要性。当我们得到负面反馈的时候，我们有时会感受到愤怒的情绪。我们将讨论化解这种愤怒的方法，以及把批评的范围缩小到手头实际问题的策略。

第 13 章涵盖了一个许多人逃避或管理不善的领域：给予负面（当然希望是建设性的）反馈。你如何以一种对对方有益而不只是伤人的方式来做这件事呢？我们将探讨各种情形，从纠正孩子到评估老板的表现。随附的实操练习将有助于提升你应对这些情况的舒适度。

接下来我要你问问自己，谁在掌控你的生活？第 14 章认为，如果你不能对别人说不，那么掌控你生活的就肯定不是你。拒绝不合理要求的能力是自我决定的一项基本技能。这一章探讨了阻碍人们说"不"的恐惧，并提供了一套设置和维持个人边界的技巧。

第 15 章翻转了这个问题，反过来提供向他人提出要求的策略。有些人完全避免提出要求，而另一些人则是在下命令，不是提要求。我们将讨论一个用于表达要求的结构化的四步策略，然后通过一系列练习来提升你将计划转为行动的信心和舒适度。

当你发现自己处于困难的、充满冲突的境地时，书中提到的所有技巧都会发挥作用。最后两章处理对抗的问题。第 16 章认为，在几乎任何亲密关系中，对抗都是一个必不可少的方面，尽管有时是痛苦的，而你的充分准备可以使对抗的进程顺利得多。本章提供了一个十步的准备策略，向你展示如何定义真正的问题、设想你的目标、评估你自己的责任，以及选择你展开对抗的时间和地点。

第 17 章处理冲突本身，提出了 15 种保持双方不偏离讨论轨道，并向解决方案迈进的策略。

自始至终，请记住这是一本练习册。你会在书中发现自我评估、练习、实操环节的建议，等等，这些都是让你变得更坚定自信的基本要素。无论你是在书里写下答案还是使用笔记本作答，把这些概念应用到自己的生活和情境中都需要不懈努力。仅仅书写还不够，在你自己的生活中，请以一种安全的方式寻找将想法转化为行动的手段。

当你阅读本书时，请继续为你在日常生活中经历的困难交流填写坚定自信记分板。随着时间的推移，你可能会开始发现这些情形变得越来越容易处理。

现在，爬上楼梯，是你登场的时候了。

第 2 章

四种沟通风格

　　人类是社会性动物。我们不断地相互沟通——询问去最近的杂货店的路线、邀请约会、传达不满、给予赞美、解决争端、拒绝请求，并且有时也会接受请求。

　　坚定自信是一种可以在所有这些情况下使用的沟通风格，但它只是四种沟通风格中的其中一种，其余三种是被动型风格、攻击型风格和被动攻击型风格。

　　这四种风格各有不同的使用原因。在大多数情况下，坚定自信是其中最有效的一种风格。不幸的是，大多数人没有在力所能及的范围内多使用坚定自信型风格，因此，他们与他人的互动是令人沮丧和不满意的。

　　当我们在沟通时，做出不坚定、不自信的回应几乎总是比坚定自信的回应更容易和更舒适。如果顺从接受是你通常的立场，那么默默地跟随人群、同意不合理的要求，以及避免分歧，会比表达你的真实观点或愿望更自然。如果攻击已经成为你的一种习惯，那么喷涌一连串咒骂和讽刺的话语可能始终是最容易的选择，尽管这些行为大多会产生令人不满的长期结果。提出一个清晰明确、令人愉快、坚定自信的声明在短期内可能出于某些原因反而让人感到不正确和不舒服，但在长期看来往往会产生更好的效果。

一个令人失望的现实是：这一点可能永远不会改变。你也许会想，通过阅读这本书并认真地做里面的练习，坚定自信的回应将轻而易举地从你的口中流出。虽然听起来很诱人，但这并不是大多数人的经验。是的，坚定自信的回应会变得容易起来，而且会比以前容易得多，但美妙的坚定自信的回应可能永远不是你脑海中冒出的第一个想法，它总是需要至少片刻的思考才能成形。

选择使用哪种沟通风格在一定程度上取决于你想解决的是短期还是长期问题。在人类经验的许多领域中，即时的结果与最终的结果完全相反。例如，现在吃一袋薯片、点第四轮啤酒、和那个有吸引力的陌生人回家、去赌场度过一个晚上或在商场购买那件过于昂贵的衣服，可能会让你感到愉悦。然而，从长远来看，你可能会为高胆固醇、宿醉、离婚、空空如也的钱包或惊人的信用卡账单而深感懊悔。相反地，到健身房锻炼、点沙拉、在午夜前睡觉或坚持你的预算，可能没有即时的吸引力，但你最终会为做了所有这些事情而感到高兴。类似地，被动回避或敌对攻击也许在短期内很诱人，但从长远来看，坚定自信通常会得到回报。

让我们逐个看一下这四种风格。在阅读它们的描述时，你可能会发现自己试图找到答案，看哪一种最符合你的特点。"我是一个被动型的人吗？或者可能是攻击型？"这没关系。大多数人在沟通时都更倾向于使用其中一种风格。

但请记住，这些风格是沟通的类型，而不是人的类型。它们是策略或工具。你并非天生就是被动攻击型的个体，尽管很可能你在沟通时更经常选择这种风格而非其他风格。我们都至少在某些时候使用过这四种风格中的任意一种。在你继续阅读这本书的过程中，请尝试想想你曾经使用过每种风格的时刻。

被动型风格

纳迪亚看起来非常疲惫，她因焦虑和抑郁症状被建议去看心理医生，这些症状都清晰地表现在她的脸上。烦恼的人有时会戴上一副颇具说服力的坚定自信的面具，向世界展示自我，企图掩盖他们正在经历的事情。如果纳迪亚曾经有这样的面具，那它现在已经严重破裂了。

她描述了自己的生活。她在一家小会计公司做一份全职工作，并与丈夫和儿子住在郊区。她的母亲住在城镇的另一边，虽然身体健康，但需要纳迪亚照顾一切：开车赴约，决定购买什么物品、穿什么衣服，打理庭院，做家务事，等等。纳迪亚的姐妹们很少帮忙，她们批评她过多地帮助母亲，并公开指责她企图谋取更多的遗产。

纳迪亚的家并不是一个能让她逃离压力的避世之所。她丈夫的唯一贡献就是拿起一本杂志，然后阅读。她把11岁的儿子描述成她的生活乐趣，但她不禁叹息，她的其他职责意味着她不能像儿子

（似乎）需要的那样把他照顾好。她得洗他的衣服，整理他的床铺，打扫他的房间，做他最喜欢的饭菜。当她不能把这些事情做得恰到好处时，他会噘嘴，对她表示失望。她能理解儿子为什么有这种反应，毕竟，照顾好儿子不是母亲应尽的责任吗？

纳迪亚的工作充满了压力。她是公司里唯一的文书助理，几乎无法应对不断涌来的工作和任务。她心怀恐惧，害怕自己不称职。她感激她的雇主还没有发现她正在苦苦挣扎的事实。每完成一项工作，他们都会再给她两项新的任务。她知道，在不久后的某一天，自己就会无法完成所有工作，他们将惊讶地发现原来她是个骗子。除此之外，他们似乎从来没有想过给她加薪。她猜想自己不配得到这样的待遇。

有一次，纳迪亚因为焦虑和挫败感而开始哭泣，她说她觉得自己的生活已经无法掌控。她希望有人能说服她事实并非如此，但奈何她是对的：实际情况真的像她描述的那样糟糕。难怪她会感到焦虑和抑郁，她已经成了世界的仆人。她从不做任何只为自己而做的事情，早已停止了自己的生活，以至于即使她有时间，她也不知道自己想干些什么。尽管她完成了大量的工作并在这个过程中培养了无数的技能，她仍然无法为自己感到骄傲，因为她私下觉得自己是一个失败者和骗子。

纳迪亚的故事是一个过度使用被动型风格的绝佳例子。她的许多问题都是情境造成的：充满了压力的工作生活、要求过高的亲戚、无法令人满意的婚姻和难以对付的孩子。然而，她对这些压力源的反应却是否认自己的挫败感，对所有问题承担个人责任，并希望事情有所好转。实际结果是，她的行为似乎让事情变得更糟。

被动型风格旨在不惜一切代价来避免冲突。人们通常会这样做：

- 顺从于别人的不合理要求。"通宵夜班？在我婚礼后的那一天？嗯，好的，当然，没问题。不，一点儿都不麻烦。"
- 跟从众人的想法。"去鲍勃的沙门氏菌小屋[○]吃晚饭？哦，呃，是啊，听起来是个不错的地方！"
- 不表达个人意见，除非别人先发言。"我在死刑问题上的立场……嗯，你觉得呢？对乱穿马路的行人使用死刑？哦，嗯，好吧，我同意。"
- 永远不批评或给出负面反馈。"我昨天收到了你的（两句话的）预算报告。不，蜡笔挺好的。完全没问题。"
- 避免做或说任何可能引起评论或反对的事情。"如果我穿这条裤子，没有人会注意到我。完美。我就买它了。"

使用被动型风格的结果是，我们把自己生活的掌控权交给了别人，即使我们不想这样做。

○ 虚构的餐馆名。沙门氏菌是一种常见的食源性致病菌，引起食物中毒的比例非常高。——译者注

在狼群中，动物之间有一种既定的支配顺序。当两只狼相遇时，相对劣势的一只会表现得好像在说："是的，你比我更重要。我服从你。别攻击我。"当我们使用被动型风格时，我们的行为方式就像是顺从的狼一样。我们也许会避免眼神接触，显得紧张，低头往下看，使自己变小。我们可以把被动型风格视为服从他人的一种姿态。

将这种风格称为"被动"可能会产生误导，因为它暗示这个人只是无所事事地坐着不说话。有时的实际情况恰巧如此，但像纳迪亚一样，使用被动型风格的人通常比其他任何人都更加积极——他们匆匆忙忙地奔走，比别人加倍努力地工作，不停解释自己的意图，拼命争取认可，并努力解决每个人的问题。

我们都能想到一些自己心甘情愿将主导权交给别人的特定情形。我们第一次登山时，很乐意接受专家给我们下达的指令。如果登山教练反过来问我们该怎么做，这恐怕会令人担忧。在某些情况下，采取次要或顺从的立场是没有问题的，我们可以选择使用不那么坚定自信的风格。但是当这种选择变得自动化的时候，问题就会出现。

阻碍我们前进的信念

我们总是可以选择是否以被动的方式行事。但是，我们通常没有意识到自己有这样的选择。我们跳过岔路口，甚至没有意识到还可以走不同的方向。当我们以被动的方式行事时，我们会感到无助，好像我们不能掌控自己的生活。这是因为被动行为通常源于一种信念，即我们不被允许以其他方式行事。

以下这些例子都是可能阻碍你前进的信念：

别人比我更重要。

别人有权掌控自己的生活，而我没有。

他们可以有效地做事，而我不行。

我在生活中的角色是仆人。

别人的贡献比我的更有价值。

被动情绪

许多情绪伴随着被动型风格：

- 对被拒绝的深度恐惧。如果你不做别人希望你做的一切事情，他们还会喜欢你吗？
- 由于对自己的生活缺乏掌控而感到无助和沮丧。心理学家马丁·塞利格曼（Martin Seligman，1991）认为，无助感是患上抑郁症的主要风险因素。完全依赖被动型风格的人确实是无助的，因为他们无法否决别人的要求。结果，这种无助可能升级为挫败、徒劳感，甚至是全面性的抑郁。
- 对别人向你提出的一切要求都心怀怨恨。如果你发现自己认为许多朋友在操纵你、利用你，也许是你自己造成了这种局面，因为通过采用被动型风格，你实际上在鼓励他人利用你。

人们为什么以被动型的风格行事

人们形成过度使用被动型风格的习惯往往有很多原因，

通常与他们的成长环境有关：

- 有些人在极度体贴的家庭中长大。"哦，不要让简做那件事，她已经很忙了。"结果，简从来没有练习过如何说"不"。
- 有些孩子被培养出完全服从他人的习惯。虽然在童年时期服从他人可能是有用的，但成年人需要更加有选择性。
- 在一些家庭中，孩子的请求、需求或边界从来不受尊重。如果这些诉求无法实现，为什么还要尝试主张自己的权利呢？
- 在一些家庭中，坚持主张自己的权利会导致暴力。"你竟敢对我说不？我必须给你点儿颜色看看！"
- 有些人从来没有见过主张自己权利的具体表现。在成长过程中，他们只看到过攻击型或被动型的行为。如果你从未有过主张自己权利的经历，就很难想象它是什么样子的。
- 以被动型的风格行事更容易一些。顺从他人的要求比认清并捍卫自己的边界要简单。

事实证明，纳迪亚的确受到了上面列出的一些原因的影响。她在一个有专制父亲和被动母亲的家庭中长大，她的父亲要求绝对服从，她的母亲也照做了。她很少见到主张自己权利的表现。在孩童时期，每当纳迪亚试图主张自己的独立性时，她都会受到惩罚。作为大女儿，她被赋予了照顾妹妹的期望。很自然地，当她有了自己的家庭时，她也继续扮演着照顾者的角色。

被动型风格有时可能是有用的。如果消防员命令你远离着火的丙烷卡车，那么你最好乖乖听话。然而，如果顺从是唯一的选择，它通常会导致痛苦。

攻击型风格

"无意冒犯，但你就是不懂生意。"迈克说。

我认为迈克的攻击型风格对他的生活产生的负面影响多过正面影响，他对此表示异议。迈克经营着一家汽车经销店，有大约30名员工。他穿着得体，面带自信的成功气息。但他无法掩饰的是，他正在心理医生的办公室里接受咨询，因为他的妻子下达了最后通牒，威胁要离开他。

迈克对自己的生活感到不满，但他觉得问题是由环境造成的。生意不景气，供应商不靠谱，而且根本找不到不需要一再督促的员工。因此，迈克经常在工作中发脾气。他会给员工下达各种命令，说他们不懂自己的工作。他每天会至少两次在电话里与供应商吵架，把嗓子都喊哑了，而且最近他还两次气呼呼地把重要的客户赶出了办公室。他的员工似乎行事隐秘，离职率非常高，而他也开始感到生意在逐渐溜走。

正如迈克所说，他很难将工作中的那一套留在工作场所。在家里，他的行事风格和上班时一样，用生气和苛刻的方式对待妻子和孩子。尽管他从未有过身体上的虐待行为，但好几次，他已经相当危险地接近了这种状态。当他没有大声喊叫时，他的愤怒会以其他方式表现出来。他会对某个家庭成员实行"沟通禁令"，连续数天拒绝与他们交谈。在子女的纪律问题上，他非常死板和专横。每当他表达自己的观点时，他都很无礼，摆出一副自己绝对正确的样子。他的妻子说他总是嘲讽她的意见，对她充满了不屑。

当迈克谈论他的生活时，他渐渐透露了他的恐惧。他知道他的家人已经开始排斥他，背着他进行沟通，以避免他的愤怒。他显然深爱他的妻子和孩子，但他也非常清楚世界的危险。如果他不保护他们，谁会承担这个责任呢？当他看到任何家庭成员做、说甚至想任何他不同意的事情时，他都会感到深深的不适，这就像是一种失控的感觉。如果他无法掌控局面，谁知道会发生什么事情呢？

然而，这种情形似乎不可能持续下去。如果生意没有好转，公司将会破产。如果他不改变自己的沟通风格，他也将失去家人。

迈克过度使用了攻击型风格。和大多数以这种方式沟通的人类似，他把他的行为看成对他所处情形的一种可以理解的反应——受到他的生活和环境的影响。他不太能意识到他的行为导致了他的许多问题。虽然他的沟通风格使他看起来可怕而强大，但它源自恐惧，而攻击行为几乎总是如此。迈克对他如果不能控制身边的人会发生什么样的情形深感害怕。攻击行为的目的就是掌控他的生活，但正如经常发生的那样，这种行为反而导致控制权从他手中慢慢溜走。

攻击型风格是被动型风格的反面。我们不屈服于别人，而是试图让别人屈服于我们。获得胜利对我们来说很重要，不管别人要为此付出什么样的代价。我们的目的是通过恐吓来控制别人的行为，他们的意见、边界、目标和请求都是愚蠢的或毫无意义的，或者说都是有待克服的障碍。我们是占据统治地位的狼，让别人屈从于我们的意志。

然而奇怪的是，那些大量使用攻击型风格的人通常并不觉得自己很强势。相反地，他们经常感到无助，觉得自己遭受虐待，是别人提的不合理及过度要求的对象。攻击行为几乎总是他们觉得自己受到威胁之后的结果，以愤怒的方式进行回应似乎完全合理。

攻击的优势

从长远来看，攻击行为通常对实现你的目标不起作用，但从短期来看，攻击型风格还是具有一些优势的：

- 恐吓别人去做你想做的事可能会在一段时期内让事情得以顺利完成（尽管最终人们会对你心存怨恨，鲜有动力把事情做好，并对你几乎没有好感或忠诚可言）。
- 如果别人害怕你，他们可能会较少地提出要求（尽管他们也会较少地发出令人愉悦的邀请——如果你更加坚定自信，你可以充满信心地处理他们令人不悦的要求）。
- 具有攻击性会让你觉得自己很强大（尽管这会让

别人难受，而且这种充满力量的感觉只会持续很短的时间，随之而来的通常是更多的挫败感和无助感）。

- 攻击似乎是一种很好的对过去你所遭遇的错事的报复方式（尽管它通常会引发一场不愉快的交流，导致双方都没有"扯平"的感觉，而且你的境况很有可能会比之前更糟）。

- 有时候你觉得自己需要发泄一下（尽管研究表明，从长远来看，"发泄一下"只会让你更生气，而不是减少你的愤怒情绪）。

在表现得颇具攻击性之后，拥有力量和正当理由的感觉通常会很快消退。取而代之的是伤害他人情感的罪恶感、无法更理性地处理各种情形和人际关系的羞耻感，以及降低的自尊心。有时我们会用冗长而愤怒的自我辩解来掩盖这些后果（他们真的活该，因为……），但情况通常会变得更糟，而不是更好。你和对方仍然存在意见分歧，而且现在他们十分怨恨你对他们的恶劣行径。

人们为什么以攻击型的风格行事

攻击型风格可以通过多种方式发展起来，以下只是其中的一些可能性：

- 有一个颇具攻击性的家长作为榜样。"如果你要得到什么东西，我想你就得以那样的方式表现出来。"

- 低自尊会让你觉得较小的困难也对你造成了威胁。"我无法处理这种情况，除非我通过恐吓使对方保持沉默。"

- 通过攻击行为获得你想要的东西的最初体验。
  "嘿，这招对妈妈管用——我应该多试几次！"
- 没有看到攻击行为的负面后果。"我很好奇为什么自从我说服她站在我的角度看问题后，她在情感层面变得那么疏远了？也许我应该再对她发发火。"

迈克的成长环境和纳迪亚的家庭有些相似：一位具有攻击性的父亲和一位被动的母亲。他承受了大部分来自父亲愤怒情绪的冲击，并以父亲对待他的方式做出回应。在父亲身边，他感到自己渺小而无能为力，他决心避免在和任何其他人相处时产生这种感觉。每当别人对他有一定的控制力时，他就感到焦虑，于是用狂怒来保护自己。供应商、员工和家庭成员都有可能影响他，所以他们每个人都是他潜在的攻击对象。

被动攻击型风格

"该死，我又把它们给忘了。"艾伦说。

就像上周一样，艾伦忘了把我交给他的调查问卷带过来，而他之前说他已经填好了。没关系，调查问卷并不是必不可少的，即使没有它们，关于艾伦的情况也开始渐渐浮出了水面。

很明显，艾伦感到抑郁。同样明显的是，他对别人有一种深深的恐惧，这一点他可以承认。同时，他还对别人深感愤怒，这一点他却无法承认。

艾伦接近50岁了，是个谦逊的人，在公共部门当公务员。他讨厌给政府打工，对席卷整个部门的办公室政治气氛耿耿于怀。从晋升到重要的政策问题，再到谁得到了靠窗角落的小隔间，似乎一切都离不开办公室政治。当他在心理治疗的过程中讨论办公室的气氛时，我能明显感觉出他自己也被卷入了这场政治游戏，而且欲罢不能。有时，说到他成功进行的一些幕后操作，他甚至会面露微笑。

艾伦用非常讽刺的口吻描述部门经理，他确认自己从未向他们提出过任何问题。一方面，这根本没用；另一方面，和经理谈话时，他会变得张口结舌、语无伦次。他说，还是进行幕后操作更好，有些任务可以安全地被忽略，其他任务则可以以一种特定的方式去完成，这样一来经理就不会再给他派活儿了。此外，如果谁令他不爽，他总是可以通过和同事聊这个人的八卦来缓解自己的懊恼情绪。

然而，他的小算盘似乎并没有像他希望的那般奏效。尽管艾伦对组织的了解比任何人都多，但他还是一次次地错过了晋升机会。虽然他的一些同事因为他掌握的内部信息对他赞赏有加，但说到底，他与他们当中的任何一个人在情感层面上都不亲密，而且他对那些不肯提拔他的人一直心存怨恨。

他的私生活也不尽如人意。他在接近 30 岁时离婚，此后就一直单身。他深感孤独，但又害怕被人拒绝。他知道自己最好的优点之一是他那不失狡黠的幽默感，但他也知道他有时会用它来与人保持距离。他的友谊似乎都无法长久。

虽然艾伦否认自己是个特别容易愤怒的人，但他承认他对别人感到失望，也承认对发生在他身上的一些事情感到怨恨。然而，他永远无法让自己诚实地向有关人士表达内心的观点。如果他们生气怎么办？如果他们报复又怎么办？不，还是别提那些让自己沮丧的事了，守口如瓶是上策。

艾伦是被动攻击型风格的大师。他经历了强烈的愤怒情绪，但甚至对自己也很难承认这一点，于是，愤怒变成了"失望"或"沮丧"。他非常害怕直接说出自己的观点所带来的后果，因此，他很少拒绝不受欢迎的项目，也很少公开谈论自己的工作量。他实际上采取了一种间接的策略，以便他在不与人进行公开坦诚的讨论的情况下达到自己的目的。这种策略使他能够攻击他人，却不必为自己的行为负责。

顾名思义，被动攻击型风格结合了被动和攻击这两种风格的元素，攻击型风格的愤怒和被动型风格的恐惧都对它有所影响。愤怒让你想攻击对方，但恐惧却使你有所顾虑，避免直接攻击。当我们采取被动攻击的行为时，我们掩饰了自己的攻击性，这样我们就可以避免为此承担责任。可这种否认的敌意正是关键所在。

来考虑一个例子。你的雇主要求你在周五中午之前提交一份报告——尽管事实上你的工作已经超负荷了。你没有对她大喊大叫（攻击型）、熬夜完成报告（被动型）或解释情况（坚定自信型），而是仅仅"忘记"了写报告，或声称你的电脑出现了故障。你达到了你的目的，让老板感到沮丧，并且仍然可以拒绝为自己的行为负责（毕竟，任何人都可能偶尔忘记一些事情）。

下面是更多的被动攻击行为的例子：

通过在老板面前说同事的坏话来破坏他们的形象。

"意外地"把一罐油漆掉在地下室的地板上，搞得一片狼藉。

没时间完成你答应过要帮别人的忙。

约会习惯性地迟到，而且总是有借口。

当你正要去参加配偶的办公室派对时，突然感到"头痛"。

把一件家务做得足够糟糕，以至于别人因为看不下去而主动接手。

对一家企业发表恶毒的网络评论，而不是告诉他们哪里出了问题。

在所有这些例子里，你都在按自己的方式行事，但你有一个貌似合理的借口，让你可以逃避对自己的行为负责。你成功避免了与那些受影响的人发生冲突，如果他们确实来和你对质，你总是可以否认你是故意这么做的。"不，我真的很想准时，但是公交车晚点了，我也没办法。"

并不是每个错误、每个错过的约会或每次迟到都具有被动攻击的性质。有些人真的很忙，有时我们真的忘记了，有些工作也真的是出乎意料地困难。关键问题在于，在某种程度上，我们是否有意让糟糕的结果发生。

这可能很难搞清楚。我们也许认为我们的意图是高尚的，但当事情出错时，我们是否有一丝丝的满足感？我们是否经常做同样的事情，尽管它们最后总是导致对别人来说很尴尬的结果？我们是否几乎永远迟到？我们是否反复揽下那些我们应该很清楚自己永远也不会完成的任务？如果是这样，我们也许已经在不经意间使用了被动攻击型风格。

被动攻击型风格基于一种错误想法：采用可否认的攻击不必承担后果。但事实上，这样做当然需要承担后果。最终，别人会开始认为我们不可靠、不负责任、没有条理或不体贴。虽然他们可能永远无法举出具体的例子，但他们对我们的总体看法将会变差。就艾伦的情况而言，他开始离晋升的机会越来越远。虽然这种风格在短期内可能是熟悉且舒适的，但它的长期成本也可能是巨大的。

被动攻击型风格的情感后果同时结合了被动型和攻击型这两种风格最糟糕的一面。我们的自尊不断下降，与此同时，由于永远不知道什么时候会有人看穿我们的被动并和我们对质，我们的焦虑也会不断上升，我们觉得我们无法控制自己的生活。经常让别人失望可能导致我们的羞耻和内疚日益攀升。此外，愤懑也许会在我们的行为显现长期后果时悄然而至。

人们为什么以被动攻击型的风格行事

被动攻击型风格从何而来？通常情况下，过度使用这种风格的人同时包含了被动型和攻击型这两种风格的元素。他们经历过强烈的愤怒和对控制的渴望，但他们也害怕直接表达自己想法所产生的后果。他们公开的坚定自信或攻击行为可能使他们在过去受到了惩罚，他们也可能渴望有人来拯救自己。"如果我表现得足够无助，肯定会有人来帮我的。"

艾伦是一个大家庭里最小的孩子，他获得了父母和哥哥姐姐们的关注，但他们当中有些人隐隐约约对他的地位心存怨恨，因为他是小宝贝，理所当然地成了家里的明星。他很早就知道，如果他遇到麻烦，总有人会帮助他或接管他的问题。这在一定程度上促使他努力演戏，让自己看起来比实际情况更加无助。如果别人惹恼了他，他会在背后给他们添麻烦，或者按自己的方式行事。他的风格在孩童时期对他大有帮助，然而，当他成年后，被动攻击行为就不那么有效了。

坚定自信型风格

以上的沟通风格都不太令人满意，会对我们的人际关系产生负面影响。这些风格中没有任何一种涉及公开和诚实的交流，并在交流过程中尊重每个人的愿望和渴望。当然，有一些方法可以让我们在不否认他人或自己的情况下投入一段关系，这就是坚定自信型风格的目标。

坚定自信不是一种用来实现你自己的小算盘的策略。事实上，它代表着你对自己的行为负责，你决定你将做什么、不做什么。同样地，坚定自信型风格需要你认识到别人会对他们自己的行为负责，你不会试图从他们手中夺走控制权。当我们以坚定自信型的风格行事时，我们能够坦承自己的想法和愿望，而不期望别人会自动地向我们屈服。我们对别人的感受和意见表示尊重，但并不一定采纳他们的意见，也不一定做他们期望或要求的事情。

这并不意味着我们会变得不体贴，完全不考虑别人的愿望。我们可以倾听他们的愿望和期望，然后决定是否照做。即使我们更愿意做其他事情，我们可能还是会选择满足对方，但这是我们自己的选择。无论我们什么时候顺从别人，这都是我们自己的决定。我们常常会感到无助，因为我们忘记了控制权在我们自己手里。

如果我们足够坚定自信，我们可能也会表达我们对他人行为的偏好。我们也许会笃定地请求别人用一种更友善的方式和我们说话，或者帮我们一个忙，或者完成他们承担的任务。但我们同时也承认，是否真正去做这些事情取决于他们自己——事实也确实如此。

坚定自信的技巧很难掌握，我们中的许多人在成长过程中都没有学会有效地使用它们。此外，坚定自信有时与我们受到的诱惑背道而驰。有时我们想让别人听从我们的命令，有时我们又极度害怕冲突。坚定自信可能意味着我们要抑制平时自动化的处事方式，这不会轻易实现。

那我们为什么还要追求坚定自信呢？因为它有很多好处：

- 它使我们可以在与他人相处时减少冲突、焦虑和怨恨。
- 它使我们可以在他人的周围放轻松，因为我们知道自己能够较好地处理大多数的情况。
- 它有助于我们关注当前的情况，而不是用来自过去的怨恨（"这就像你那次……一样"）或对未来不切实际的恐惧（我不能屈服，这会开创一个糟糕的先例……，如果她把这理解为……怎么办）污染我们的沟通。
- 它使我们在不践踏他人自尊的情况下保持我们自己的自尊。虽然这会允许别人爱想什么就想什么，但它也往往会建立起他人对我们的尊重。

- 它通过减少我们在达到别人的标准方面的尝试和减少我们对认可的需求来增加我们的坚定自信。
- 它承认别人有过自己生活的权利，结果是他们对我们试图控制他们的怨恨也随之减少。
- 它让我们掌控自己的生活，而不那么无助的感觉可能会减少抑郁的发作。
- 它是唯一能让我们和别人完全融入彼此所处的这段关系的策略。

这是对坚定自信型风格相当简短的描述。你可能会问，难道不应该讲得更清楚一点儿吗？嗯，没错，这是本书剩余部分的主题。

四种沟通风格之间的联系

有些人认为坚定自信型风格是介于被动型和攻击型风格之间的中间地带。换句话说，坚定自信型比被动型多一些攻击性，但比攻击型多一些被动性。

这让一些人担心，当他们试图变得更加坚定自信时，他们可能会过度行事。也许他们会变得过于具有攻击性（如果他们曾经过于被动），或者过于被动（如果他们曾经颇具攻击性）。这也让他们不禁好奇被动攻击型的风格处在什么位置。

这里有一个更好的看待这个问题的方式（见图 2-1）：

如该图所示，被动攻击型风格是被动型和攻击型风格的结合体。坚定自信型风格位于其他风格之上，旨在反映这样一个事实：它通常是最有效的，而且与其他风格截然不同。

正如我们将在第 4 章里看到的那样，区分坚定自信型风格的一个要素是，其他的三种风格都包含对威胁的感知，而坚定自信的立场则不涉及这一点。

图 2-1 四种沟通风格之间的联系

来回摆动型风格

通常我更愿意让步，保持和平，避免冲突。不过，有时我受够了，会变得具有攻击性。这说明我是被动攻击型吗?

我说过，这些风格并不是性格类型，但我们中的许多人发现，其中一种风格是我们的默认态度。然而，有些人注意到，他们在被动型和攻击型的风格之间来回转换。大多数时候，他们把自己的意见藏在心里，表现得很被动。偶尔，他们也会爆发出攻击性。在某种程度上，这是正常的，我们大多数人至少在某些时候会使用所有风格。但有些人发现，他们在被动型和攻击型之间有规律地来回摆动。

展现出这种交替风格的人并不属于被动攻击型。被动攻击型风格需要同时具有被动性和攻击性。例如，迟到并抱怨交通堵塞意味着你既给对方带来了不便（攻击性），同时又避免对自己的行为负责（被动性）。

在被动型和攻击型之间来回摆动的人的主要问题是，他们通常过度使用被动型风格。他们习惯以避免冲突的方式行事，并迟早会感到沮丧，这是被动行为的正常结果。沮丧感不断累积，直到他们再也无法忍受为止。可以说，最后一根稻草压垮了骆驼，于是他们爆炸了，他们来了一次极具攻击性的大爆发，看起来就像是闹脾气。然后他们又回到被动状态，直到下一次爆发。人们开始将这些人视为定时炸弹。你可能读过关于这种模式的极端例子的新闻报道："他一直是一个如此安静、孤僻的人。这种极端行为看起来太不符合他的性格了。"

对于那些经常在风格之间来回摆动的人而言，解决办法和过度使用其他非坚定自信型风格的人是一样的：学习更好的坚定自信技巧。如果这些人能变得更加坚定自信，他们就会感到更少的沮丧和无助。压力不会累积到上面描述的那种程度，他们也不会达到爆炸的地步。当然，进行一些压力管理和愤怒控制的训练肯定也没坏处。

练习 1：你是哪一种风格

还是那句话，大多数人会使用所有的风格。你已经展现出了坚定自信型的特征，以及攻击型、被动型或被动攻击型的特征。但是，你使用其中一种风格的频率可能远高于其他风格，是哪一种呢？

为了让你对这个问题有所了解，请参考下表（见表 2-1）。该表格有四列，每一列对应一种风格；有五行，分别代表了与每种风格相关的行为、非言语风格、信念、情绪和目标。

表 2-1　常用沟通风格

	被动型	攻击型	被动攻击型	坚定自信型
行为	● 保持安静。不说你有什么感受、需求或渴望。经常贬低自己。表达自己的想法时感到抱歉。否认自己不同意别人的看法或有不同的感受	● 表达你的感受和渴望,但给人的感觉好似任何其他观点都是不合理的或毫无价值的。对他人的需求、愿望和意见表达轻视、忽视或侮辱	● 通过"可否认"的方式来解释自己为什么没达到他人的期望:忘记、被延误等。拒绝为你的行为承担个人责任	● 直接而诚实地表达你的需求、渴望和感受。不会想当然地认为你是对的,或者每个人都有和你一样的感受。允许别人持有不同的观点,而不是轻视或侮辱他们
非言语风格	● 让自己变小。向下看,耸起你的肩膀,避免目光接触。轻声说话	● 让自己变大,具有威胁性。目光接触是固定的,有穿透力。可能会使用响亮或冰冷的声音	● 通常模仿被动型风格	● 身体放松,动作随意。目光接触频繁但不强势
信念	● 别人的需求比你的更重要。他人有权利,而你没有。他人的贡献是宝贵的,你的贡献则毫无价值	● 你的需求比他人的更重要、更合理。你有权利,而他人没有。你的贡献是有价值的,而他人的贡献要么愚蠢,要么是错的	● 即使在对别人做出承诺之后,你也有权利按自己的方式行事。你不对自己的行为负责	● 你的需求和别人的需求同样重要。你们有平等的表达自己想法的权利。你们双方都能做出有价值的贡献。你对自己的行为负责
情绪	● 害怕被拒绝。无助、沮丧和愤怒。对那些"利用"你的人心怀怨恨。自尊降低	● 事发当时感到愤怒并变得强大,获胜时感觉正义得到了伸张。事后会悔恨、内疚或因伤害他人而自我憎恨	● 害怕如果你显得更加坚定自信,就会被对方拒绝。对他人提出的要求心怀怨恨。害怕对质	● 你对自己以及自己对待他人的方式都有不错的感觉。自尊提高
目标	● 避免冲突。不惜一切代价取悦他人,哪怕伤害自己。把对自己的控制权交给他人	● 不惜一切代价获得胜利,哪怕伤害他人。获得对他人的控制	● 按自己的方式行事,不必承担责任	● 你和他人都能保持自尊。你可以表达自己的想法,但不需要总是获胜。谁都不控制自己以外的任何人

　　在每一行中，请在描述你的常用风格的那一列上打钩（或者把它记录在你的笔记本里）。完成后，看看哪一列的钩最多。虽然这不是一个正式的心理评估，但有着最多钩的那种风格十有八九就是你最常使用的风格。

哪个类型获得的钩最多

- □ **被动型。** 更好的坚定自信技巧可能正是你所需要的东西。你最好特别关注第 4 章到第 7 章的内容，这一部分探讨了做出坚定自信行为的一些障碍。你可能对坚定自信有一些负面的看法，而这些看法也许正限制着你的发展。

- □ **攻击型。** 这本书也许对你很有帮助。关于容忍差异和允许别人控制他们自己的行为的内容（第 3、6、7 和 15 章）可能尤其重要，请特别留意关于愤怒的内容（尤其是第 4 章）。

- □ **被动攻击型。** 你也许有能力追求自己的需求和兴趣，但你很难对此敞开心扉。这种困难可能源于你对冲突的恐惧，关于公开表达你的意见（第 9 章）、说不（第 14 章）和处理冲突（第 16 章和第 17 章）的内容可能对你而言特别有价值。

- □ **坚定自信型。** 太好了，如果这个练习是准确的，你可能已经在大部分时间里使用了你的坚定自信技巧。当然，我们每个人都可以学会更多的相关内容，在你阅读这本书的时候，试着找出那些仍然给你带来麻烦的技巧，把你的努力集中在这些方面。

通往坚定自信的三段旅程

让我们回顾一下在被动型、攻击型和被动攻击型风格这些部分的开篇处介绍的三个案例。他们中的每一位都做出了个人承诺，要学习更好的坚定自信技巧。没有人觉得这项任务容易，但每个人都觉得它很有价值。如果你在他们的历史中看到了自己的缩影，或许你也会在他们的旅程中看到你未来的缩影。

纳迪亚的故事：从被动型到坚定自信型

纳迪亚相信她所面临的问题就在她的身边。她的家庭和工作对她的要求实在太高了，高到她认为自己就是问题所在，一切都只是因为她不够好。她觉得自己一直如此。

她的沟通风格可能会导致她生活中的一些痛苦情形，这对她来说是一个全新的想法。然而，在她仔细回顾每一种沟通风格后，她毫不费力地找出了自己最常用的一种：被动型。有一段时间，纳迪亚差一点儿要把这个发现作为破坏她自尊的又一种手段。"我不仅有这些问题，而且都怪我不好，是我亲自制造了它们！"

然后纳迪亚开始意识到这种风格是从哪里来的。作为一个大家庭中的长女，在她父亲病重期间，由于母亲不得不照顾他，纳迪亚自然承担起看管妹妹的责任。她把维持家庭秩序看成她的工作。她记得她有一次告诉母亲，自己想和男朋友出去约会。精疲力竭的母亲怒气冲冲地说纳迪亚根本不在乎父亲的生死。从那以后，为自己做事在纳迪亚眼中似乎就成了不可原谅的行为。这种情况在她结婚后有所改善，但渐渐地，她又恢复了以前的风格，承担越来越多的责任，并且越来越少地表达自己的想法。

纳迪亚从改善她和母亲的关系开始努力。通过观察两人之间的谈话，纳迪亚惊讶地发现，母亲很少要求她做任何事。母亲只会提一些需要做的事，接着，纳迪亚就会主动去做，从来不等母亲开口请求。她下定决心，自己要做的第一个改变就是停止自告奋勇。她会先等母亲提出请求。起初，母亲的暗示变得越来越明显，然后，她果然提了一些请求，但比纳迪亚预料的要少。她的母亲开始为自己做一些事情，并报告说她试着更频繁地和别人接触。纳迪亚不禁怀疑她当初的一些"帮助"是否在实际意义上破坏了母亲的坚定自信和为自己做事的能力。她决心继续照顾母亲，但仅限于在母亲真正需要的水平上。

在工作中，纳迪亚记录了她的具体任务，并惊讶地发现她实际上干了那么多活儿。她意识到，无论她变得多么高效，她都不可能完成所有的事情。她通过要求那些给她布置工作的人确定每项工作的优先级来启动改变的过程，这一招没有成功，每件事都被赋予了最高的优先级。于是，她开始预估自己什么时候能完成每项任务。如果有人反对，她就建议提升某项任务的优先级，把它排在同一个人布置给她的其他任务之前。她的雇主开始发现她的工作确实多到令她应接不暇的程度。最终，她要求召开一次会议来回顾她的工作，并在会上提出了自己的担忧。她以为自己会立刻被解雇，但这并没有发生。在有了更好的沟通和来自她的清晰反馈之后，情况开始好转起来。

和儿子在一起的时候，纳迪亚开始意识到，作为一位母亲，她的任务不仅是提供支持，还要为他成年后的独立生活做好准备。一味迎合他、不立任何规矩、接受他所有的要求和批评是无法实现这一点的。于是她不再替他收拾床铺。当他批评她时，她努力不让自己屈服或为自己辩护。她在地下室里放了一个盒子，并宣布她会把在地板上找到的任何东西或其他摆放不当的东西收拢到这个盒子里。起初，她的儿子被激怒了，变得更加混乱。然而，渐渐地，他开始记得收拾自己的东西，于是纳迪亚相应放慢了他的东西消失到地下室里的速度。

纳迪亚列了一张所有需要定期做的家务的清单，并召开了一次家庭会议，就合理的责任划分征求意见。她的儿子建议他负责自己铺床（这本身就是一个惊喜），她则应该处理其他的一切。她说这对她而言似乎不公平。他不情愿地同意再承担一些任务，但很快就把它们抛到了脑后。纳迪亚成功地阻止了自己代表他去完成这些任务的行动，并按照约定停止了制作甜点和购买零食的行为。慢慢地，摇摇晃晃地，事情开始步入正轨。

她的丈夫也以同样的方式做出了回应，先是不情愿地同意在家里承担更多的家务，接着忘记付诸行动，然后逐渐开始做一些事情。这并不完美，家庭也因此经历了一段紧张的时期。让纳迪亚吃惊的是，紧张气氛竟然逐渐消退，一家人开始比以前相处得更好了。她整理了一些之前没有精力去追求的个人兴趣，并开始沉迷于其中。她觉得在过了很长一段时间之后，她终于找回了自己的生活。

在心理治疗结束时，纳迪亚还没有掌握完美的坚定自信技巧。但她并不需要它们达到完美的水平，它们已经可以发挥相当好的作用。随着不断练习，她也继续保持进步。

迈克的故事：从攻击型到坚定自信型

只要迈克把注意力集中在他对工作或家庭的愤怒和沮丧上，他就无法解决真正的问题。一旦他开始看到隐藏在愤怒背后的恐惧（对失去家人和事业的恐惧，对孑然一身的恐惧），他就可以更清楚地看到自己需要做什么。他把自己和他人之间每一次攻击型的交流，包括即时和长期的影响，都通过坚定自信记分板（见第 1 章）记录下来。他意识到他一直以来都是对的，他的攻击型风格确实奏效，它能在短期内让事情顺利完成。但是，当他审视这种风格对自己的情绪、对他人的情绪以及对他的家庭和事业的长期影响时，他意识到他的攻击型风格可谓严重失败。

迈克不可能一夜之间改变自己的风格。他首先试着减少饮用咖啡，并定期做放松运动。然后，他确定了几个特定的供应商来尝试一种新的沟通风格。起初，他主要通过书信和电子邮件与他们沟通，这使他能够在传递信息之前思考他要说什么。他觉得自己似乎只是在压抑愤怒，假扮"友善"。但他注意到，这种新风格和他的咆哮一样有效，而且他在事后不会感到那么尴尬或内疚。接下来，他专注于改变与几名员工之间的沟通风格，并取得了积极的效果。几个星期之后，迈克开始注意到那些供应商和员工实际上表现得比以前更好。围绕汽车经销店的紧张气氛开始稍稍缓解，他在工作中甚至有过一些享受乐趣的时刻。

当开车回家时，迈克会在车库里多停留一会儿，坐在车里做一个简短的放松练习，然后再进家门。他觉得这就像是在他的工作和家庭生活之间的一个标点符号，能让他更好地把这两者区分开来。他要求家人在他回家后至少15分钟内不要让他处理任何问题，而他能够向他们承认，正是因为他经常感到紧张，他才需要这样的空间。他的坚定自信记分板揭示了那些容易引发他对妻子和孩子的愤怒情绪的问题。当这些问题出现时，他会在回应之前先休息一下。他的家人取笑他绕着街区散了那么多次步。

事情不是一夜之间改变的。迈克和他的妻子参加了几次联合心理治疗，在此期间，他们练习了特定的沟通技巧。在其中一项练习中，他的妻子会表达一个她知道他不认同的观点，而他会慢慢地、痛苦地、逐字逐句地组织自己的回应（包括反思式倾听和不带攻击性地陈述自己的观点），其间不可避免地出现了许多失误。在他练习新技能期间，他的妻子暂时充当家里唯一的管教者。他努力阐明自己对孩子行为的标准，一家人聚在一起讨论他们所同意的标准，并提出如果违反规则将会产生的具体后果（不包括大喊大叫）。渐渐地，迈克被重新带回管理家庭事务的过程中，和妻子享有平等地位。

迈克长期以来一直依赖攻击型风格，以至于他害怕自己永远无法改变。他没有想到的是，这种坚定自信型的新风格会给他带来回报，帮助他继续努力下去。家庭变成了他享受的地方，他的工作也得到了改进。之前那种一切都在溜走的感觉开始消退。

艾伦的故事：从被动攻击型到坚定自信型

艾伦占据主导地位的被动攻击型风格已经变得如此自动化，以至于大多数时候，他根本没有意识到自己在做什么。这种风格可以对他人隐藏攻击性，但它同时也可以蒙蔽自己。通过阅读关于被动攻击型风格的文献，并坚持使用坚定自信记分板，艾伦意识到他确实试图在不被发现的情况下攻击他人。他觉得这种行为实在不地道，有些令人沮丧。

和纳迪亚类似，这段经历有助于艾伦思考他的沟通风格从何而来。在他的童年时期，有几次他表现得具有攻击性，结果受到了严厉的惩罚。作为同年级里年龄最小的孩子之一，他在学校经常被人欺负。他既感到愤怒，又恐惧遭受更多的攻击，这促使他找到一种同时表达这两种情绪的方法。他成了一名非常有趣的讽刺家、班级小丑，擅长在幕后操纵世界。他看到了自己行为的原因，也开始看到它产生的影响。

对艾伦来说，克服被动攻击型的风格意味着既要变得坚定自信，又要放弃间接控制他人的行为。艾伦对坚定自信技巧可能产生的效果深感担忧，然而，他对生活的不满使他能够克服这种勉强心态。他开始在安全的、相对不那么重要的情境下表现得坚定自信，比如请求供应、和主管讨论小问题、和同事清晰地沟通，等等。尽管有一些不尽如人意的结果，他还是收获了足够的成功，让自己有动力继续前进。他开始觉得在工作时更放松了。

"放弃"意味着在办公室政治中扮演不那么核心的角色，且不去试图控制他人。他退出了几个委员会，并明确了一些他不参与八卦讨论的问题。渐渐地，其中一些问题对他来说似乎不那么重要了。有一段时间，他担心自己"失去了优势"，但其实他的工作表现正变得越来越好。他试着拒绝那些他知道自己永远不会去完成的任务，并尝试履行他已经接受的义务。尽管情况有所改善，他还是意识到自己不喜欢在大型政府办公室工作，于是开始考虑转行。

对于艾伦来说，在社交场合练习坚定自信技巧相对更困难，因为他几乎没有社交生活。他加入了一个本地的徒步旅行团体，这使他有机会沿着小径和他人进行社交。他尽量不让自己在任何人的背后说他们的坏话。他的幽默感是他的一个主要优势，但他努力不把它用作武器。他开始感到不那么孤僻了，在心理治疗结束时，他有了几个朋友，并准备开始重新约会。

隧道的尽头出现了亮光。

练习 2：自我评估

现在请花点儿时间来探索你把这本书拿在手里的原因。基于你已有的对坚定自信的了解，你认为自己在这方面的技能如何？

你在坚定自信方面永远无法做到完美。没有人做得到。幸运的是，你不需要完美。简要列出三种你希望在生活中出现的自己更加坚定自信的情形。

（1）

（2）

（3）

....

....

....

现在，花点儿时间完成下面的句子。你可以直接把答案写在这里，也可以写在你的笔记本里。这个练习可能会向你展示你应该把精力集中在哪里，以及在通往更加坚定自信的道路上，你的个人障碍在哪里。

当发生以下情况时，我最被动：

....

....

....

当发生以下情况时，我经常变得具有攻击性：

....

....

....

关于坚定自信，我最大的恐惧是：

....

....

....

在我的生活中，让我觉得最难做到坚定自信的两个人是：

....

....

....

当发生以下情况时，我已经相当坚定自信：

当你考虑接下来三章所涵盖的影响坚定自信行为的障碍时，请记住这些答案。

The Assertiveness
Workbook

第 3 章

坚定自信的 10 条原则

　　坚定自信技巧几乎和任何类型的人际交往都相关。这本书将互动分为常见的几类：陈述你的观点、说不、提出要求，等等。虽然这样的划分有些人为，而且类别之间存在重叠，但对策略进行分类是有意义的，因为有些策略在某些情况下比在其他情况下更适用。不过，这需要冒着暗示"坚定自信不过是一堆毫不相关的谈话技巧而已"的风险。

　　虽然我们使用的词语仅限于我们所处的特定环境，但一些关键原则是我们一切努力的基础。这些原则构成了坚定自信型风格的核心，而本书中的具体策略也正是来自这些基本概念。因此，在我们展开进一步讨论之前，让我们先明确一下这些核心概念。

原则 1：坚定自信是要控制你自己，而不是别人

　　"我没法让他明白。"凯特叹气道。

　　坚定自信小组里其余的组员看了我一眼，然后又转回头看凯特。作为一个 17 岁男孩的母亲，她发誓再也不会像当年她的母亲唠叨她那样去唠叨自己的儿子。然而她还是走到了这一步。她的儿子已经学会了开车，她经常把自己的车借给他，条件是他用完后要给车加满油。可是他从来没有做到这一点。她先是提醒他，然后给他施压，接着再唠叨他，最后还是忍不住对他不替别人着想的做法大发雷霆。这让她有一种似曾相识的感觉，仿佛经历了自己青春期的重演。

　　"那种感觉就像是我失败了，我养了一个令人讨厌又无礼的孩子。但是没有办法，我告诉他的一切都不起作用。"

　　组里的另一位女士看着她，说："问题在于你，而不在于他。"是的，我心想，并示意她继续发言。

　　"那是你的车钥匙！是你把它交出来的。你定了规矩，他破坏了，结果呢？什么也没发生！那他为什么要注意规矩？别再把车借给他了。"

　　嗯，完全正确，或者说八九不离十。实际情况是，她的儿子需要练习开车，而她没有别的选择。我加入了讨论："你在试图改变他。如果你转为改变自己呢？"

　　凯特一时看起来很困惑，于是我让大家共同参与讨论，商量出一个计划：她会告诉儿子，不管加不加油，他都可以把车开回来，没关系的，无论哪种情况，她肯定不唠叨他。如果他加了油才开回来，他随时可以再借车。可如果他没加油就开回来，那么他至少两周后才能再借车。选择权完全在他手里。

凯特在下次小组交流时汇报了最新的进展。她的儿子又借了那辆车——嗯，你可以猜到接下来发生了什么，他还是没有加油。这完全在意料之中。多年来，她的实际行动教会了他：他可以无视她嘱咐他的任何事情。她克制住咆哮的冲动，说了一句"没问题"，然后在日历上标出了两周后他可以再次借车的日期。她的儿子非常愤怒，试图逼她让步。值得赞扬的是，她态度坚定，并且没有说难听的话进行反击。

两周过去了，凯特又把车借给了儿子。这一次，让凯特非常意外的是，儿子加上了他用掉的汽油，而且之后一直在这样做。

凯特无意中与儿子建立了一种由他掌握所有权力的关系。她恳求他给汽车加满油，他却不理她，这让她感到无助。这种感受完全合理，她确实很无助，因为她试图控制的对象是错的。

当她转变方向，改为控制自己的时候，她是在一个强势的位置上进行操作。那个时候，感到沮丧的是她的儿子，因为现在他成了那个试图改变她的人。尝试失败后，他就只能改变自己的行为来适应新的环境。

这种转变并不容易。旧的习惯很难改变，继续做我们一直在做的事情是最简单的。凯特天生的冲动是想改变她的儿子，克制自己需要奉献精神和一点儿演技。她暗地里其实怒火中烧，但她忍住了——既没有发火，也没有交出车钥匙。

关注我们自己难免会产生不公平的感觉。我们通常觉得自己是无辜的一方，所以为什么必须是我们做出改变，而不是有罪的一方去改呢？在凯特看来，儿子用完车后再加满油似乎是完全合理的，任何法院都会同意这个判决。所以难道不该是他做出改变吗？

当然没错。但对方并不在法庭上。问"谁是对的"而不问"我在这场冲突里扮演了什么角色"是一种让关系陷入困境的典型方式，它几乎总是把原本可以解决的问题变成彻底的僵局。即使在我们有理的时候，我们也只能控制自己，专注于谁应该做出改变只会让我们停滞不前。坚定自信说到底就是放弃控制别人，转为控制自己。

"且慢，"人们有时会说，"我真的需要在这个世界上有更大的影响力。我的生活中有一些难以相处、咄咄逼人、令人讨厌的人，我希望他们做出改变，比如我儿子。"

很好，讨论的核心不是放弃改变，而是改变如何发生——通过改变我们自己来实现。事实上，每一段关系、每一次互动都是一支舞蹈。如果我们对自己正在跳的探戈不满意，我们可以尝试劝说我们的搭档采用不同的步伐，但我们通常会失败。如果我们改变自己的步伐，舞蹈随之改变，我们可能就会成功。凯特放弃了改变儿子，转为改变自己，这就是为什么最后她的儿子反而改变了。

这个想法如此简单，但往往又如此难以应用。它几乎是这本书全部内容的基础。我们将一次又一次地回访这句话，它是所有坚定自信原则中最重要的一条：坚定自信是要控制你自己，而不是别人。

让我们假设你已经开始使用坚定自信记分板来记录你遇到的困难情况。看看你到目前为止记录的所有内容。因为你试图让对方做出改变而导致事情出错的频率有多高？有没有可能事情出错的原因在于你认为需要改变的是他们，而不是你自己？

想明白如何在舞蹈中改变自己的步伐往往很棘手。有没有什么在其中某个这样的困难情况下你可以做出的小小改变？

原则 2：坚定自信讲究的是效率，而不是自我表达

我们为什么要沟通？一种动机是渴望分享我们的经历、想法或情绪。我们可以把它看作一种来自内心的推动，即表达自我的冲动。另一种动机是意图影响外部世界发生的事情。这是我们为达成某个目标做的努力。

我曾经和一群心理学实习生交流，问他们为什么想成为心理医生。其中一位说，她把心理治疗看成一种个人表

达——一种揭示真实自我的方式。我回答说，心理治疗的目
的是帮助来访者，而不是医生本人。换言之，我们的沟通旨
在满足他们的需求，而不是我们自己的需求。我们为了实现
这一目标来选择我们的具体语言。"有时，"我举例道，"你
满脑子的想法是，'我真该在这次谈话之前先小个便'。你会
说出来吗？不会。为什么？因为这对来访者没有帮助。"

这种自我表达和产生影响之间的分歧也与坚定自信的
沟通相关。自我表达是可以接受的、正当的说话理由。我们
想要分享失去亲朋好友的悲伤，分享对即将到来的假期的兴
奋，分享对自己是否走在正确的人生道路上的怀疑，分享天
气晴朗时外出的喜悦。我们希望自己有这样的朋友、亲戚、
伴侣或同事，让我们可以放心地表达自己大部分或全部的内
心世界。

但有时我们想要产生影响。我们希望新员工小心使用叉
车。我们期待孩子清空洗碗机。我们想看到配偶在吃饭时放
下手机。我们希望商店能为我们一台有故障的搅拌机退款。
我们正在帮助学生学习如何解析一个句子。我们拒绝了高空
跳伞的邀请。我们从邻居那里拿回了带锯。我们点了沙拉而
不是薯条，又或者，我们叫妹妹给火鸡做肉汁。

在任何我们想要产生影响的情形里，简单地表达我们的
感受可能会破坏或模糊沟通的效果。我们觉得自己从根本上
被配偶无视了，但咆哮只会把他推得更远。从一架好端端的
飞机上跳下来的想法让我们感到恐惧，但尖叫无济于事。我
们害怕被商店拒绝，但用颤抖的、几乎听不见的声音说话不
会让我们拿到一台能用的搅拌机。我们对节日聚餐感到紧
张，而妹妹已经在喝第三杯葡萄酒，这令我们十分懊恼。但

是，指责她自私不会有什么好结果。我们真正需要的是肉汁，所以沟通的焦点必须是肉汁，而不是我们的懊恼情绪。

我们需要进行选择。这次沟通是为了表达自我，还是为了实现心里的一个目标？如果是后者，那么就需要以一种有效的方式进行沟通。我们的目标可能在一定程度上受我们内心的需求或情绪的支配。然而，我们所希望的效果不会仅仅通过表达我们的感受就得以实现。自我表达并没有使凯特的儿子给汽车加油，分析情况并选择如何改变凯特自己的行为，才真正做到了这一点。

看看你自己的坚定自信记分板。这当中有多少次的沟通可能是因为你试图通过表达或表现你的感受来改变事情而变得困难了？

如果你专注于产生你想要的实际影响，你会做什么不同的事情吗？你为什么会有这样的选择呢？

原则 3：注意两方面的缺失——技能和表现

你正在餐馆吃饭，邻桌的一位顾客突然掐着喉咙站了起来，脸都涨紫了。"她噎住了！"她左边的女士喊道，并把一杯水推到她面前。她右边的男士目瞪口呆地坐着，一动也不动。你冲上去操作海姆立克急救法，把你攥成一团的拳头急剧地拉向她胸腔下方的腹部。一片胡萝卜从她嘴里飞了出来，她开始喘息。她右边的男士说："我上个月刚学过急救课，但是我没法……"他的声音逐渐变弱。

刚刚发生了什么？

这些用餐同伴的表现说明了人们不能做出必要行为的两个主要原因。试图把水递给噎食受害者的女士显然不知道该怎么做。她存在技能缺失。她原本可以从如何处理噎食受害者的课程中获益。她右边的男士完全知道该怎么做，但某些东西让他止步不前——也许是压力，或者是自我意识，又或者是对正在发生的事情的不甚确定。他存在表现缺失。

这两个问题在沟通场景中都会出现。坚定自信涉及一套我们很多人都缺乏的特定技能，而我们可能存在技能缺失。本书的第三部分，也是篇幅最大的部分，讨论了坚定自信所需的实际技能，练习它们可以帮助你建立你的技能体系。毫无疑问，你会发现其中的一些技能你已经颇为精通，而另一些你还需要改进。

但即使我们知道该做什么，我们可能依旧很难运用我们的技能，因为我们可能存在表现缺失。也许我们压力过大，以至于无法想起我们学过的技能。也许我们在某些人际关系中的过往历史是运用技能的障碍。或者，也许是我们的信仰体系阻碍了我们。例如，如果你认为拒绝一个请求是粗鲁的行为，那就意味着无论你在技能方面多么娴熟，你永远不会说不。本书的第二部分提出了一些最常见的阻碍我们使用坚定自信技能的问题。

看看你最近的四张坚定自信记分板。其中有多少次你完全知道该做什么，但偏偏有些事情让你止步不前的情形？你认为是什么阻止了你把这些已经掌握的技能表现出来？

....

....

在其他情形之下，你可能不知道该做些什么，也许你需要学习一种特定的技能或技巧。你想了解什么技能或技巧来更有效地应对这些情形呢？

....

....

原则 4：从容易的事情开始

当人们开始锻炼自己的坚定自信技巧时，通常是因为某段关系给他们带来了难题——老板、配偶、年迈的父母、咄咄逼人的朋友。直接处理这段关系对我们来说是很自然的诱惑。这么做有一定的道理，如果你在打扫房子，你可能确实会从最脏乱的房间开始。

然而，这里有一个问题：你是从最难应对的人，并在可能有最多损失的情况下开始锻炼坚定自信技巧的。如果你第一次打网球的对手就是温布尔登锦标赛的冠军，可能不会有什么好结果。更好的主意是先学习基础知识，找个和你水平相当的人一起打球。

练习坚定自信技巧是类似的，从相对低风险的情况和不那么紧张的关系开始锻炼通常会有更好的效果。在你和老板就公司工资不平等的问题进行对质之前，你可以练习一下在餐馆里要求坐你喜欢的位置，或者让店员帮你把你的新电视搬进车里的情形。

　　这将违背你的本能，因为这些简单的情况或许没有太困扰你，你是否解决它们并不重要。但是，就像在后院练习投篮会帮助你在第一场篮球比赛中取得成功一样，在相对简单的互动中练习也会帮助你应对更为复杂的互动。这就好比在练到 100 磅[⊖]之前，你必须先仰卧推举 20 磅。

　　当你想到你需要掌握更好的坚定自信技巧时，哪一段关系会最先出现在你的脑海中？你最想和那个人解决的问题是什么？

_____

_____

　　列举两种相比你上一题的回答更简单、压力更小，且结果对你的幸福相对不那么重要的日常生活的情形，这些可以是你开始练习的情形。

　　（1）_____

　　（2）_____

_____

原则 5：避免上当和做出情绪化反应

　　当你进行坚定自信的沟通时，你通常想表达一个特定的观点，无论是分享你对鱼翅汤应该被禁止的看法，还是避免

　　⊖　1 磅 ≈ 0.454 千克

举办下一场圣帕特里克节啤酒狂欢，抑或就你的家人在你孩子周围吸烟的问题和他对质。你经常会发现自己被迫跑题，讨论一些与你最初的目标毫无关系的话题。你最后花了 3 个小时讨论素食主义，而你想传达的关于鲨鱼的信息则全部丢失。你可能会回头看发生的事，怀疑对方一直在刻意让你跑题。

这是怎么发生的？

你上当了，就像一条鱼儿上钩那样。对方已经察觉到你对一个棘手的话题，比如他们的吸烟行为的处理方法，他们会抛出一个诱人的评论来引导你偏离轨道。而你完完全全上当了。

下面是一些有效的"钩子"的范例：

- 陈旧的历史。你想讨论你的员工经常迟到的问题，他们却和你提你没有买到他们想要的人体工程学座椅。
- 无关紧要的细节。当你提起他们还没有偿还的贷款时，他们开始长篇大论地讲述钱的去向。
- 先决条件。在你分享他们的不忠行为对你的影响之前，他们要求先谈谈你长期过度工作的问题。
- 敏感问题。当你试图讨论你已经成年的儿子打电子游戏的习惯时，他不停重复你的前任说过的一句关于你的不好听的话。

你期望别人不要用这样的方式来吸引你上当，你希望他们紧扣主题。但是到目前为止，如果你已经从这本书里学到了什么，那就是这种想法把你放在了依靠他人做出改变的无助位置上。其实，你需要改变的是你自己。你的任

务是允许他人使用他们能想到的任何钩子，而你怎么都不
上钩。

　　你：“特里，你之前说过你会把那 500 美元还给我。”

特里：“听着，我告诉你那 500 美元去了哪里。”

　　你：（平静地，不上当）“我希望 7 月前把这笔钱结清。”

特里：“文斯还没有付我给他买雪地轮胎的钱。嘿，也
　　　　许你可以问他要。”

　　你：（不上当）“如果你愿意，可以分期付款。你现在
　　　　有钱吗？”

特里：“这都是古老的历史了。你怎么突然变成守财
　　　　奴了？”

　　你：（不上当）“这个月底前我希望至少拿到 200 美元。”

特里：“玛丽安说你是个难对付的人，我可是为你辩
　　　　护的。”

　　你：（不上当）“谢谢你。哦，看，这里有一台自动取
　　　　款机。我们今天就可以去取钱。”

　　这可能会让你追回借款，也可能不会。提前假设你借
给朋友或家人的任何东西都永远不会还回来是一个有用的策
略，所以只借你在一定程度上可以坦然失去的东西。但请记
住，保持冷静，紧扣主题，这比允许对方讲述冗长的故事，
转而问文斯要钱，为自己的人品辩护或就玛丽安的观点进行
讨论更有可能产生你想要的效果。

　　类似地，人们常常会刺激我们做出情绪化的反应，要么
是因为他们想转移我们对某个棘手话题的注意力（就像特里
指责你是个守财奴那样），要么是出于一种攻击或被动攻击

的冲动。他们故意惹我们发火，然后坐下来观看好戏，等着我们像烟花一样被点燃，彻底爆炸。他们的手段有时是对我们或我们的价值观进行直接或隐蔽的攻击，有时则是表现出一种令人讨厌的态度——他们知道我们对此深恶痛绝。

如果他们能很快把你逼成气急败坏、泪流满面或怒不可遏的一团糟状态，他们就可以无视你或你的观点。如果你能保持冷静，他们也许会发现刺激你是徒劳无功的。你的任务是允许别人故意惹你发火，而你忍住不按他们想要的方式做出回应。

以下是一些挑衅刺激的例子，以及一些断路器式的回复：

刺激："你特别喜欢的那位政客可真有惹是生非的本事。"
回复："我喜欢她坚持自己立场的方式。"

刺激："如果你宁愿数钱而不是真正做什么贡献，会计是个不错的职业。"
回复："我也认为它是一个不错的职业，这正是我现在当会计的原因。"

刺激："我认为一个有能力的人现在应该已经完成了这幅画。"
回复："你可能是对的。还好我不靠画画为生。"

刺激："我对你带来的那个小激进派没什么好印象。"
回复："我不认为她想给你留下什么好印象。"

刺激："亲爱的，那个格子花呢不太有女人味。"
回复："我知道。我10点前回来。"

对钩子和刺激做出回应会允许别人转移你的注意力，偏离你原本想说的话和想做的事。他们会越过你的边界，无视你的请求，不理你的反馈，驳回你的意见。他们将得逞，直到你学会面对刺激和钩子，并始终紧扣主题的那一刻为止。

这部分内容是否让你想起了生活中某个企图让你上钩的人——他们为了回避你想讨论的话题而转向其他话题？谁有这种行为？

他们使用了什么技巧？他们是怎么做的？

当他们这么做的时候，你希望自己如何反应？

你生活中那些刺激你产生强烈的情绪反应（狂怒、绝望、焦虑、妒忌）的人呢？他们是谁？他们具体做了什么？

你如何允许他们竭尽所能地刺激你，却不做出他们想要的反应呢？

原则 6：坚定自信是一种选择

米格尔·德·塞万提斯（Miguel de Cervantes）的《堂吉诃德》（*Don Quixote*）一书描述了这样一名贵族，他是如此迷恋骑士文学故事，已经到了失去理智的程度。为了寻求冒险，他试图与一系列的风车比武，认为它们是长臂巨人。从那以后，"和风车决斗"（tilting at windmills，tilting 是指比武或战斗）这个短语就演变出"毫无意义地与虚构或不重要的敌人战斗"的意思——实际上，也就是指把自己的精力浪费在无法取胜的战斗上。

当人们开始学习更多关于坚定自信的技能时，他们有时会担心这将从根本上改变自己的为人。他们将一天 24 小时不间断地，在每种情况下都表现得坚定自信，战斗不止。这会令他们筋疲力尽，而且往往徒劳无功。

但是，坚定自信只是一种工具。学会如何使用这种工具并不意味着你每次开口说话都必须把它拿出来炫耀一下。就像如果你知道如何游泳，也并不意味着你必须以游泳的方式前往你要去的每个地方。它只意味着，如果你想游过去，你可以这么做，并且如果你的船翻了，你可以保证自己的安全。类似地，知道如何坚定自信地表达，并不意味着你必须在每种情况下都这么做。它只意味着，如果你选择要坚定自信，你就可以坚定自信。

在很多情况下，最好的决定就是顺从他人的意愿。这么做有时成本很低，比如，当你在黛利拉阿姨家做客时，即使你不想吃她石头一样硬的饼干，你可能还是会接受一块，因为这让她感到开心，而且对你来说没有损失；有时成本则很高，比如，当一个持枪贼向你要钱时，你可能还是乖乖交出来比较明智，或者，当你的悬挂式滑翔教练命令你系好安全带时，温顺地服从是个好主意。

打无关紧要或无法取胜的仗是和自己过不去。政治家在赢得选举后，就拥有了一定数量的"政治资本"。政治资本是一个略微模糊的概念，是指可以用来推动各种倡议的权力和影响力。领导人往往必须通过一些将惹恼至少部分选民的法案，例如加强监管、提高税收、防止无节制地排放污染物，等等。如果他们在同一时间试图推进过多这样的措施，反对会越来越强烈，他们最后必然落得失败的下场。政治家需要为自己最优先的项目留存政治资本。

我们其他人在各种关系中也拥有有限的"影响力资本"，我们必须选择在哪里花费它。我们不应该主动稀释我们的影响力，把精力浪费在注定失败的倡议上，一方面因为这是白费口舌的行为，另一方面是因为我们会削弱自己以后的影响力。以下是一些毫无意义的战斗的例子，我们应该尽量回避：

- 刚在银行获得一份新工作，便立即向领导施加压力，要求改变银行的会计系统。
- 你并不处在拥有权力的位置，却倡导重新分配房间和办公空间。
- 试图说服朋友更负责地处理其个人财务问题，或者劝他们和现任配偶离婚。
- 尝试改变你父母的政治信仰，尽管以前的经验表明这是徒劳无功的。
- 和社交媒体上的熟人就他们最新的阴谋论有多愚蠢展开争论。

　　有些人本能地反对把问题放过去的想法。"如果我不在网上与提出愚蠢观点的人争论，就相当于我默认这些观点是对的。"我认识的一个人花费大量时间在网上抨击他所在国家的政府。"实际上，我们是唯一有效的反对派。"他解释道。他似乎完全没有想过，这种形式的无能反对是毫无意义的。我曾考虑向他提出这一点，但我可以断定，如果我这么做了，我就是在完全重复他的行为——争得面红耳赤，却没有丝毫产生影响力的希望。

　　如果你想要更多毫无意义的辩论的例子，可以将鼠标向下滚动到任何网络新闻文章的评论部分。你会发现，许多人在对其他评论者或文章中提到的人进行充满攻击性的羞辱。即使评论的措辞是得体的、有礼貌的——换句话说，是以坚定自信的方式呈现出来的——它们的影响力也差不多是零。你很少看到有人回复"天哪，我从来没有那样想过，也许你才是对的"之类的话。

　　我的一位来访者对她的儿子感到恼怒，因为他天真地接受自己在社交媒体上看到的一切事物：营养时尚、化学尾气、高结肠排毒、搭讪技巧、疫苗阴谋论，等等，应有尽有。但是，儿子并不需要对质，她才需要。我问她花了多少精力与儿子争论，以及她成功说服他使用批判性思维的次数。答案分别是非常多和从来没有。"那么下一次你成功的概率有多高？"我问道，"你们只会展开一场没有结果的争论。如果你什么也不说，或者只说你自己不相信这些东西，然后就此打住呢？"

　　"那他就会继续相信这一切。"她回答。

　　"反正他横竖都相信，"我指出，"也许有些信念会变得更坚固，因为你试图将自己的思维方式强加给他。如果你不再试图改变他，你们之间的紧张气氛可能会有所缓和。他说不定会反过来试图说服你，但那个时候沮丧的人就是他，而不是你了。"

的确，有时候最坚定自信的立场就是什么也不说。不要上当，不要争论，不要把说服别人放弃他们的信仰或其他的坚定看法摆上你的议事日程。待在你自己的座位上，记住：别人愿意怎么想都行，这是他们的权利。你的精力有限，所以请选择你的战斗。

回顾一下你最近的坚定自信记分板。是否有一些你绝对不可能取胜，或者取胜需要付出很大的努力，而收益却微乎其微的情形？具体是哪些情形呢？

展望未来，哪些情形会让你希望试着坐下来，什么都不做，而不是浪费你的精力？（在社交媒体上争论阴谋论或政治是一个经典的例子，但也许你在自己的生活中还有其他例子。）

原则 7：出错是正常的

在学习变得更加坚定自信的过程中，有意识地允许自己犯错——因为你肯定会犯错，允许错误发生并愿意承担风险。当错误确实发生时，提醒自己，你是可以犯错的。错误至关重要，它们给了你改进自己技能的机会。

为什么你需要提醒自己这么明显的事情？因为很多没有充分利用坚定自信型风格的人都避免冒险。困难的人际关系情境会激活应激反应，而应激反应的目的正是让我们远离风险，走向安全。不幸的是，应激会助长攻击和逃避的行为。坚定自信需要我们对风险更加坦然，并允许错误发生。

所以试着发现自己说"如果我犯错会怎么样"的冲动，把话咽回去。这个问题假设你有不犯错的可能，而事实上没有，你一定会犯错。一个更好的问题是："当我犯错的时候，我如何提醒自己去最大限度地利用这些错误？"

原则 8：短胜于长

良好的坚定自信型沟通通常比其他选择更精确。考虑一下这个例子，说"我希望你提前打电话告诉我你会迟到"能确切地表达出你的困扰，它坚定自信得恰到好处。回避这个问题（被动型的选择）属于在对话开始之前就关闭了沟通渠道的情形。充满怨气的、阴森的沉默（被动攻击型的选择）使你不高兴的原因成了一个谜，并且让对方只能猜测（以及感到沮丧，因为你不肯直接告诉他们答案）或完全忽略它。"你一点儿也不为我着想"（攻击型的选择）把焦点放在了对方的人品上，而不是真正困扰你的事情——他们的迟到行为。

准确表达可能很困难。我们经常忍不住展开一个漫长的、详细的解释，来说明我们的意思。一位坚定自信小组的成员写下了她在某个问题上想要对同事说的确切的话，她竟然写出了一封长达 22 页的信！

　　冗长的解释通常是个坏主意。对方不会注意到其中的大部分内容，并且会因为你提供的大量细节而感到备受冲击。此外，冗长的解释往往试图为我们的行为、需求和期望辩解："我真的需要你这么做，因为＿＿＿和＿＿＿和＿＿＿。"辩解会鼓励对方质疑你的理由，而不是处理你的陈述或请求。坚定自信的沟通的一条普遍原则是：短胜于长。

　　很好，但是你该怎么做到这一点呢？一种策略是把你想说的话以笔记的形式写下来。就像那位写信的坚定自信小组成员一样，当你开始这么做的时候，你几乎总是描述太多的细节，不断重复你自己想说的话。没关系，在你用书面形式记录下你的想法之后，你可以花时间好好进行修剪。最终，你会拥有一条合适的信息，它既能表达你的意思，又避免了滔滔不绝。不妨想象一下，作为一名推崇极简主义的园丁，你逐渐修剪掉所有不重要的东西的过程。

原则 9：谨慎使用幽默

　　当你进行坚定自信的表达时，你能使用幽默的技巧吗？当然了。事实上，如果你既想展现坚定和自信，又不希望给人留下你颇具攻击性的印象，幽默往往是最有效的方式之一。但是，你需要注意：

- 不认识你的人很有可能误解你的幽默。因此，在对陌生人进行坚定自信的表达时，最好避免过多使用幽默的技巧。

- 如果你通常具有被动型的风格，自嘲式的幽默也许对你很有吸引力。"我知道这么做是完全不负责任的行为——我也确实经常不负责任——但是我明天能请假吗？"虽然自嘲式的幽默可以既有趣又恰当，但当你试图表现得坚定自信时，它并不合时宜，因为它相当于邀请别人不把你当回事儿。还是把这种幽默留给其他时候吧。

- 当和你说话的人很生气时，幽默通常不会有太好的效果。他们可能会完全错过你想表达的笑点（"嗯，你说得对，你确实不负责任"），或者他们可能会因为你没有认真对待他们的话而觉得受到了冒犯（"你知道，这可不是一个笑话"）。

- 留意自己幽默中隐藏的攻击性。如果你感到愤怒，你可能会无意地在你的幽默中插入一些小攻击（"哈哈，我这么做的可能性和你重新长出头发的可能性一样大"）。

原则 10：选择一种你喜欢的风格

当你想变得更加坚定自信时，你可能很难决定自己该怎么做，也很难想到自己该说什么。掌握任何新技能都需要时间和练习，而且我们中的许多人都发现自己很难评估自己的行为。不妨想想生活中某个以你钦佩的方式进行坚定自信的表达的人，然后问问自己，他在这种情况下会如何反应？

你的目标不是变得和他们一样。毕竟，你是一个独立的个体。有时你的决定可能是完全照搬他们的行为；有时你又想做出改变，让它成为你自己的行为。关键是让你自己知道，陷入困境时该怎么做。你也不妨想想更多这样的人，不用局限于一个对象。这样一来，你可以从一系列的想法中进行选择。

说出两个拥有你喜欢的坚定自信型风格的人。

在你练习新技能的过程中，请记住这些人。当你发现自己陷入困境，或者试图找出如何应对某种情况的解决方案时，想想他们会怎么做。然后，扪心自问，你想象中的他们的反应是否和你自己希望做的事类似。如果是的话，把它调整成符合你风格的反应，并付诸行动。渐渐地，它会变成你自己的风格。

你也许会想，这不是作弊吗？这本书的全部意义不就是找到你自己的风格，表达你自己的独特性吗？嗯，是的，那确实是本书的意义所在，但这种策略不是作弊。你的目标不是完全采纳对方的风格。话说回来，我们学习如何自我表达的主要方式之一正是观察他人的行为。他人是我们的榜样，而我们从他们的示范中受益。我们观察职业高尔夫球手，试着模仿她的挥杆动作；我们学习电视上厨师的做法，然后做一道类似的菜；我们听皮划艇教练描述正确的划桨方式，接着自己练习。这些都不会使我们丧失自我。掌握这些技能只是为我们提供了新的表达自我的途径而已。

第二部分

跨越坚定自信的障碍

The Assertiveness
Workbook

第 4 章

如何克服应激障碍

也许你已经确信，坚定自信型的风格通常比被动型、攻击型或被动攻击型的风格具有更好的效果。如果是这样的话，那为什么并非每个人都一直使用坚定自信型的风格呢？部分原因是我们在上一章中讨论的技能缺失——人们就是不知道具体该怎么做。即便他们懂得这些技能，各种障碍也会阻碍他们，从而导致表现缺失。在本书的这一部分，我们将考虑最常见的影响坚定自信的沟通的障碍。

这些障碍的其中之一是每个人都具有的特征：应激反应。当你处于应激状态时，使用有效的坚定自信技巧会变得困难得多。让我们来探讨一下为什么会这样，以及该如何应对。

什么是应激

简言之，应激反应是我们感受到威胁时的一种身体反应。在史前环境中，人类福祉的最大威胁来自人类和动物之间充满暴力的、生死攸关的冲突：一只肉食动物出现了，邻居们发起攻击，你踏上冒险的狩猎之旅以寻找食物。

在原始条件下，面对大多数这类危险情况，最好的应对方式无非两种：攻击或撤退。要么揍它一顿，要么跑开。换言之，要么战斗，要么逃跑。那些战斗得最努力或跑得最快的人更有可能生存下来，并将他们的特点传递给他们的孩子。这造成了一种选择压力，有利于以下两类人：①强壮的人；②在紧急情况下可以最大限度地利用自己肌肉的人。其他人大多会随着他们的基因一起消亡。

想象一下一只剑齿虎在你的营地周围嗅来嗅去的情形。如果你可以说"好猫。你乖乖在这儿等着，我先去健身房练几个月的肌肉，等练完了我再回来对付你"，那当然很棒。问题在于，那时还没有人开健身房。而且无论如何，当你回来的时候，部落里的其他人肯定都只剩骨头了。于是，一种新的系统发展了起来，旨在重组身体的正常功能，把逃跑和战斗放在首位。

你坐过大型游轮或远洋班轮吗？船上一切事务都有专职人员负责：做薯条，给地毯吸尘，经营礼品店，等等。不过，在紧急情况下，并没有任何船员的唯一工作是站在救生艇旁，等待自己上场的大好机会。那样对船只运营来说太贵也太无聊了。实际情况是，厨师关掉炸锅，清洁工收起吸尘器，收银员关闭礼品店，他们都会跑去应付他们的紧急工作——操作救生艇。船上的人力资源进行了优先级的重新调整，暂时更重要的生存任务被排到首位，而日常任务则被削减。

这就是在你身体里发生的事情。你也许认为一天24小时都处于准备行动的顶级状态是件好事，但这是个糟糕的主意。大多数时候，你需要你的身体做一些不那么紧急的长期工作，比如细胞修复和消化。当应激反应被激活时，这些任务会被取消优先级，以确保你可以暂时变得更强、更快。

很好，但这是怎么发生的呢？如果在看到老虎的时候，我们的肌肉并没有增长，我们是如何变身为更好的战斗或逃跑机器的呢？在这个过程中发生了很多变化：

- 你的心率会增加，使血液更快地输送到工作中的肌肉。但你需要更多的血液，所以……

- 你的心脏也会比平时扩张和收缩得更多，每次跳动都会泵出更多的血液。这叫作你的脉量，而这就是你身处应激状态时，会感觉到心脏在胸膛里跳动的原因。这听起来很棒，但那些血都没用，除非……

- 你的呼吸频率增加，以确保有足够的用来燃烧燃料和产生能量的氧气。但你需要一些东西来燃烧，所以……

- 你的肝脏将葡萄糖释放到血液中，使你的血糖升高。但是你需要氧气和糖抵达正确的肌肉，所以……

- 通过血管舒张，你的四肢和躯干里负责战斗和逃跑的大型肌肉的血液供应会有所增加。所谓血管舒张，是指这些区域的血管会变宽。但你需要从某个地方把增加的血液偷过来，所以……

- 通过血管收缩，你的皮肤、消化系统和四肢的血液供应会有所减少。所谓血管收缩，是指这些区域的血管会变窄。这就是你身处应激状态时，可能会脸色苍白、胃部不适、手脚冰冷的原因。所有这些活动都会使你过热，所以……

- 为了让自己降温，你甚至在开始跑步之前就已经开始出汗（冷汗），而通常你必须先过热，然后才出汗。但万一那只剑齿虎还是咬了你一口……

- 你的身体会释放内啡肽（天然止痛药），以防止你由于受伤的疼痛而残疾，或变得迟钝（尽管长期处于应激状态实际上会提高疼痛敏感性）。哦，至于那些血……

- 你的血小板数量也会上升，使你的血液凝结得比平时更快。这种情况从长期来看对身体不利，但就短期的紧急情况而言，效果还不错。

应激反应还会导致心理和行为上的变化。例如，你的感官变得更加敏锐，时间似乎变慢了，你能够更好地专注于特定的重要任务（比如逃跑或战斗）。相应地，你比较难以专注于多项复杂的任务，创造性思维开始衰退，一种想要移动的愿望接管了全身，往往会导致踱步、坐立不安或强烈的浮躁感，恐惧或愤怒等情绪也随之加剧。

总之，当应激反应被激活时，你会变得更强、更快、更专注，并且对疼痛更具抵抗力。如果你发现自己处于必须逃跑或战斗的情况，拥有这些特质当然很棒。在你的生命中，应激反应可能会在某个恰当的时刻"开机"并保护你免受伤害。也许你已经有过这样的经历。

但所有这些变化都是为了在原始环境里提供帮助而进化出来的。如果你正在读这本书,那么你可能生活在一个不同于史前的新世界:面对日常生活中的大多数威胁,战斗和逃跑并不是最好的反应。打老板并不能解决在职场上遇到的问题,把讨厌的孩子丢在商场里也不是个好主意。对于这些情况,应激反应根本起不到帮助作用。事实上,它往往会降低你应对日常生活中大多数情况的能力。

此外,应激反应其实也可以帮助你度过接下来的五分钟。它原本的适用对象就是短期情形。然而,你生活中的许多应激源是长期的,应激水平的长期提升与各种各样的生理和心理困难有关。因此,当我们谈论应激反应时,我们经常会更专注于如何将其"关机",而不是"开机"。

好吧,让我们把这些知识应用到你自己的生活中。回顾过去的一周,也许可以参考一下你的坚定自信记分板,选择一个让你感到会产生应激反应的涉及他人的例子。

具体是什么情形?

逃跑和躲避能帮助你解决问题吗?真的吗?

你能否记得自己想要逃离这种情形,即使这样做没有帮助?

对某人进行身体上的攻击能帮助你解决问题吗？真的吗？

你能否记得自己想要表现得具有攻击性，无论是口头上还是身体上（打你的老板，对你的伴侣大喊大叫，把你的孩子拖去学校）？

如果攻击或逃避真的是你最好的选择，那么应激反应可能会对你有所帮助。如果不是，那么它就弊大于利——部分原因在于它会使你想要攻击或逃避。也许你可以记起这样的情形：你发现自己在大喊大叫或逃跑，尽管你知道这些行为只会让事情变得更糟。即使你成功地做到了自我抑制，但由于你的大部分精力都用在了约束自己上，你其实也无法再去考虑自己还能做些什么。

我已经提到过，坚定自信型风格在本质上不同于其他沟通风格。它不仅仅淡化了攻击性，也不只是位于被动和攻击之间模糊的中间地带，坚定自信型风格和其他风格的显著区别之一是它与应激反应的关系。被动型风格主要具有逃避性——这是逃跑反应的表现。攻击型风格则咄咄逼人，反映了很强的控制欲，通常包含愤怒的元素——这是战斗反应的表现。被动攻击型风格则结合了攻击和逃避责任的特点——这是战斗和逃跑反应的表现。

相比之下，坚定自信型风格既不涉及逃避，也不涉及攻击。它最好在冷静和清晰的氛围中使用，通常需要一定程度的创造力，而应激反应只会阻碍创造力。因此，尽管四种风格中的三种都占据着激活刻度盘"处于应激状态"的一端，坚定自信型风格却单独位于"未处于应激状态"的一端，与其他风格截然不同。应激反应不仅无法帮助我们表现得坚定自信，还会削弱我们这么做的能力。

在我们详细讨论控制应激反应的策略之前，让我们使用认知行为疗法（CBT）的基本模型把事情变得更明确一些。如果你去咨询 100 名 CBT 流派的心理医生，他们中的大多数人迟早会在白板上画出这个模型：

情境→评估→反应（情绪和行为）

在我们的生活中，我们通常会觉得自己只是对周围世界发生的事情做出反应。CBT 指出，外部世界（我们通常称之为情境）并不能直接引起我们的反应。我们必须感知正在发生的事情，并对其形成某种理解——这个过程被称为评估。某人可能拿枪指着我们，但如果我们认为那是一把玩具枪，或者我们没有注意到它，我们可能根本不会做出反应。如果我们认为某人在攻击我们，即使我们百分之百安全，我们也会做出反应，就像他们真的在攻击我们一样。我们是对我们的评估（我们关于周围世界的信念）做出反应，而不是对世界本身做出反应。有时我们的评估是正确的、有帮助的，有时则不然。

情境：老板在走廊里与你擦肩而过时皱起了眉头。
评估 1：她午饭时可能吃了太多的比萨。不是我的问题。
反应 1：没有感受到压力，没有产生应激反应。

评估 2：她读了我的报告，极其不满意，正在考虑解雇
　　　　我。我再也找不到另一份工作了。
反应 2：感受到巨大的压力，产生应激反应。

　　想象另一个情境：一位同事抨击了你对家具店陈列品的
重组建议。如果你心想，"就是他建议要在床上展示真人的，
从来没有人在意过他的话"，那么你可能不会受到困扰。但
如果他是老板的儿子，你的评估可能是：他的批评对你的工
作构成了真正的威胁。

　　一旦你感到威胁，你的应激反应就会增强，带来一些
或者所有我们已经讨论过的身体和心理层面的变化（心率变
快、出汗、创造力下降，等等）。如果你认为同事可能是对
的，你将看起来像个傻瓜，这也许会激活你的恐惧和逃跑反
应（逃离的欲望）。你会想要避免随之而来的冲突，以一种
被动的方式行事。也许你会退缩，满脸通红地向同事道歉，
然后尽快离开。

　　如果你认为同事错了，你不应该受到批评，这也许会引
发你的愤怒和战斗反应。你会想要战胜你的批评者，于是你
可能会变得过于具有攻击性。也许你会以一种响亮而威胁的
声音反过来谈论这位同事的缺点，"连你的父亲都不尊重你，
还有什么可说的？你赶紧给我闭嘴"。

　　还有一种可能是你会生气，但你害怕直接对抗（毕竟他
是老板的儿子）。你的反应可能混合了被动型和攻击型的风
格。也许你会避开你的批评者，但在别人面前窃窃私语说他
的缺点，"还记得那个让超模穿睡衣进行展示的想法吗"，或
者你会做一些让他的工作看起来很糟糕的事情。这是典型的

被动攻击行为。

从长远来看，这三种反应（被动、攻击和被动攻击）都可能使情况变得更糟。另一种选择是采取直截了当的、坚定自信的行为，但要做到这一点，你可能必须先缓和你的应激反应。

一种策略是重新审视你的评估，看看你是否做了正确的判断。也许你过于重视当前的情况，或者你根据不充分的证据过早得出了负面的结论。事情可能没有你想得那么糟糕。我们将在第 6 章和第 7 章中讨论改善你的评估的方法。

另一种策略是根据身体反应本身做出应对。有以下两种具体的做法：

（1）你可以通过采用已经被证实可以起到帮助作用的生活方式来降低你对应激反应的敏感性。

（2）你可以使用保持距离、呼吸和其他放松手段来减轻你在特定情境里的应激反应。

增强与应激反应相关的抵抗力

人们在应激反应被触发的敏感度上存在差异。你可能认识一些似乎对最微不足道的情况都反应过度的人，我们经常说他们"高度紧张"（high-strung）或"绷得太紧"（wound too tight）。另一些人则似乎无论发生什么事情都不会感到压力，他们"泰然自若"（cool as a cucumber）或"安如磐石"（steady as a rock）。

这其中的一些差异似乎是先天的。有证据显示，一些新生儿比其他同龄人更容易受到压力的影响，从而产生应激反应，而这些差异似乎会持续到青少年和成年期（Kagan and Snidman，2004）。我们当中的一些人确实比其他人更容易紧张。但是，生活方式的因素可以在某些方面影响我们与应激反应相关的韧性。特定的改变可能会让你不那么容易受到压力的影响，并提高你在面临威胁时冷静应对的能力。

与你认识的人相比，想想你自己对压力的耐受性。总体而言，你比别人更容易感到压力还是更不容易感到压力？通过标记下面的这条线来估算一下：

比大多数人冷静　　差不多处于平均水平　　很容易感到压力

如果你在中点的右边做了标记，或者如果你想更好地管理压力，提高自己控制应激反应的能力，不妨考虑以下一些策略。在最适合你自己生活的那些选项前打钩。

- □ **锻炼。** 研究表明，定期锻炼的人往往比不锻炼的人表现出更少的压力和焦虑（Hays，1999）。锻炼的具体内容是有氧运动还是无氧运动似乎并不重要，重要的是付诸行动。选择一些你喜欢（或至少可以忍受）的活动，记得每次先热身，然后定期参与这些活动（每周 3 ～ 4 次效果最好）。不要过度锻炼。在开始一个新的或困难的健身方案之前，先向你的医生征求建议。锻炼的好处通常会在 3 ～ 4 周内迅速显现。

- □ **吃得好。** 在奔波中不规律地吃油腻、不健康的食物似乎会增加压力对我们的影响。规律的、营养均衡的膳食是更好的选择。它们不必是复杂的、丰富的、需要花几个小时去计划和烹饪的盛宴。相对简单的举措，比如选择沙拉而不是炸薯条，或者花时间坐下来平静地吃饭，就可以产生很大的影响。有些人发现，甜食中的单糖会导致情绪发生过山车式的变化，自己的状态也随之出现巨大起伏，从反应迅速到无精打采，复合碳水化合物可能是更好的选择。向你的医生寻求适当的饮食和营养指导，或者在互联网上查看你所在国家的饮食或食物指南。

- [ ] **获得充足的睡眠。**很多人没有获得充足的睡眠，而睡眠不足显然会增加压力对你的影响。把晚上睡个好觉列为你生活中的头等大事。尽管不同的人之间存在巨大的个体差异，但大多数人每天晚上需要 7～9 个小时的睡眠才能达到最佳状态。为了达到最佳效果，请保持规律的就寝和起床时间。在一周中，改变这些时间很容易扰乱身体每天 24 小时的睡眠和觉醒周期。此外，请确保你入睡的环境在温度、安静度和黑暗度等方面是有利于睡眠的。如果你入睡困难，及时向你的医生咨询。你可能也会发现，查阅一本关于睡眠问题的书很有帮助，比如希尔伯曼（Silberman）出版于 2009 年的著作《失眠应对手册》（*The Insomnia Workbook*）。

- [ ] **注意咖啡因的摄入量。**咖啡因是一种令人上瘾的物质，以化学方式刺激应激反应系统。咖啡因的主要来源是咖啡（每 8 盎司⊖杯的咖啡约 200 毫克，或每杯浓缩咖啡约 90 毫克）、茶（每杯约 70 毫克）、含咖啡因的软饮料（每杯 30～60 毫克）和巧克力（一小块约 25 毫克）。如果焦虑、恐惧和愤怒对你来说是重大的困难，或者如果你有睡眠问题，不妨尝试减少咖啡因的摄入量。如果你每天的摄入量超过 450 毫克（取决于你的体重和其他因素），突然戒断很可能会导致头痛、易怒、难以集中注意力等症状。为了避免这些反应，逐渐减少你的咖啡因摄入量。虽然咖啡因及其影响对大多数人来说并不危险，但过量摄入会在与应激相关的问题中起关键的作用。

□ **过平衡的生活。**你是否一天工作 16 个小时？你是否试图同时处理太多的任务？你是否经常发现自己一心多用（一边吃饭一边打电话，还看着电视，并且填写着你的所得税表格）？如果你回答"是"，那么压力管理可能不是问题所在，你的生活才是问题所在。你可能不自觉地、可预见地过着一种令你长期倍感压力的生活。因此，你会发现自己倾向于表现出被动、攻击和被动攻击的行为。此外，你的日子可能过得不太开心。虽然你依旧可以从这本书中学到很多技巧，但你也许需要认真考虑在生活的某些方面进行削减。请记住，从来没有人在到达生命尽头的时候说："我

⊖ 1 盎司 ≈ 29.27 毫升。

希望我在办公室里花了更多的时间。"

□ **进行正念练习。** 人们之所以经常感到压力，是因
为他们不断地思考过去充满压力的遭遇或预测未
来可能遇到的困难。他们很难活在当下。正念练
习强调轻轻地将思想带回此时此地，让我们尽可
能直接地体验这个世界，而不是通过忧虑的过滤
器来体验。定期练习还可以帮助我们认识到，我
们什么时候在对真实的环境做出反应，什么时候
又在对一个我们编造的、关于正在发生的事情的
痛苦故事做出反应。大多数社区都有冥想和正
念课程供你选择。此外，你也可以从书中了解
这些策略，比如鲍勃·斯塔尔（Bob Stahl）和戈
德斯坦（Goldstein）发行于 2019 年的著作《正
念减压工作手册》（*A Mindfulness-Based Stress
Reduction Workbook*）。

这绝不是一份旨在增强与压力和应激相关的抵抗力的策
略或资源的详尽清单。想了解更多的想法，你可以参考戴维
斯（Davis）、埃谢尔曼（Eshelman）和麦凯（Mckay）出版
于 2019 年的著作《20 堂心理减压课》（*The Relaxation and
Stress Reduction Workbook*）。

缓和应激反应

我们已经讨论过的策略是降低压力对你的影响的方法。
它们可以减少你的应激反应被不必要地激活的可能性，而当

确实被激活时，程度也不至于那么强烈。但是无论你把这些技巧练得多好，你的身体内部仍然存在应激反应系统。当你不需要它的时候，它往往还是会加大马力。一旦它启动了，你能做什么？

关于这个主题，市面上已经有不少书籍。此外，你还可以参考其他的资源来培养有效的放松技巧。戴维斯、埃谢尔曼和麦凯的著作《20 堂心理减压课》是一个很好的例子。我们在这里只考虑几个因素，尽管书里还列了许多其他选项。请在你觉得自己需要改进的地方前打钩。

☐ **插入一个间隔。** 一旦某个触发性的情境（或人）激活了你的应激反应，如果你继续待在那个情境里，反应也往往会持续下去。如果你能把自己放到另一个不会激活应激反应的环境里，你的反应就会逐渐消失。出去散个步，给自己找些空间，花点儿时间做一件不相关但能让自己平静下来的事情，冥想，或者什么都行，只要能起作用。如果有必要，也可以去厕所隔间，那里会给你一些自己的空间。一旦冷静下来，你可能会发现，这个时候比较容易带着一种平衡感和正确的视角重新面对原来的情境。

☐ **趁冷打铁。** "趁热打铁"这句老话的意思是"机会来了就行动"，这通常是一个不错的原则。但是当"热"的原因是你处于应激状态的时候，你很难坚定自信地表达。应激状态往往使我们更冲动，我们的自动反应也可能更被动或更具有攻击性（或两者兼而有之）。通常情况下，忍住冲动，给自己一些时间来思考另一种坚定自信的回答，效果会更好。有时，在回答之前先数到十很有效。如果你遭受了批评，你可以看看对方的话是否有一定的道理。如果有人要求你做什么，暂停一下可以给你时间来判断这种要求是否合理。然后你可以试着给出一个得体的回应，既不逃避也不攻击对方。

☐ **燃烧掉你的紧张能量。**应激反应为你参加剧烈的体育活动做好了准备。如果你只是坐在那里，身体上的症状（以及伴随它们的行为倾向）需要不少时间才能过去。你可以选择完全按应激反应的意图去做：让你整个人动起来。跑步、游泳、打壁球、快步走，所有这些都可以帮助你燃烧由应激反应带来的紧张能量，使你变得更冷静，更有能力坚定自信地处理问题。但是要注意一点：如果你在紧张和冲动的时候锻炼，你有可能会运动过度，并遭受与运动相关的损伤。记得先热身，不要用力过猛。

☐ **做一个感官普查。**我们之所以感到压力或产生应激反应，通常是因为我们对自己所处的环境产生了一种具有威胁性的评估。我们更多的是对脑子里的故事（"他完全不尊重我"）——而不是对实际发生的事情——做出反应。通过注意由你的感官提供的信息让自己回到现实中来。你看到了什么？你听到了什么？你正在经历什么样的躯体

感受？把注意力集中在具体的东西上，比如你的
脚在鞋子里的感觉、地毯的颜色、通风系统的声
音，等等。如果你把这些细节作为你关注的焦
点，你的应激反应自然就会逐渐消退。

□ **呼吸。**当我们变得紧张时，我们通常会呼吸得更
浅、更急促。我们的胸肌工作得多一些，而膈肌
工作得少一些。有些人发现，当他们处于应激状
态时，他们会屏住呼吸。呼吸的这些变化会带来
许多身体层面的应激症状：头晕、手脚刺痛、眼
花和胸部收缩的感觉。因此，把压力、焦虑或愤
怒作为提示，让自己进行有意识的、缓慢的膈式
呼吸是个好主意。下面有一个膈式呼吸练习供你
参考。不过，可别等到你觉得焦虑的时候才去尝
试。只有在经过大量的练习之后，你才能当场成
功地使用它来对抗压力或应激反应。

快速呼吸练习

我们主要使用两组肌肉来吸气。外肋间肌从每根肋骨
延伸到下一根。当它们收缩时，会把肋骨往前和往外拉，使
你的胸部看起来更大一些。试一试，深吸一口气，让你的胸
部扩张。看起来似乎因为你的胸部充满了空气，所以它变大
了。但事实上，情况正好相反。肋间肌扩张了你的胸部，使
肺部的空气扩散开来，此时外部的空气涌入，以平衡压力。

膈肌是一层肌肉组织，将你的胸腔和腹腔分开。在放
松状态下，它呈圆顶状，就像降落伞一样。当它收缩时，它

会变平，在你的胸腔里形成一个更大的空间。再说一遍，这会使你肺部的空气扩散开来，这样你就可以吸气了。当它变平时，它也会压迫你的腹部，这使得你的胃部向外突出，就像压迫气球或面团一样。试一试，把手放在胃部，深吸一口气。你的胃会向外移动，因为它正受到来自上面的某种力量的压迫。

当你处于应激状态时，你往往会收紧你的腹部，使膈肌较难正常运作，所以你更多地依赖于你的外肋间（胸）肌。这会使你的呼吸变得又浅又快，应激症状也会因此变得更严重。如果你集中精力用膈肌呼吸，这将对抗应激反应，通常能让你冷静下来。

下面的呼吸练习会用到这两组肌肉。为了做这个练习，你可能会发现想象你实际上有两套肺是很有帮助的：一套在你的胸部，由外肋间肌操作；另一套在你的胃里，由膈肌操作。这两种方式我们都将进行练习。

请注意：如果你有哮喘或其他的呼吸困难，请在尝试这个练习前先咨询你的医生。

首先，将一只手放在你的腹部，另一只手放在你的上胸部。然后，依次执行以下四个步骤：

（1）用膈肌深吸一口气。你的胃部应该扩张，而你的胸部应该保持静止。想象一下，你胃里的肺（感觉它们似乎是存在的，虽然它们并不真实存在）正在膨胀，而你的胸肺则保持非活动状态。

（2）在不呼气的前提下，进一步吸气——这一次使用你的胸部肌肉。你的胸部应该扩张（向前移动并微微向上），而你的胃部保持膨胀。

（3）慢慢地、自然地呼气。不要把空气推出来或吹出来。只要先放松、再放手就好。呼气应该是完全被动的，让空气自由流动，不要强迫它出去。

（4）在重新开始整个过程之前暂停几秒钟。因为你每次呼吸都在吸入更多的空气，你需要以比平时慢得多的速度进行呼吸。

重复这个过程，至少完成五次呼吸。有些人在做这种练习时会注意到晕眩或刺痛的感觉，这意味着他们呼吸过快了。不妨把这些无害的感觉当成提示，减缓你的呼吸速度。只要加长每个步骤的时间即可。

每天练习两次，每次几分钟。保持这样的频率，直到你不把手放在腹部和上胸部，并且在走路的时候也可以做这个练习为止。那时你可能已经做好准备，可以开始在充满压力或处于应激状态的情况下使用这个技巧来放松自己了。

我们已经介绍了一些应对应激反应的方法：通过改变你的生活方式，你可以帮助你的身体从总体上减少对外界刺激的反应性；在应激源出现时，你也可以抑制你的应激反应。前几页列出的技巧，哪些是你最需要改进的？看看你能不能找出两种。（提示：膈式呼吸法应该是几乎适用于每个人的答案之一。）

（1）_____

（2）_____

制订一个实施这些改变的计划。

针对第 1 个改变：_____

针对第 2 个改变：_____

一两个星期后回到这个页面，记录下你取得的进步和你遇到的挑战。

生活越过越简单。当你能更有效地处理应激反应时，你会发现自己越来越不愿意做出不够坚定自信的行为。此外，应激反应对新技能的干扰远甚于对已经熟练掌握的技能的干扰。随着你不断练习本书第三部分中的坚定自信技能，它们将变得越发自动化。一旦达到这种境界，你会发现，即使当你处于压力之下时，坚定自信也会变得越来越容易。

第 5 章

他人为什么不支持你做出改变

　　坚定自信地表达是为了改善我们的人际关系。因此，当我们变得更加坚定自信时，我们可能会期望周围的每个人都表现得非常热情，认为他们应该鼓励和支持我们。

　　好吧，可别指望这种情形。实际上，真相往往是相反的。你周围的人可能会抵制你变得更加坚定自信的努力——即使从长远来看，这会对你们之间的关系有所帮助。你社交圈里的某些人会试图把你推回到旧有的人际关系模式中，即使他们曾经抱怨过你的沟通方式。关系越亲密，你就越可能发现坚定自信策略会引起麻烦。如果你通常的沟通风格是被动型的，这种情况尤其可能发生，尽管这种情况也会发生在那些更习惯于攻击型或被动攻击型风格的人身上。

　　为什么人们不太支持这种改变呢？有以下几个原因。

他们已经习惯了你的沟通方式

你生活中的人知道你是什么样的状态，他们已经习惯了你的沟通方式。如果你通常具有攻击性，他们会预见你具有攻击性；如果你通常很被动，他们会预见你保持被动；如果你通常做出被动攻击的行为，他们也会预见你继续走被动攻击的路线。他们可能不喜欢这些风格，还可能把你现在的风格看作你们之间关系的障碍，使你们难以走得更近。他们很可能是对的。他们甚至可能一直告诉你，他们希望你改变风格：

"求求你，告诉我你想要什么，就这一次！"

"拜托，别咆哮了，直接说出来吧！"

"当面告诉我吧，别在我背后悄悄告诉其他所有人。"

但是很多人害怕改变。无论一件旧毛衣有多少个洞，它仍然让人倍感亲切。想象一下，如果你突然发现你的旧毛衣没有洞了，那该有多奇怪。你可能会好奇发生了什么事。有人把它修补好了吗？这真的是你的毛衣吗？有人进行了调换吗？你疯了吗？

当你改变与他人交往的方式时，他们会好奇发生了什么。你为什么改变了？这意味着什么？你还喜欢他们吗？你还需要他们吗？你生气了吗？你抑郁了吗？你在背着他们策划什么？你还是他们一直以来认识的那个人吗？这段关系会发生什么变化？任何风格上的改变，即使是受欢迎的改变，都会让你身边的人感到不安。它标志着这段关系中的其他元素可能也需要改变。

因此，当你变得更加坚定自信时，你可能会注意到你生活中的一些人逐渐变得焦虑起来。他们可能会问："出了什么问题？"或者说："你今天不太对劲。"他们需要相当一段时间才能意识到你还是原来的你，只是变得更加开放和诚实了。告诉他们，你正在尝试改变你的风格，以及你为什么要改变——这可能是个不错的主意。"我试着比以前更多地就一些事情发表我的意见。这样，我不至于心生怨恨，大家也不必猜测我的真实想法。"

在你的生活中，有没有人会因为你突然变得坚定自信而感到不安？如果有，是谁？请说出两个人的名字。对于每一个人，记下他们习惯的你的沟通风格。然后，看看你是否能想出一个轻松、随意的方式，让他们知道你正在考虑改变你的风格。如果你愿意，你可以向他们寻求支持。最重要的是，做到简洁和随意。毕竟，你不是要变成一个完全不同的人，而且改变也不可能那么突然。这是一个计划，不是一场革命。

（1）姓名：＿＿＿＿＿　他预期的你的沟通风格：＿＿＿＿＿

你可以对他说什么：＿＿＿＿＿

....

....

（2）姓名：＿＿＿＿＿　他预期的你的沟通风格：＿＿＿＿＿

你可以对他说什么：＿＿＿＿＿

....

....

现在，仔细想想。如果这些人不支持你，你能撑得住吗？他们不一定会支持你，你必须为这种可能性做好准备。你愿意允许他们不支持你吗？如果愿意，那就试着告诉他们。在一个人身上试过之后，再考虑是否要在其他人身上也试一试。

他们希望你按照他们的期望行事

你的朋友和家人已经学会如何解读你的行为。他们知道你通常有多么坚定自信，也知道什么样的表现对你来说是不寻常的。例如，如果你通常表现得很被动，他们可能知道你只有在感受非常强烈的时候才会说出自己的想法。因此，当你变得坚定自信时，他们可能会过度解读你的行为。"那对任何其他人来说都是很正常的谈话，但从你的嘴里说出来，一定意味着你很生气！"即使你设法以一种轻松、友好的方式发表坚定自信的言论，他们也可能认为这意味着你是一座即将爆发的火山。

如果你通常使用攻击型风格，他们同样可能错误地解读你的坚定自信尝试。当你真的想要什么东西时，你的朋友也许已经习惯了你大喊大叫和捶打拳头的方式。如果你采用一种更令人愉悦、更放松的坚定自信型风格，虽然他们一开始可能不会意识到你是认真的，但随着时间的推移，他们会慢慢知道你说话算话，即使你没有做出充满敌意的举动。

如果你经常做出被动攻击型行为，他们可能想知道，当你开诚布公地说话时，这种情形意味着什么。你被激怒了吗？你是认真的吗？你在讽刺吗？你有什么把戏吗？这一切只是另一种操纵策略吗？坚持你的坚定自信尝试，他们会得到答案的。

你需要认识到，这种障碍不一定是你周围人的错，他们不是故意刻薄或不体谅你，只是你没有按照他们的期望行事而已。是谁建立了这些期望呢？嗯……是你。通过表现得具有被动性、攻击性或被动攻击性，你相当于在鼓励大家去期望你保持现有的风格。你不必感到内疚，毕竟，你选择这种风格是有原因的。但与此同时，你的朋友期望你一直保持这种风格也是合理的。

关键点 不要因为别人期望从你身上见到被动的或攻击的行为而责怪他们，尤其是当你自己建立了这些期望的时候。

当你开始表现得坚定自信时，你生活中的谁可能会感到困惑？

如果他们不理解这种改变，你可以说什么？你可以选择回到自己以前的风格（发怒、被动、报复），但你愿意继续尝试坚定自信型风格并给他们时间适应吗？

他们可以控制你的生活

当你表现得被动时，你周围的人可以控制你的生活。他们可以做任何想做的事情，你都不会表示反对，他们也可以叫你做任何事情，你一定会照做。总之，他们一直如愿以偿，因为你给了他们巨大的权力。

人们喜欢权力和控制，这有助于他们获得安全感。如果你能控制某人，那么你就有了一位助手，可以在你需要的时候随叫随到，这非常方便。即使你不认为控制别人是什么好事，你也可以找到理由来解释自己的这种行为，驱散它带来的任何内疚感。你可能会想，"他们很无聊，需要做点儿什么，所以我给他们安排了一个差事。他们喜欢被需要的感觉，享受替我跑腿的状态"。很自然地，如果他们试图夺回控制权，你可能会反抗。毕竟，没有人喜欢失去权力。

当你变得更加坚定自信时，你就可以开始掌控自己的生活。显然，这意味着把控制权从你交付的人手中拿回来。他们会反抗的，不用怀疑这一点。

与其妖魔化他们的期望，不如试着共情他们的反应，无论这些期望看起来多么不合理。人们很容易认为他们的立场源自他们与生俱来的负面性以及爱操纵人的本性，如果这么想是对的，那么你几乎无法改变他们，也许最好的办法是让自己远离这样的关系。但也有可能是你在无意中设定了他们的期望。如果你花了十年的时间不停告诉别人你来自意大利，别人大概率会相信你是意大利人。类似地，他们认为你会做他们希望你做的任何事情——这个想法很合理，如果你在过去十年间一直这么做的话。

但是请记住一点，他们从来没有真正拥有控制权，相反，你一直都有，只不过现在你终于要行使这项权力了。

当你开始掌控自己的生活时，预期来自他人的反抗。

注意：如果你生活中的某人对你有暴力史，那么他们可能已经习惯于对你进行控制。如果你试图夺回控制权，他们可能会感到威胁，并采取更多的暴力行为。如果出现了这样的情况，请寻求额外的帮助或咨询。

你是否把自己部分生活的控制权交给了别人？如果你回答"是"，请写下你交给了谁？

....

当你开始重新掌控自己的生活时，他们可能会做出什么反应？

....

....

....

你准备好应对这些反应了吗？你将如何应对呢？如果他们觉得自己正在失去你曾经给过他们的控制权，你能对他们抱有同情心吗？

....

....

....

他们不希望你设置个人边界

想象一下：你有一间家庭办公室，本来是供你和你的配偶合用的，但在过去的三年里，只有你的配偶在使用这间办公室。如今你也决定要开始使用了，于是把这个想法告诉了对方，并着手清理你那一半的房间。同时，你希望配偶不要把杂物放在你的桌子上。接下来会发生什么事呢？

　　如果你们处于正常的人际关系中，这并不是一个难以回答的问题。对方的东西几天之内就会出现在你的办公桌上，几乎就像你的领土正在被收回一样。其实这正是当下发生的事情。

　　人们习惯于拥有一定程度的自由。坚定自信的表达通常包括就你能容忍什么和你不能容忍什么的事项设定个人边界，尤其是当它影响到你的时候。每当你设定个人边界时，其他人通常都会进行反抗。

当你开始对某人使用坚定自信型风格时，事情通常会在好转之前变得更糟。

　　想象一下：你与另一位住户一起合租，她经常让你帮她做一些应该由她完成的家务。有一天，你告诉她你已经够忙了，从现在开始，你不会再替她干活儿。接下来会发生什么事呢？她可能比以前更加努力地把她的活儿推给你。

　　在这种压力下屈服是一个坏主意。实际上，你等于在说："如果我告诉你我会做什么或不会做什么（这说明我的立场有改变的空间），那么只要你非常强势，我迟早会屈服的。"这是一个糟糕的信息。相反，如果你坚定自信地坚持你的新规则，她最终会放弃努力，不再把活儿推给你。

　　不妨再看一个例子：你的孩子坚持要在该睡觉的时间熬

夜看电视。你采用坚定自信型风格，果断地告诉她："如果你不按时上床睡觉，我会把电视关掉，而且明天你也不能看电视。"起初，你女儿可能不相信你，一旦你履行承诺，她还可能做出愤怒的反应。然而，如果你能够坚持这个新计划，她最终会适应新规则并乖乖地遵守。

以下是一些设定和强化边界的指导原则：

- **只设定你愿意并且能够捍卫的边界。** 如果你说一些无法兑现的威胁（"我将辞去这份工作/离开你/禁足你一年/再也不跟你说话"），人们就不会认真对待你坚定自信的尝试。
- **选择一个你有力量应对压力的时间。** 请记住，你们的关系在一段时期内会变得没那么融洽，不要在你已经绷到极限的时候开始尝试坚定自信的表达。
- **做好坚守规则的准备。** 当你设置完障碍而对方开始反抗的时候，不要退缩，否则，他们下次会变本加厉、得寸进尺，因为他们知道你可以被打败。
- **每次只选一个人。** 你可能无法忍受你所有的人际关系同时变得更加困难，不要一下子对你生活中的每个人都采用坚定自信型风格。

请花些时间思考一下你自己的社交网络（包括配偶、孩子、其他家人、朋友和同事）。如果你在人际关系中变得更加坚定自信，谁大概率会抵制这种改变？请记住，他们这样做，可能是因为他们不知道你的行为意味着什么，或者是因为他们期望你按照你的旧有模式行事，又或者是因为他们喜欢你目前的风格给他们带来的控制感。请列出这些人的名字。

....

....

....

　　现在，回顾一下这个列表。在同一条线上，评估每个人在接受和适应你更坚定自信的沟通方式这件事上的难度。使用从 0 到 10 的评分，其中 0 表示"没问题"，10 表示"完全的反抗"。

　　请记住，你不会突然对所有人都保持坚定自信，所以你可以使用评分列表来帮助自己决定首先选择谁。一般来说，可以从你认为反应会相对比较轻的人开始。不过，请做好准备，有时你会颇感意外的。

性别对沟通风格的影响

　　一位心理医生朋友告诉了我一个万圣节时发生的故事，当时她决定打扮成男人去参加派对。她很认真，把头发藏在帽子下面，穿着西装，化了 5 点钟阴影⊖的妆——这让她看起来很有说服力。她穿过市中心到达了派对的地点。作为一

――――――――――

　　⊖　即 five-o'clock shadow，男人脸上的胡须。该短语来源于这样一个事实：到了下午 5 点左右，许多早晨出门前剃了胡须的男士会重新长出一层浅浅的胡须。这看上去有点像脸上的阴影，故得此名。——译者注

名终身的女性主义者，她认为自己已经很清楚性别是如何影响他人行为的了，所以她没有预期任何意外，但她错了。"在人行道上，人们不会挡我的路，"她说，"他们自动让我通过。这是我在市中心走路时感到最安全的一次经历。"她发自内心地意识到，男人和女人生活在完全不同的现实中。这不是说男人来自火星，女人来自金星，然后一起在地球上生活。实际情况是，女人和男人一辈子都在完全不同的星球上度过。

所以，我们必须说说性别问题。也许我们应该彻底停下来，在这里插入另一本完整的书。不幸的是，我们不能这么做。而且即使我们真的这么做了，我也未必是最理想的作者，毕竟我是一名男士。不过，还是让我们先承认性别问题这个挑战的存在吧。

你的性别会给你坚定自信的表达带来若干障碍。你几乎肯定对男人或女人应该如何行事有自己的想法和期望，其中一些是你刻意地、有意识地学会的，还有一些可能是你在很小的时候自然而然学会的，你甚至不知道自己有这些想法和期望，但它们仍然会影响你的行为，以及你对他人行为的期望。当我们对性别的期望得到了表达的时候，我们可能会感到震惊、尴尬，或者对自己感到厌恶：我们可能会不假思索地顺从具有权威的男性，或者立即认定一位穿着手术服的女性是护士，而不是外科医生。在我的诊所里，来访者有时会把女心理医生误认为前台工作人员，但这种情况从来不会发生在男性身上。

无论你是何种性别，基于性别的想法和期望都会制造障碍。让我们先讨论一些关于女性的想法，但是，如果你是男性（或者以男性身份呈现自我），请不要跳过这一部分。许多男性也是带着这些期望长大的，而男性往往是性别不平等的无意或有意的延续者，以及这些不平等的受益人。即使你可能不直接持有某个想法，你也有可能把它强加给了别人。

成为一名坚定自信的女士的障碍

女性经常会发现坚定自信的障碍特别苛刻，它们不但普遍存在，而且很难跨越——无论是因为她们个人相信性别角色的划分，还是因为当代社会仍然在文化中建立着有关性别歧视的期望。下面的列表呈现了一些关于女性角色的常见刻板印象。这些想法大多提倡一种更被动的反应风格，这会使直截了当的坚定自信变得更加困难。

在任何你怀疑会影响你生活的刻板印象旁边打钩，无论你是否相信它们是公平的或正确的。

□ **你生来就是为别人服务的。**如果你经历过这种障碍，那么你接收到的信息是：你的价值来自支持他人的生活，而不是过自己的生活。这种信念会让你为自己做的任何事都感到内疚，并且阻止你在过自己的生活和造福世界之间找到健康的平衡。此外，由于别人的要求成了你生活的指南针，你可能连知道自己想要什么都有困难，更不用说真正去做这件事了。

□ **你从小就被教导要做"好人"。**你的职责是保持礼貌。当然，有礼貌本身并不是一个坏目标，但在这里，"好人"意味着永远不要说不，永远不要表达不同的意见，永远不要有个人边界，以及永远不要透露自己的欲望或观点。

□ **你的恋爱关系就是你的价值。**没有恋爱关系，你就什么都不是。因此，你永远不能冒险提出自己的需求、愿望、意见或提升自己的个性，以免破坏一段恋爱关系。换句话说，你不能作为一个完整的人存在于你的恋爱关系当中。这种信念可能来自你从小到大接受的教育、你的同龄人、传媒或总体的文化导向。

□ **你是家里的女仆（或管家）。**你的家庭成员认为照顾孩子、处理家务、做饭等都是你一个人的责任——不是因为你同意这样的安排，也不是因为你有时间，而是因为你的性别。与丈夫工作时间相同的女性经常发现，她们在家里依旧做大部分的家务，并且承担照顾孩子的主要责任。

□ **你是家庭的照顾者。**在家庭环境中，女性往往被期望发挥更积极的照顾作用。例如，兄弟们可能想当然地认为他们的姐妹们会带头照顾年迈的父母。

□ **你是初级合伙人。**在你的恋爱关系中，你的伴侣往往期望你更被动、更随和一些，最好不要提太多要求。因此，你是那个永远让步的人，而你的伴侣是那个做出所有重大决定（以及大多数微小决定）的人。如果你试图扮演一个更积极的角色，他们甚至可能会以暴力相威胁。

□ **你是次要的赚钱者。** 尽管我们在过去几十年中取得了长足的进步，但在大多数社会里，基于性别的薪酬差距仍然存在。在异性恋关系中，女性通常比条件相当的男性伴侣挣得少。优先权（比如是否为一个升职机会举家搬迁，或者谁请假照顾生病的孩子）也许会受"有钱说了算"原则的支配，这意味着女性伴侣受到影响的比例要远远高于男性伴侣。而如果女性挣得比她的伴侣多，为了保护脆弱的男性自尊，让伴侣不感到自卑，女性也许最终还是会选择让步。如果没有对恋爱关系中平等权利的坚定承诺，女性可能无论怎样都会吃亏。

□ **你是资历较浅的员工（即使你不是）。** 在工作中，你可能会发现上司期望女性做更多的琐事，或者比男性更容易被"摆布"。"现在能喝上咖啡就好了。副总裁女士，您能给我们倒一杯吗……"在工作场所，你可能需要比男性更加坚定自信，因为男性往往不必处理那么多不合理的要求。显然，这种情况并不会在所有地方都发生，但它也绝非罕见。

□ **你没有男性重要。** 在公共场合，你可能已经注意到，你没有获得和男性一样的礼遇。银行更有可能拒绝你的贷款申请，医生可能会低估你疼痛或不适的程度，你可能更难获得令人满意的服务，或者人们可能会对你展现出一种居高临下的姿态，而这似乎和你的性别有关。

　　这远远不是一个详尽的列表。如果你是一名女性，也许你已经注意到了其他影响你坚定自信的障碍，它们是基于你的性别而产生的，却很自然地被我的男人式说教忽略了。看看你是否还能想出至少一个影响你生活的障碍。它是什么？

....

....

....

....

成为一名坚定自信的男士的障碍

　　男性也可能会发现自己基于某些性别期望而无法做出坚定自信的反应，只能转向其他的表达风格。请在那些看起来符合你的生活的选项旁边打钩。如果你是一名女性，你可能会发现其中一些选项也适用于你，或者它们会影响你对生活中的男性的期望。

　　☐ **男人要有男子气概。**你从小就被灌输了这样的观念：真正的男人都是具有攻击性的、咄咄逼人的，他们通过命令而不是请求来得到他们想要的东西。男性的职责是控制别人和自己，让别人做他们想做的事是软弱的表现。因此，男性往往采取一种具有攻击性的姿态。

　　☐ **服从，要不然走着瞧。**你的成长过程中有一个要求苛刻、强势的权威人物，始终期望你被动地服从。这个权威人物（通常是父亲）把任何你坚定自信的尝试都看成对他统治的挑战，并进行大力打击。因此，当你为自己挺身而出时，你害怕变得坚定而自信，感觉自己像个骗子。"如果他们看穿了我怎么办？"

☐ **男人没有自我。** 男性的角色是养家糊口的人，是代表了他人的无私勇士。他不可以有个人兴趣，不需要休息，也不需要滋养。他是一块石头，没有情感，很坚硬。因此，他不能寻求帮助，不能显露情绪，也不能谈论自己的需求。

☐ **男人可以承受重压。** 被工作压倒是软弱的表现，而比别人承担更加繁重的工作是自豪的源泉。你不能说不，这导致了不合理的工作量，以及过劳或筋疲力尽的风险。

☐ **男人必须受到尊重。** 每当有人在拥挤的交通中插队，发表负面评论，不向你鞠躬，或者以其他方式给你带来不便时，他都是在挑战你的男子气概。你必须以一种能确立你对他们进行支配的方式来面对他们，如果有必要的话，甚至可以采用肢体攻击。但是你忽略了这样一个事实：过度的攻击性只会显得你拥有非常脆弱的自尊心。

这份列表也是不完整的。如果你是一名男性，试着想想那些阻碍了你坚定自信行为的基于性别的期望。这些期望可以是你自己的，也可以是来自他人的。它们可能导致了你攻击的、被动的或者被动攻击的行为。请把这些期望写下来。

....

....

....

适合所有性别的人的一些考虑事项

　　你是否认为包含了性别期望的成长环境让你长大后无法进行坚定自信的沟通？如果是这样，你被鼓励形成哪种风格（被动型、攻击型或被动攻击型）的表达方式呢？

....

　　在你的成长过程中，是谁鼓励你采取一种不能坚定自信地表达的风格？你认为他们为什么这么做？

....

....

....

　　想想你现在的生活，当下有没有一些因为你是男性或女性而不鼓励你坚定自信地表达（或鼓励一种不坚定自信的风格）的情形？如果有的话，具体是哪些情形呢？

....

....

....

....

你是否还认为你表现得不那么坚定自信很重要？如果你回答"是"，那么你的理由是什么？

....

....

....

这些问题没有简单的解决方案，但你首先要意识到关于坚定自信的基于性别的信念和恐惧。下一章将讨论更多阻止我们变得坚定自信的信念。

第 6 章

如何克服自我限制信念

　　你活在真实的世界里吗？面对这个问题，你很可能会不假思索地回答一句"那是当然了"，毕竟你是个聪明人，能看清现实。认知行为治疗师往往有不同的看法，他们会说一些令人懊恼的话，比如："不，你并不活在真实的世界里。我们当中没有人活在真实的世界里。"这句话显然需要得到解释。

　　我们的主观体验是，我们似乎看到了真实的世界，并做出匹配的反应。好事发生了，我们就有正面的反应；坏事发生了，我们就有负面的反应。这些反应包括我们的行为、情绪和一些身体上的变化，比如微笑、脸红、颤抖、放松、紧张，等等。换句话说：

　　　　　　　　真实世界里的情境→反应

　　然而，正如我们在第 4 章中讨论的那样，这个模型并不准确。我们并不是真正对外界发生的事情做出反应，而是对我们认为正在发生的事情——也就是我们对某个情境的评估——做出反应。我们创造了一个关于外部世界的故事，而这个故事支配着我们。我们的行为和情绪更多地取决于我们对事件的诠释，而非事件本身。

> 情境：银行里排在你前面的那个人把手伸进了他的
> 　　　口袋。
> 评估 1：他要把钱包拿出来。
> 反应 1：不感兴趣。或者很快地检查一下，确保自己带
> 　　　了钱包。
>
> 评估 2：他要掏枪。
> 反应 2：感到压力、焦虑，整个人变得紧张起来。

某人把手放进口袋的肢体动作不会引起我们的反应，我们会先对动作的含义做出猜测，然后对这种猜测做出反应。我们生活在一个充斥着信念和想法的世界里，其中一些是真实的、有益的，而另一些则不然。我们的思想受到在现实世界里发生的事情的影响，但我们的主观诠释才导致了我们大部分的情绪和行为。

这些诠释从何而来？有两个主要的影响因素。第一个是你对事件本身的感知。如果一辆失控的汽车正朝你驶来，但你没有看到，你不会做出反应；如果你确实看到了，你就会做出强烈的反应。第二个，也是对评估的至关重要的影响，是你对自己、他人和世界的信念体系，这些信念源自你过去的经历。

这里有一个关于上述模型的更准确的版本：

$$情境 \rightarrow 评估 \rightarrow 反应$$
$$\uparrow$$
$$信念$$
$$\uparrow$$
$$个人经历$$

你已经在第 4 章中看到了基本的"情境 - 评估 - 反应"序列组合，而上面这个扩充版本在形成评估的环节增加了信念和经历的元素。一种情境在现实世界中呈现出来，你根据你对世界如何运作的信念来诠释你对这种情境的看法，而这些信念是你从你的个人经历中获得的。这种诠释（即评估）可能是准确的，也可能因为信息的缺失或你的信念体系而遭到扭曲。你的评估（并非现实）统治着你的反应。

我们来看一个例子。想象一下，你的一位朋友宣布她即将结婚。如果你预测她会更加快乐，你们的友谊会随之加深，你可能会对这则消息感到高兴；如果你认为她的伴侣不适合她，并怀疑你们的友谊会因此受到影响，那么你可能会做出负面的反应。你的反应完全取决于你对消息的诠释，而不取决于实际上会发生什么。以下任何一种关于你自己、你的朋友或这个世界的信念都可能影响你对她的消息的反应：

婚姻对人有好处。

婚姻使女人痛苦。

我们的友谊如此脆弱，任何干扰都会毁了它。

他是一个这么好的人，她显然愿意把所有的时间都花在他身上。

最后一切问题都会解决的。

所有的友谊都以眼泪告终。

我不配得到她的喜爱。

如上所示，基于在现实世界中发生的事情，我们的信念会随着时间的推移而不断累积：

- 有些信念来自口头信息。例如，许多父母反复告诉他们的孩子，当有人为他们做了件好事时，他们应该说"谢谢"。相比之下，其他孩子可能会得到一些不那么有用的信息，比如"你是我们家里最笨的那个"。如果你经常听到这样的话，你可能会相信它们——即使它们显然不反映真实情况。

- 我们通过实例获得一些信念。例如，如果你的母亲总是顺从你父亲发怒时的意愿，你可能会学会以同样的方式对发怒的人做出反应。如果你周围的人表现得颇具攻击性，也许你会认为打人是一种达成目标的合理方式。

- 我们通过自己的经历获得一些信念。例如，如果连续三位恋人背叛你，你可能会认为所有的男人或女人都不值得信任。如果你有虐待你的父母，你可能已经学会了"生存取决于尽可能地保持隐形"这条原则。

- 我们还通过书籍、知识顾问和教育获得一些想法。也许飞机着陆前的当啷声让你感到恐惧，直

到你看了起落架放下的视频，才打败心魔；也许
你从小说中学习了人们是如何对彼此做出反应
的；也许你的治疗师向你展示了刺痛的双手不过
是过度换气的无害结果；也许一本自助图书让你
明白了坚定自信的表达和攻击言行之间的区别。

我们对这个世界持有的大多数信念是有益的。但是，我
们每个人都至少有一些扭曲的想法。许多这样的错误信念形
成在儿童时期，是基于我们有限的认知和推理能力发展出来
的。"如果妈妈说我不好，我想我就是不好的。"当我们发现
自己处于会激活这些想法的情境下（例如与成就相关的情境）
的时候，我们会做出严重扭曲的评估。"我永远也做不好这
份工作。"如果你发现自己很难做出坚定自信的表达，你可
能对自己或坚定自信的行为持有某些信念，这些信念阻碍了
你的发展。

我们持有多年的信念会变得自动化，你甚至可能没有意
识到自己拥有这些信念。然而，这并不会阻止它们影响你的
行为。例如，失去父母也许会让你相信，"我爱的每个人都
会抛弃我"。虽然你可能不知道自己持有这个信念，但它仍
然会影响你。你也许会发现自己很难与人建立亲密的关系，
很难信任那些你亲近的人，或者很难放松下来，享受来自他
人的照料和关注。

一个扭曲的信念甚至会让你所害怕的后果成为现实。例
如，害怕被抛弃可能会导致你的行为方式让别人受不了，于
是真的抛弃你。这就是自我实现预言的含义：对未来的预测
之所以成为现实，正是因为做出了这样的预测。这些经历可

以证实和加强你最初的信念，"看到了吗？我是对的"。

你该如何应对无益的信念系统？最重要的是你要先意识到你的扭曲想法。你无法改变一个没有帮助的或扭曲的信念，除非你知道它是什么。一旦你知道自己的信念是什么，你就可以用你完整的成人智慧对它展开评估，检验它的真实性。"且慢。我害怕被抛弃，是因为我母亲在我七岁时就去世了。这并不意味着琼会弃我而去。即使她真的这么做了，我现在也能比小时候更好地处理丧失。"如果没有对自己信念的意识，这些你都做不到。

 意识是拆除或改变无益的信念体系的关键所在。

与坚定自信相关的信念

许多扭曲的信念会导致我们表现得不那么坚定自信，接下来这部分内容将列出其中的一些。某些信念更适用于过度使用被动型风格的人，另外一些则更适用于过度使用攻击型风格的人。使用被动攻击型风格的人通常是两者的结合，同时兼有两种类型的信念。

当你阅读这份清单和随附的解释时，考虑一下你是否可能持有当中的每一个信念。你如何确定呢？一个显而易见的答案是，你可能会对自己说："这有什么扭曲的？这一项明明是对的！"但请记住，这些信念大多是自动形成的，你可能没有意识到它们的存在。你也许会认为某个信念显然是错误的，但在某种程度上，你还是坚守着这个信念。

真正检验你是否持有某个信念的方法，是看你是否有特定的行为和情绪反应，就好像这个信念是真理一样。例如，考虑一下这个想法："我必须完美，否则我就是一个失败者。"你也许觉得这很傻，因为没有人是完美的。但是你会为了避免犯小错误而过分努力吗？当你犯了小错误时，你会感到难以忍受的羞耻吗？你会因为觉得自己一开始就无法有上佳的表现而避免尝试新的活动吗？

如果你回答"会"，那么你可能已经在自动地使用完美主义标准。尽管你的成人思维知道你不可能完美，知道错误是正常的，但你依旧无法摆脱孩童时代养成的信念：错误不可接受。对完美的需求可能会阻止你尝试新的坚定自信技巧，因为刚开始的时候你难免会犯一些错误。这种完美主义也会阻碍你表达自己的想法、观点和希望——万一别人认为它们是错的或过于天真呢？

当你浏览下面的清单时，请在你认为自己可能拥有的信念旁边打钩（或者把它们记录在你的日记里）。重要的是，你要认识到这些信念什么时候会影响你，这样你才可以在它们出现的时候开始挑战它们。

关于坚定自信的负面信念

□ **坚定自信意味着事情总是由你说了算。**许多人认为，坚定自信说到底就是为了获胜，这阻碍了他们尝试坚定自信的表达技巧，因为他们希望自己所处的人际关系都是平等的，而不希望自己是胜利的一方；或者因为他们怀疑自己的说服力，不认为自己能够获胜。由于混淆了坚定自信和攻击性，他们不想成为决定一切并遭他人怨恨的老板。又或者，他们担心表达自己的观点意味着必须说服别人自己是对的，但实际情况并非如此。事实上，坚定自信不能保证什么都由你说了算，也不需要你把自己的观点或偏好强加于人。相反，它会让你与其他人处在一个平等的位置上。你可以选择做什么，有时这个选择将是妥协或放弃，但这是你的选择，不是他们的。

□ **坚定自信意味着自私。** 许多人在成长过程中都听到过这样的信息：当人们允许自己的偏好被公开时，他们就是自私的。然而，这些人通常认为别人表达自己的偏好是可以接受的。也就是说，只有他们自己必须遵守这条规则。坚定自信型风格包含了愿意陈述自己的偏好、需求和意见这一点，但这并不意味着别人必须同意你的话。此外，你也可以为了代表别人的利益（"我希望史密斯先生每小时做一次疼痛控制的检查"）或者听取别人的意见（"莎莉，我想让你选择明天要去的餐厅"）而使用坚定自信的表达技巧。

□ **表达不同的观点是不礼貌的。** 有些人认为，当某人对任何话题发表自己的观点时，其他人提出不同的观点是相当无礼的。谁先提出自己的观点，谁就能为大家定下基调。这导致了许多尴尬的对话：在这些对话中，持不同看法的人只好苦笑并点头。这使讨论停顿了下来，先发言的那个人可能会认为大家都同意自己的观点。如果人们愿意以一种轻松的方式贡献自己的想法和观点，并且不把它们强加给其他人，对话通常会更有趣，也更具启发性。

支持扮演被动角色的信念

☐ **被动是被爱的方式。**所有人都渴望爱与被爱。但我们中的许多人认为，只有当我们扮演一个顺从的角色，或者把他人的喜好反映给他们的时候，他人才会喜欢我们。（"你喜欢这出戏？哦，对，我也是……"）有没有一种既做自己，又依然被他人喜爱的方法呢？不妨想想你最喜欢的人。你爱他们，不是因为他们屈服于你的每一个突发奇想，也不是因为他们无法维护自己的权益。事实上，他们的自尊和方向感可能正是吸引你的主要原因。那么问题就来了：人们是从哪里获得"被动等于招人喜爱"这个想法的呢？答案通常是过去的人际关系。在这些关系中，喜爱更多取决于你的顺从行为（做个好孩子，乖乖听话），而非你的品质。

☐ **只有在为别人做些什么的时候，我才有价值。**大众心理学认为"取悦他人"是一件坏事，但实际上，至少花一些精力去善待他人是人类体验最基本的一个组成部分。不过，这个信念的关键词是"只有"。对我们来说，为身边的人做些事情是好的，通过这么做来获得一些自我价值感也是好的。但是，如果我们走了极端，"只有"在帮助别人的时候才觉得自己有价值，问题就会出现。每当你做自己喜欢的事情时，你是否感到内疚，觉得自己自私或毫无价值？你是否觉得自己在生活中就应该扮演每次都对别人的要求让步的角色？如果你回答"是"，那么对你来说，学会像尊重和照顾别人那样尊重和照顾自己也许非常重要。这可能意味着你要更加坚定自信，否则，你可能永远都没有精力好好照顾别人。毕竟，如果厨师不吃饭，大家都会挨饿。

☐ **被别人接受和感激的方式就是不断地给予。** 为他人付出时间和精力是恰当的、慷慨的、积极的，但你是否正试着用这种方式收买他们的喜爱？许多人私下都有一个无声的契约：如果我为他们做这件事，他们会偿还我的。不幸的是，对方并不知道这份协议，也不知道你的帮忙所附带的条件。结果，他们可能不会做你想象中的那件事（尊重你、和你一起看电影、给你加薪、同意结婚，等等）。相反地，他们可能会对这段关系产生不安和不舒服的感觉，并试图退出。过多的和不必要的给予实际上可能会把人们推开，而不是把他们拉近。

☐ **如果别人不同意我的观点，那么我一定是错的。** 许多人从小到大都觉得自己的想法和意见不重要，或者别人的想法和意见总是好过自己。你是

不是往往等别人表达了他们的观点之后才表达自
己的观点？如果他们的观点与你的不同，你会感
到尴尬或改变自己的观点吗？你是否觉得自己没
有权利发表意见？对自己的立场保持健康的尊重
会让你思考和权衡别人说的话，而不是自动地假
设他们是正确的。这种尊重也许还会让你有勇气
不时发声，说出自己的观点。

☐ **我必须做别人让我做的所有事情。** 如果你相信这
一点，你就只能寄希望于别人不要求你做任何不
合理的事情。由于你觉得自己没有权利自卫或说
不，你实际上把自己生活的控制权交给了别人。
当别人提出不合理的要求时，持有这种信念的人
往往会感到愤怒和怨恨，但他们无论如何还是会
答应这些要求。他们经常觉得自己被别人"利
用"了。虽然有时可能很难设定和保持边界，但
你确实有权利决定自己要做什么、不要做什么。
你自己的行为由你做主，你有权拒绝。

☐ **做个好人很重要。** 这种信念的效果取决于你对
"好"这个词的定义。如果"好"意味着屈服于
任何要求，采纳他人的观点和意见，避免一切冲
突，那么你可能会遇到麻烦。坚定自信的行为可
以是好的，它不具有攻击性，也不践踏他人的权
利。与此同时，它也意味着由你来决定自己的
行为。

☐ **我的意见不重要。** 许多采取被动立场的人之所以
会这么做，是因为他们觉得别人的观点比自己的

更重要。在某些情况下，这也许是对的，船长可能比你更懂导航，物理学家可能比你更了解相对论。但是，当说到你的生活、你的行为和你的家庭时，你的观点极其有分量，它们非常重要。也许你周围的人平时很少留意你的观点——部分原因可能是你习惯性地使用一种被动型的沟通风格，而如果你使用不同的风格，情况可能就会改变。无论如何，你的观点肯定是很重要的。

□ **别人无法应对我坚定自信的表达。** 被动的行为通常源于一种无力感，但这种信念的源头恰好相反，是一种隐藏的优越感。根据这种观点，你生活中的其他人无法应对你表达意见的行为，也无法应对你提出的反对意见或陈述的偏好，他们永远不会维护自己的权益，而只会被你的力量压垮。你是家里最坚强的人，即使一切无法按你的意愿行事，你也有能力应对自如。你可以否认自己的需求、顺应别人的意思、不公开自己的想法，你受到委屈也可以生存下去，他们就做不到了。然而，相信这种说法的人通常是在自欺欺人。他们并不像自己想象的那么坚强，他们也有必须不时得到满足的需求，而他们周围的人也不是泡芙，没有他们想象的那么脆弱。

□ **如果我开始说出自己的想法，我就再也不会停止。** 许多使用被动型风格的人会感到内心压力在不断增加。他们对别人控制自己的生活这一点充满了怨恨和愤怒。他们害怕如果开始表达自己，说不好会发生什么事情。一旦怪物逃脱，还能把它关回笼子里吗？这确实有些令人担忧。当人们开始敞开心扉的时候，他们有时会变得更具有攻击性，而不是更坚定自信。发展以积极的方式进行坚定自信地表达的技能可能需要一段时间，不过，一旦人们掌握了这项技能，内心的压力就不会再像之前那般强烈。他们可以在某些情况下克制自己（也许不告诉姑妈，自己很讨厌她的新发型），并在其他情况下往前推进（给自己的发型师清晰的指示）。

支持扮演攻击角色的信念

□ **我有权生气。**你有权感受到任何情绪，也有权将它表达出来并尽情发泄，但这样做会让你更接近还是更远离你的目标呢？许多声称自己有权生气的人实际上是在说，"我有权通过表达我的愤怒得到我想要的东西"或者"我有权大发雷霆，并让每个人都完全支持我"。可是这些信念根本站不住脚。以攻击性的方式表达愤怒很少能达到你想要的效果。相反地，它通常会让别人不那么愿意与你合作。这也许不公平，但事实就是这样。你没有必要因为生气而感到内疚，愤怒是一种正常的情绪。但如果你真的想得到某些东西，除了表达愤怒之外，你可能需要找到另一种方法来实现这个目标。

□ **如果我不具有攻击性，就什么也不会发生。**"好人总是被欺负"，许多使用攻击型风格的人都持有这种信念。事实上，在短期内，紧逼和恐吓有时确实会让事情得以完成。然而，这种方式最终会让别人感到愤怒，并破坏他们与你合作的任何意愿。在工作中，人们可能会辞职、变得具有被动攻击性或者刻意破坏某些项目，你的声誉将受损。在家庭中，恐吓可能有助于确保某些家务顺利完成，但家庭成员之间的关系将受到影响，而且这些家务永远不会在当事人愉悦的状态下被完成。从长期来看，坚定自信的表达是更加低调、平静和有效的方式。

□ **诚实是最好的策略。** 事实上，诚实是一个相当好的策略。不幸的是，很多人把诚实当成了攻击他人的借口。"这个观点是我听过的最愚蠢的。顺便提一句，你真是越来越胖了！别生气，我只是实话实说。"有时候，人们会自欺欺人，说自己"只是在说实话"，因此别人感到被冒犯是不合理的。但在现实中，大家都看得清真相，当事人并不是出于诚实的愿望才说了那些伤人的话，他们就是有意通过言语来伤人。诚实确实是好策略，但它不应该被用作武器。

支持扮演被动、攻击及被动攻击角色的信念

□ **人们应该更体贴一些。** 有些人认为他们不应该开口索取自己想要的东西，不需要坚定自信的表达。朋友和家人应该知道他们有何感受、想要什

么，并且应该考虑到这一点。嗯，也许他们确
实"应该"，但他们不会这么做，这是一个让人
无可奈何的处境。你想要依赖那些你无法控制的
人。当你持有这种观点时，你实际上希望有这
样一个世界：在这个世界里，人们能读懂你的心
思，并且按照你的愿望行事，从来不质疑你。不
幸的是，我们当中没有谁生活在这样的世界里，
没人能读懂我们的心思，也很少有人会去尝试。
再说，我们明明可以直接开口告诉对方，却非
要他们猜测我们的心思，这么做不是有些"不体
贴"吗？

□ **如果他们爱我，就会知道我想要什么。**这个信念
是上面那个信念的特例，这是一个爱的测试。如
果你的配偶、父母、兄弟姐妹或最好的朋友真的
在乎你，他们就会知道你的感受，并采取相应的
行动。他们没有这样做，那么这个事实只可能意
味着以下两种情形之一：要么他们不够爱你，没
有注意到你真正的需求；要么他们很清楚你想要
什么，却选择忽略它。无论是哪种情形，都可以
用来证明你的愤怒反应是合理的。"如果你不知
道（我想要什么），那我肯定不会告诉你！"如果
他们因此感到困惑，这只会进一步证明他们是多
么不上心，于是你也可以升级你的愤怒。实际情
况是，在你的生活中，没人有心灵感应的特异功
能，他们需要我们开口说出内心的想法。如果我
们期望他们主动猜测，不得不说，这可能不值得

他们做出这样的努力，因为他们无论如何都会猜错，然后你必然更加生气。

□ **我害怕尝试坚定自信地表达后失败。**这种恐惧是有道理的，你肯定会失败。每个试图掌握更好的坚定自信技巧的人都有过不如计划中那样成功的交流，但这是否意味着你永远不会进步？当然不是。记得提醒自己，坚定自信不是一种全有或全无的东西（要么你有，要么你没有，不存在中间地带）。坚定自信是一套需要时间和耐心来学习的技能，有些人需要较多的时间，其他人则需要较少的时间。没有人会在一夜之间变成一个坚定自信的人，坚定自信的人说到底只是学会了更有效地使用这些技能。无论你现在多么少地使用坚定自信型沟通风格，你都可以学着提高它的使用频率。在这个过程中，你需要做好遇到一些有价值的失败的心理预期。

前面几页只列了一部分阻碍人们采取坚定自信型风格的常见信念，你还能想到其他可能阻碍你前进的信念吗？花一些时间把它们写下来。

练习 1：你最大的信念障碍

回顾一下你在旁边打了钩的信念。哪个对你的影响最大？哪个最阻碍你进行坚定自信的表达？用你自己的话把这个信念写下来。

这个信念是否会让你更多地采用被动型、攻击型或被动攻击型沟通风格？

这个信念可能不会以同样的方式影响你生活的各个方面，也许它在你的恋爱关系、朋友关系、工作关系、和原生家庭的关系或和孩子的关系中发挥着更大的影响。它对你的哪些关系影响最大？你在什么类型的情境下会受到影响？

了解你倾向于持有哪些扭曲的信念可能对你很有帮助。此外，当这些信念在你脑海里出现时，你需要挑战它们。例如，要克服对坚定自信的表达的恐惧，你可以对自己说："不够坚定自信对我的人际关系造成的伤害远远超过坚定自信造成的伤害。"要抵制"攻击行为可以让事情顺利完成"的想法，你可以反驳说："攻击行为同时也赶走了很多人，而坚定自信的表达则可以让我在少些怨恨的情况下把事情完成。"

当最能影响你行为的信念开始影响你的时候，你可以对自己说些什么作为回应？努力把这句话表达清楚，这很重要。

....

....

....

仅仅理解你有权拥有自己的观点或者你有权表达自己的观点是不够的。如果你想削弱某个限制性信念对你的控制，你必须在这个扭曲的信念容易出现的情境里，一遍又一遍地对自己重复修改版的信念（就是你刚刚写在上面的那个）。

既然你已经完成了书上的工作，就给自己布置一些家庭作业吧。试着在每次阻碍你的信念出现的时候，把它逮住。然后，对自己重复更理性的修改版信念。如果它在一段时间内听起来有点儿假，别担心，一开始可能确实有这种感觉。渐渐地，新的信念会成为你的一部分，变得再真实不过。

第 7 章

如何拥有坚定自信的心态

　　许多阻止我们变得更加坚定自信的障碍主要存在于我们自己的头脑中。我们心甘情愿地服从某些虚构的规则，任由它们规定我们可以做什么、不可以做什么。意识到我们为自己设定的武断标准并不是不能更改的，这是一种极大的解放。

　　上一章回顾了许多阻碍我们前进的适应不良信念，这很棒，现在我们知道不该去想什么了。除此之外，有没有一些相应的支持坚定自信的原则？有什么可以推动我们前进的想法吗？

　　有。但这些替代概念并不是真正的信念陈述，它们只是在承认事实而已。它们有助于克服负面的扭曲信念，而不是通过强加一些新的、更乐观的偏见来取而代之。我们已经讨论过了所有这些原则中最重要的一条，它也处于所有其他原则的核心位置：

你掌管自己的行为，其他人掌管他们的行为。

　　你可能很想为此争论。毕竟，法律不是对我们强加限制了吗？难道我们不需要遵守工作、文化或家庭的规则吗？好吧，想想这一点：人类行为的每一步都依赖于大脑对某些肌肉做的引导。那请问这是谁的大脑？答案是产生这种行为的人的大脑。不管你做什么，都是你在做，你是最终的负责人。即使根据绝大多数的法律标准，你也拥有控制自己行为的权利，除非你的行为阻止了他人享有合法权利。这给你留下了很多的活动空间。

　　这种关于个人责任的概念并没有描述任何新的东西，因为你一直都在决定你要做什么。例如，也许去年你的姐姐想让你组织你们父母的结婚纪念日派对，你答应了她。你可能不记得自己做出了向姐姐的要求让步的决定，但你确实这么做了。毕竟，这件事取决于你，而你本来可以决定不让步的。上面的关键点说明了无论你是否知道，决定权都在你手里，"她想让我做某件事，所以我必须做"并不是事实陈述。

　　虽然你有权决定你将如何行动，但是其他人并没有义务接受、喜欢或支持你的决定。例如，你有权改变主意，不和朋友去听音乐会，但你的朋友无须喜欢这个决定，也没有必要给出优雅的反应。坚定自信意味着你自己决定要做什么、不要做什么，接受后果，并为你的行为承担责任。

　　接受后果意味着承认其他人有权以他们喜欢的方式做出反应。如果他们很挑剔，你的自信回应不会是"你不应该有那样的感受"或"你不可以那么说"，而是他们怎么感受或怎么说话都行。你不会试图强迫他们以一种对你方便的方式做出反应。

　　承担责任意味着承认你的行为是你的选择。你不能说"我必须这么做""他们让我这么做的"或者"我别无选择"，你是有选择的，并且你已经做了你的选择，你需要承认这一点。你不能假装是别人打碎了花瓶、提交了负面评价、忘记填写请购单或者取消了假期。采取行动然后否认责任是一种被动攻击的选择，而不是坚定自信的选择。

　　坚定自信的行为一个隐蔽的、鲜为人知的方面是放弃对他人的控制。正如你的行为在你的控制之下（你的大脑是主管），其他人的行为也在他们的控制之下。试图夺取对他人行为的控制权似乎很诱人，尤其是当它对我们有影响的时候。然而，我们的努力最终会失败。试图控制他人未遂的挫败感是愤怒和攻击行为的主要原因之一。

　　这是否意味着当谈到他人的行为时，我们必须陷入无助的境地？嗯，是的。同时也不是。还可以再多加一个不是。

- 是的。我们应该认识到，我们最终无法控制他人，他们的行为取决于他们自己。这可以让我们减少很多无谓的努力和挫败感。我们不会把试图控制他们的任务揽上身，因为我们知道自己做不到。
- 不是。无助感并非来自我们无法完成的任务，它来自那些我们想做、试着去做、觉得自己应该能做但事实上不可能完成的任务。你很少会为自己不能像鸟儿一样飞翔感到沮丧，因为你认为这是不可能的。控制他人则不同，正是认为自己应该有能力控制他人的信念导致了你的挫败感。

- 不是。放弃对他人的控制并不意味着我们放弃一
切的影响力。我们仍然可以给予反馈，提出要
求，并在和对方的舞蹈中改变我们自己的舞步。
从长远来看，通过坚定自信的表达来影响他人可
能更有效，而不是试图通过威逼来控制他们。例
如，我们可以在孩子完成家务之前不给他们享受
玩具的特权，而不是对孩子不断地唠叨，逼他们
做家务。与其说我们的同事不应该把她自己的工
作交给我们（控制她的行为），不如简单地告诉
她，我们不会替她工作（控制我们自己的行为）。

坚定自信地回应

以下几页清单提供了上一章里扭曲信念的替代选择，你
可以把这些内容看作对现实的检查。每一个条目其实都只
是本章开头关键点那句陈述的重复。它们一遍又一遍地声
明，你的行为是你自己决定的，而别人的行为也取决于他们
自己。

这些想法中的一些已经成为你的第二天性，另外一些可
能会给你带来更多的麻烦。请在你特别需要记住的陈述旁边
打钩。

- □ **我自己决定我将做什么、不做什么。** 这不只是说
你有权决定自己的行为。你本就做着决定。在不
同的选项之间有一个选择点（修剪草坪或坐在屋

子旁边的平台上），这句话不过是提醒你要意识到选择点的存在。变得更加坚定自信并不意味着你拒绝遵从任何其他人的意愿，它只意味着当你这么做的时候，你在做一个经过深思熟虑的、有意识的选择。"琼从医院回到家的时候，希望我帮助她购买食品杂货。虽然这听起来不怎么有趣，但我还是会照做，因为我有时间，我珍惜与她的友谊，而且如果我自己处于那种情况下，我希望别人也会为我做这件事。"相比起"她开口了，所以我不得不做"，这是一个更有力、更准确、更尊重自己的立场。记住"帮忙购物是你自己的选择，而不是别人的"这一点，将有助于你减少这项任务带来的怨恨和负担的感觉。

□ **我是自己的法官。** 你可能很想说："没人有权评判我。"但这句话并不对。每个人都有权评判你，他们也一直都是这么做的，他们会对你的思想、情绪、行为和动机做出评判。然而，没有任何法律条文规定你必须同意或附和他们的评判。你可以选择接受他们的意见，但你有权做出自己的评判。有时你会负面地评价自己的行为，"我想弗兰克是对的——我不应该拒绝房子的报价"，但对你的行为的最终评判权在你自己手里。

□ **我不需要在别人面前为自己辩解。** 当别人想控制你的时候，他们可能会要求你提供一个理由："告诉我你为什么要那样做。"你可能会认为，如果你想不出一个足够有力的理由，那么你就必须顺从他们的愿望。这会让你处于一个无助的境地，并把他们提升到控制的位置，你任命他们为你的法官，来为你的案子辩护。但其实你可以选择不提供理由、借口或辩解。下次当你发现自己给出一个又一个的借口时，请试着记住这一点。你可以选择什么时候为自己辩护，什么时候不为自己辩护。你不需要一直说下去，直到他们被说服为止。"这个借口不够好？看看我能不能想到另一个借口……"

□ **别人也不需要在我面前为自己辩解。** 有时，要求某人澄清其行为背后的原因并没有错。但是，请记住，人们通常不需要向我们解释他们的行为，他们有权自己做决定，也有权运用自己的逻辑。我们可能会因为强迫别人解释自己的行为（一种攻击性的策略）而陷入无助的境地。"所以，如果你知道你不应该喝酒，告诉我你为什么还喝"，这样的话似乎给人强大的感觉，但它其实并不强大。对方可以一口回绝："我就是喜欢喝，仅此而已。"虽然当别人回避我们为了让他们解释自己而做的努力时，我们可能会感到沮丧，但他们几乎总是完全有权这么做的。

□ **人们可以问我他们想问的任何事情。** 没有法律禁止任何人向你提任何问题。"你赚多少钱？""你为什么选择他做丈夫？""你在哪里剪了那个糟糕的发型？""你能在圣诞节那天帮我把化粪池的水排干吗？"你可以浪费很多精力试图阻止别人发问，或者对他们竟然真的问了这样的问题感到愤怒，但他们还是可以发问。如果我们能做好心理建设，允许别人问我们他们想问的任何事情，生活会轻松得多。我们不需要回答，不需要为自己辩解，不需要同意，也不需要清理任何化粪池。他们仍然可以发问，问题并不是威胁。

- **我的生活是自己的，如果我愿意，我可以拒绝别人的要求。** 你的时间和生活是你自己的。人们可以要求你做任何他们希望你做的事，而你当然也可以说不。很多人在拒绝别人的要求时会感到内疚，内疚表明你并不是真心地认为你有权控制自己的生活。提醒自己，你确实可以说不。拒绝别人的要求可能是因为你担心自己达不到他们的标准，但面对现实吧，你的行为永远不可能达到周围每个人的标准。你有权决定你同意哪些要求、不同意哪些要求。"好吧，我会给心脏基金捐款，但我不会和莉莉一起去慈善舞会。"

- **人们会改变主意。** 有谁反对这个说法吗？有些人觉得，一旦他们做了决定，对自己生活的控制权就转移到了别人手里。"既然我说过要去跳伞，我就别无选择，我必须这么做。"你什么时候真正拥有控制权，在你做决定之前还是之后？答案是两个选项都对。当你做出决定时，你不会自动失去对生活的控制。说你想去湖边过周末并不意味着警察将在必要的时候戴上手铐把你押送过去，你仍然有权改变主意。如果这种情况经常发生，其他人当然也有权感到懊恼，但去不去的决定权确实在你手中——即使你之前已经做了最初的选择。

□ **每个人都会犯错，这并不表示他们生活的控制权应该交给别人。** 你是否一直在等待你不再犯错的那一天？正如你所知道的，那一天永远不会到来，你在余生始终会继续犯错。许多人认为，如果他们犯了错，其他人就有权夺取对他们生活的控制权。"你的判断力很差，让我来决定你应该住在哪里。"就你的生活而言，无论你犯了多少错误，别人都无权控制。你的兄弟和你的驾驶教练有权要求你更加小心一<u>些</u>，有时接受他们的建议可能确实是个好主意，但犯错并不意味着你的生命将从此交到他们的手里。类似地，当别人犯错时，你也无权控制他们，他们仍然是独立的人，甚至有再犯相同错误的自由。

□ **我不需要讲逻辑，别人也不需要。** 你不需要做别人认为你应该做的事，也不需要按照别人的逻辑标准来给自己的生活做决定。有些人会试图通过要求你向他们解释你的逻辑来控制你，这没什么，他们尽可以试试。但你是否觉得你的论证必须得到他们的认可，如果没有，你就得改变主意？在你的生活中，你怎么不合逻辑都行，这是你的权利。"为什么要去奥马哈⊖度假？因为我转了一下地球仪，我的手指正好落在那里。"其

⊖　Omaha，位于美国内布拉斯加州的工商业城市，不是常见的度假旅游目的地。——译者注

他人也有同样的权利，他们没有义务对自己的行
为做出令你满意的解释。

☐ **我有独处的权利。** "嘿，你星期四干什么？"你
害怕这样的问题吗？有些人想当然地认为，如果
你和其他人没有约会，那么只要开口约你，你就
会自动有空。实际情况并非如此，每个人都需要
一些独处或没有详细规划的时间，你也不例外。
你可以自己决定是否想和别人在一起，即使他们
真的很想得到你的陪伴。"星期四是我的个人时
间，所以我会在家待着，哪儿也不去。"同理，
其他人也需要休息。当他们优先选择独处，并因
此拒绝我们的邀请时，记住这条原则可以帮助我
们避免受伤，或产生沮丧的感觉。

☐ **我不是无所不知，也不必无所不知。** 当你不理解
某件事情的时候，你是否觉得你必须隐瞒事实？
你是否无法要求对方做出澄清？这是一个问题。
因为你不是无所不知，而且永远也不可能无所不
知。在大多数情况下，不知道或不理解某些事情
没有关系，你可以直接发问。事实上，询问通常会
比不懂装懂带来更好的结果。许多雇主依赖员工主
动询问他们的职责问题，比起提问者，雇主更担心
那些所谓的万事通。当然，如果你不知道史密斯的
文件在哪里，或者你找不到今天飞往辛辛那提[⊖]的
航班计划，你的老板仍然有权对你感到恼火。

⊖ Cincinnati，位于美国俄亥俄州的工商业城市。——译者注

☐ **我有我的观点和信念，别人也有他们的。**如果有人不同意你的宗教信仰、你对环境的看法或者你的投票意向，会发生什么？你是否觉得你必须说服他们才能维持自己的立场？大可不必，你有权以自己的方式思考。这也并不一定意味着你的观点正确无误，你大可以相信地球是平的，这不会让它真的变成一块煎饼。但是你没有义务去说服别人你是对的。同理，别人也有权坚持自己的观点，即使他们无法给出令你满意的解释。

☐ **我有权抗议不公平的待遇或批评。**没有法律规定，如果受到不公平的待遇，你必须保持沉默。有时候，把自己的遭遇说出来也许不像你希望的那么有帮助，工作环境可能不会改善，城市规划者可能不会改变你的分区，你的微积分教授不会让你重新参加考试。但你或许会惊讶地发现，当你坚定自信地（而不是具有攻击性地）说出自己的想法时，有些人的态度是多么开放。在你受到糟糕对待的时候，维护自己的权益几乎总是困难的。不过，如果你被动地顺应糟糕的情况，事情很少会有所好转，沉默太容易被理解为同意了。

☐ **我有权寻求帮助或情感支持。**为了维持生活，我们大多数人会时不时地需要一些帮助，但许多人恰恰不愿意开口求助。通常，这是因为我们害怕自己成为别人的负担。有时候这种担心是有道理的——尽管我们求助的对象总是有权说不，但是，很多时候，请求帮助同样也能拉近关系。想象一下，如果你从朋友那里收到一个具体的、有时间限制的帮助请求，你会怎么想？例如："听着，自从阿尤什去世之后，我真的需要搞清楚我们的房屋保险，你能和我一起看一下吗？"你可能会欢迎这样的求助，因为它是一种有效的方式，可以让你更好地了解对方并发展更深厚的友谊。

☐ **别人可以给我建议，但他们不能替我做决定。**"嘿，这些油漆颜色中的哪一款更适合厨房？"当你向某人寻求关于某事的建议时，这是否意味着他们可以替你做决定？不是的，你并没有把决定权交给他们。他们也许会提供足够的信息，说服你做出他们喜欢的选择，但最终的决定权依旧在你手里。当然，如果别人在你没有开口的情况下主动给你建议，这一点就更重要了。同理，别人也有权向你寻求建议，听听你怎么说，然后做出相反的决定。你可以把这看作他们对你的评价有多低、你多么没有价值、他们多么不体谅人的迹象，但这是浪费精力，因为他们没有叫你做决定，他们只是向你寻求信息。

☐ **我不用为别人的问题负责。**当有人告诉你他们面临的问题时，你是否感受到了为他们解决问题的压力？在你的生活中，是否有人试图把他们的问题转交给你？"妈妈，我把自行车落在学校里了，现在我还有五分钟的时间赶去训练。"一般来说，你没有义务替别人解决问题，也不需要想出一个可行的解决方案。当然，这句话有些限制，如果你的孩子摔断了胳膊，你确实需要为她寻求帮助。但这些例外比我们许多人想象的要少。承担别人的问题对他们来说也许不是一件好事，有些人需要学会为自己负责。"那好吧，你最好马上走回学校取你的自行车，然后骑过去参加训练。"

□ **别人不负责解决我的问题。**我们很容易把自己的问题归咎于别人，并坚持认为他们应该承担解决问题的主要责任。但事实上，他们不必这么做。这是被动攻击型风格的核心问题，通常属于童年时期没有解决的历史遗留问题。那个时候，如果事情出了差错，妈妈或爸爸就会出来负责。作为成年人，遇到问题时，我们通常需要自己做点儿什么来解决。试图让别人接管问题会让我们处于无助的境地，因为我们无法控制他们的行为。如果找到一个解决方案很重要，那么最好是我们自己去找，而不是等着别人行动。

□ **直接通常更好。**我们常常在寻求帮助、给予反馈、抗议不公平的决定和拒绝别人的请求时感到紧张。我们发现自己处于一种被称为"趋避冲突"的状态中：想按自己的意愿行事（趋），但不想承担表达这种意愿的责任（避）。我们有时会陷入被动攻击型解决方案的陷阱，它让我们鱼与熊掌两者兼得。我们可以通过"忘记"打扫车库来逃避这项任务，而不是通过说"不，我不会这么做"来承担责任。逃避、被动攻击的策略通常在短期内有效，但从长远来看，它会损害我们的利益。人们会对我们心怀怨恨，我们会落得"不可靠"的名声，生活总体上会变得更糟。相比于这样的策略，直接的、非攻击性的、坚定自信的沟通方式通常更有效。

练习 1：坚定自信心态挑战

回顾上面的陈述清单，你可能发现了你很难相信的几条想法，而这种想法会阻碍你变得更加坚定自信。哪条陈述给你带来了最大的麻烦？用你自己的话把它写出来。

每个人都能想到其中一些原则的例外，比如，你没有权利在拥挤的剧院里大喊"着火了"。在生活中的某些情况下，你上面确认的那句陈述也许有一定的限制。也有可能那句陈述适用，但你很难采取相应的行动。请指出至少一种这样的情形：那句陈述是合理的，但你发现它很难应用。

这个时候，你会怎么做呢？

你又希望怎么做呢？

下次遇到类似的情况时，你能告诉自己什么？你如何提醒自己，坚定自信地行事是一种选择？

至少在接下来的一周内，试着记住这种新的思维方式。当你发现自己身处一种上面已经明确的困境的时候，确保你能填写一张坚定自信记分板，以评估自己是如何应对这种挑战的。

重新思考整个情境

在这一章和上一章中，我们讨论了两种关于沟通以及我们相对于他人的角色的思考方式。不够坚定自信的行为通常由自动的、本能的想法引起。"我毫无价值，所以没有人会注意我。我要对他大喊大叫，因为他不尊重我。"我们从早期的生活经历中延续了一些这样的想法，还有一些是我们在成长过程中习得的。其中的许多想法都基于在第 6 章中介绍的关于坚定自信的负面信念。

　　培养坚定自信的思维需要用到你在本章中看到的基于现实的想法。对我们大多数人来说，这不是自动的行为，至少在我们还没有练习很长一段时间之前，不会达到自动的程度。培养坚定自信的思维包括三个步骤，请先在纸上尝试整个过程，因为书写会让你放慢速度，迫使你从头到尾仔细思考。

　　第一步：认清你的处境，不要对发生了什么做任何诠释，也不要编造故事。把自己当成一名正在观看视频的外部观察者，只描述在视频里看到的内容即可。

　　　弗兰克让我加入学校的空间委员会[⊖]*。*
　　　我公寓的天花板在漏水。
　　　我的伴侣在去餐厅时迟到了。

　　第二步：在心里把自己放到那个情境之中，注意那些不费吹灰之力、自然而然地进入你头脑的想法，这些是你对这种情境的自动想法。它们来自我们对自己和世界的隐藏假设，往往很快就会出现。我们通常凭直觉认为它们是对的，即使经验表明它们其实相当扭曲。它们的出现到了如此自动或本能的程度，以至于我们经常把它们误认为情境本身。我们会想，"我的男朋友不尊重我"，而不是"现在 7 点了，他不在这里"。

　　我们对一种情境的自动想法可能是准确的，也可能不是。大多数人在某些方面可以相信自己的直觉（你很擅长在

　　⊖　原文为 space committee，没有严格对应的中文表达。一般指大学校园里的决策机构，就校园的空间使用、项目拨款等议题做出决策。——译者注

会议中感受到敌意），而在其他方面则不可以（你总是预期自己被解雇，但这种情况从未发生）。生活的大部分内容其实就是学习我们的哪些直觉可以信赖，哪些不可以信赖。如果坚定自信对你来说很困难，那么你对这些情境的一些直觉也许是不可以信赖的。

　　一旦你确定了一个自动想法，就可以看看它是否会导致其他的自动想法。随后出现的想法往往会变得更加极端或令人沮丧。也许你的第一个想法是，"我的房东永远不会修理这个裂缝"，接着出现的想法是，"我不该打扰她的，她才不在乎呢，她出租房子只是为了钱。反正我做什么都没用，我在浪费我的呼吸，我完成事情的能力很差"。把它们都写下来。

　　　情境：男朋友在去餐厅时迟到了。
　　　自动想法：他总是这样。
　　　　　　　　我说什么都不会有用。
　　　　　　　　在这段关系中，我将永远是那个最不
　　　　　　　　重要的人。
　　　　　　　　他永远不会尊重我的。
　　　　　　　　我从来没有对任何人重要过，以后也不会。

　　第三步：坐下来，重新审视整个情境和你的想法。试着为你的每一个自动想法生成一个更现实的陈述。你的目标是提出一个公平、平衡且有用的评估，以指导你的行动。

　　有时你会意识到你的自动想法是扭曲的，注意到这一点有助于提出另一种思考方式。"事实上，他通常只在我下班后见他的时候才迟到。"或者你会发现，尽管那句陈述至少有一部分是对的，但它忽略了你在整个过程中扮演的角色。"只有我告诉他，他才会知道他的迟到行为困扰了我。"时不时地，你也许还会意识到需要做出改变的是你，而不是对方。"他有很多才能，但守时从来不是其中之一。我需要停止把自己放到必须等他的情境里的行为。"

这个重新思考的阶段通常很棘手。使用保持距离的技巧可以帮助你让自己置身事外。想象一下，面对这种情况的人不是你，而是你的一个好朋友。这个朋友描述了自己正在经历的事情。"上班的时候，我经常被要求加入每个委员会，我都没有足够的时间做我的本职工作了。"你会建议你的朋友怎么做呢？

这也许看起来很傻，毕竟，这和你面临的情况完全一样，为什么想象它发生在别人身上就会有帮助呢？你可以自己试试看。我们大多数人考虑别人的问题时，远比考虑自己的问题思路清晰。你也许完全被卡住了，想不到接下来该做什么正确的选择。当你考虑面对同样情况的另一个人时，解决方案往往会明显得多。

当你重新思考一个过于悲观的评估时，你并不是在尝试用同样扭曲的正面想法来取代负面想法。"我对每个遇见我的人都至关重要！如果我把问题说出来，他就再也不会迟到了！"像这样肤浅的肯定言语不会起到帮助作用，甚至可能会说服你去做一些导致结果更糟而不是更好的事情。相反地，你要尝试更接近现实情况的想法。"他也许不喜欢听我的实话，但如果我想让事情有所好转，我就必须说点儿什么。"

让我们来看一个例子。其中，AT 是自动想法（automatic

thoughts，AT)，The Truth（真相）是你重新思考后的想法。

   情境：弗兰克让我加入学校的空间委员会。

     AT：如果我拒绝，他会恨我的。

The Truth：他有权感受他的感受。但他应该不至于恨我。

     AT：我不可以拒绝。

The Truth：我决定自己要做什么、不要做什么，我参加的委员会已经够多了。

     AT：他知道这是一份多么糟糕的工作，他叫我加入是因为他恨我。

The Truth：他也做了其他一些事情，足以表明他是喜欢我的。也许他认为加入这个委员会是一种荣誉，又或者他已经试过其他所有人，实在没办法了。

     AT：他不知道我已经做了多少工作。

The Truth：也许他确实知道，并且认为他可以依赖我把这件事情做好。但是，如果我想让他知道我的工作量，我得亲自告诉他。

练习 2：重新思考你的想法

  轮到你了。说一个当下让你情不自禁地想使用被动型、攻击型或被动攻击型风格的情境，并指出坚定自信的表达方式如何能带来更好的效果。如果有必要，参考你的坚定自信记分板，找一个最近的例子。（可以在你的笔记本里做这个练习，多做几次，它很有帮助。)

在心里把自己放到那个情境中，倾听你的自动想法（AT）。"我被坑了，注定要失败。我真是个懦夫。挑战那个决定是没有意义的，这事儿可能无论如何都不会成功。"把这些想法写在标有 AT 的那几行，让标有 Truth（真相）的那几行暂时先空着。

AT：

Truth：

AT：

Truth：

AT：

Truth：

AT：

Truth：

AT：

Truth：

AT：

Truth：

现在，回到序列中的第一个想法。退后一步，看看是否有其他的思考方式可以帮助你更有效地处理这种情况，就像上面那个弗兰克和委员会的例子一样。你可以使用坚定自信心态原则的清单作为指导。切记，专注于你能做什么，而不是别人应该做什么，你只能控制自己的行为。

当你发现自己处于无法看清坚定自信的道路在哪里的情境中时，请重复这个练习。识别你的自动想法，然后，用你全部的、有意识的注意力，牢记坚定自信心态的原则，重新思考每一个情境。你可能会发现保持距离的技巧（上面做过描述）很有用。想象一下，如果这种情况发生在你的朋友身上，你会建议他们怎么做？

第三部分

如何学会坚定自信

The Assertiveness
Workbook

第 8 章

非言语行为的影响

电视和电影以声音和图像两种方式给我们提供信息。类似地，当我们与别人沟通时，我们通常也同时以这两种方式提供信息。

- 言语渠道包含了构成我们想要传达的信息的文字，它告诉我们的听众我们在谈论什么。无论是放声说话、书面沟通还是用手语交流，我们几乎总是会使用这个渠道。许多坚定自信的表达技巧都关注一种核心的方法：用文字组织我们的信息，以产生最好的结果。

- 非言语渠道是由我们在传递言语信息时的姿势、动作和语调组成的。当我们以书面形式进行沟通时，这个渠道的信息量比较小，但当我们面对面、通过视频软件或电话交谈时，它就至关重要了。事实上，你的影响力往往更多地取决于你怎么说，而不是你说了什么。

哪个渠道更重要？这取决于你在意的是沟通的哪一部分。如果你想知道实际的信息内容，那么言语渠道通常包含更大的信息量。"这台微波炉怎么设置时间？"在类似这种聚焦信息的情境里，一个人的非言语行为不会告诉你太多有用的东西。

然而，如果你想了解客观事实之外的任何事情，那么非言语渠道通常更重要一些：

他会因为我不知道如何设置微波炉的时间而看不起我吗？

我打断他的学习来问他，他会生气吗？

他会在意时间的设置是否正确吗？

他是真的知道怎么设置，还是只是猜测而已？

在所有这些情境里，你可能都会更多地关注非言语内容，而不是这个人真正说了什么。这是个好主意，通常来说，通过关注非言语渠道获得的信息比通过关注言语渠道获得的信息更完整、更准确。人们可以通过准确评估你的非言语风格获得以下的信息：

- 你当时的情绪状态
- 你对正在讨论的问题的感觉
- 你对正在与你交谈的人的感觉
- 你是否认为当下的问题很重要
- 你对自己所说的话具有信心的程度
- 你是否期望自己的话产生影响
- 你是否认为自己和对方平等，比对方卑贱，或者比对方高贵有时候，你的用词和你的非言语行为是一致的：它们传达了相同的信息（例如，有信心且期待某个问题可以得到解决）。在其他时候，你的言语和非言语信息则可能不一致（见表 8-1）。思考下面这些例子，想想在每种情形里你会相信什么。

表 8-1 不一致的言语和非言语信息

言语	非言语
"我爱你。"	表现得很疏远，眼睛向下看，转移目光
"我知道你能做到的。"	犹豫的声音，结巴的话语，勉强的微笑
"我不去。"	穿上外套，朝门口走去
"我没有生气。"	说得很大声，咬紧牙关，接着咕哝了几句脏话
"很棒的演示。"	夸张地强调"很棒"，翻白眼，露出怀疑的表情
"多好的礼物啊！"	迅速地把礼物放到一边，几乎没看一眼
"太感谢了。"	无精打采的声音，看起来心烦意乱，强调"太"

当你的言语和非言语信息不一致时，你的听众更有可能相信非言语信息，也可能对你的整个沟通尝试做出负面的反应。

当你谈论一个问题时，你总是会选择用词，有时你甚至会提前计划好自己想说的话。但是，你可能没有那么注意你的非言语行为，因此，你的沟通经常超出你的本意。例如，在向老板要求加薪时，你的行为可能表明你并不真正期望得到这个结果。而在其他时候，你的行为可能会给出一些非真实的信息。例如，习惯性地转移目光可能传达出焦虑，即使你实际上很平静。习惯性地紧绷下巴可能传达出愤怒，即使你并不生气。因此，有意识地练习非言语沟通技巧是非常值得的，这有助于你表达自己真正的意思。

坚定自信的非言语沟通

坚定自信的非言语风格传达了你对自己及对方的尊重，它标志着一种你的观点将被聆听的预期。被动型风格则将对方放在了主控的位置，传达出一种你的观点将被忽视的预期。被动攻击型风格通常看起来被动，但实际上隐藏着秘密的攻击动机。攻击型风格则表明你对对方以及他们所能做出的贡献缺乏尊重。

不过，当我们讨论攻击型风格时，需要做一个关键的区分。攻击往往分为两种截然不同的方式，而相关的非言语行为取决于我们选择哪一条道路。

- **热愤怒**（hot anger）涉及许多压力迹象。当事人可能会面红耳赤，威胁性地前倾，做出大幅度的手势，高声说话，并使用指责的语气。有些人能够保持流利的表达，其他人则可能因为愤怒而结结巴巴，无法组织连贯的语句。"该死！你做了什——我的意思是——我简直不敢相信！"我们经常说，表现出热愤怒的人已经"失去它"（lost it）了，失去了对自己和情境的控制。尽管人们通过攻击来建立支配和控制地位，但热愤怒往往会使他们在任何争论中失去主动权。

- **冷愤怒**（cold anger）看起来截然不同。压力的迹象被抑制了，或者完全不存在。没有咆哮，没有面红耳赤，没有结结巴巴，也没有明显的失控。当事人从情感上和身体上抽离，有时转过一半身去，直愣愣地盯着某样东西，眼神冷漠。他们可能用一种冰冷的口吻安静而准确地说话，甚至窃窃私语。"我想要的只是——其实真的不多——你完成你的工作而已。现在，如果我还能提个要求的话，我希望你能像样地完成。"这种形式的愤怒往往比疯狂咆哮更令人畏惧，因为这个人依然能够掌控自己的行为。

练习 1：非言语风格

接下来的几页描述了非言语行为在坚定自信型、被动型和攻击型风格中呈现出来的主要方面。再说一遍，被动攻击型风格通常隐藏在一种被动的非言语风格后面。你可以把这一部分的内容看成一本"人类指南手册"，供刚从半人马座阿尔法星[⊖]乘游轮来到我们星球的游客参考。

在进一步探索不同的风格之前，让我们定义一些有用的术语：

- **脸部平面**（face plane）。一个由你的下巴和眼睛定义的假想平面。想象一下一张纸粘在你鼻尖上的情形：当你直视别人时，纸是垂直的；当你抬起下巴时，纸是向上倾斜的；当你看着你的脚趾时，纸是向下倾斜的。
- **身体平面**（body plane）。一个假想的平坦表面

⊖ 即半人马座 α 星（Alpha Centauri），由三颗恒星组成，是距离太阳最近的恒星系统。此处泛指地球以外的"外星球"。——译者注

（好吧，有那么几分平坦的意思），由你的肩膀和
臀部的前面定义。当你站直或坐直时，你的身体
平面是垂直的，直接面向前方；当你无精打采或
看起来垂头丧气的时候，它会向下倾斜；当你转
身避免直接面对某人的时候，它会向右或向左
倾斜。

- **私人空间**（personal space）。一个人周围假想的
  空间气泡，边界是由一个人在另外一个人（非
  亲密朋友或伴侣）进入这个空间时感到的不适
  来定义的。气泡的大小因文化而异，在大多数
  的西方社会里，理想的人际距离在 3 ～ 3.5 英
  尺（90 ～ 110 厘米）之间，尽管我们和认识的
  人的理想距离往往会小一些（Sorokowska et al.,
  2017）。当具有不同文化背景的人进行沟通时，
  文化差异会造成不舒服和尴尬，那些来自偏好距
  离比我们近的社会的人会被视为咄咄逼人或具有
  侵入性；那些来自偏好距离比我们远的社会的人
  则被视为情感冷漠或刻意疏远。在这样的情况
  下，记住文化差异以便我们不过度解读对方的行
  为是很重要的。"她并不咄咄逼人，她只是来自
  阿根廷（人际距离最近的国家之一）。""他并不
  冷漠，他只是来自匈牙利（人际距离最远的国家
  之一）。"

在记住这些术语的前提下，就下面列出的每个方面，识
别当你身处一种涉及轻微冲突的情形时（比如在餐厅退回一

顿未煮熟的饭，拒绝占用你时间的要求或者请求延迟截止日期）你最常见的行为，在和你风格最匹配的描述旁边打钩。如果你的许多选项都很相似，不要太惊讶，非言语沟通的各个方面往往是相辅相成的。你也可以让朋友或练习伙伴给你的行为打分，看看他们是否同意你对自己的评价。

姿势

- □ **坚定自信型**：直立的姿势，肩膀向后。身体平面是垂直的，通常直接面向对方。脸部平面也是垂直的（既不向上也不向下倾斜），或多或少直接瞄准对方。
- □ **被动型**：身体是弓着的，仿佛你想把自己缩得比实际的你更小一些。身体平面通常远离对方或朝向地面，脸部平面往往向下倾斜，肩膀可能朝耳朵方向抬起。你的头会像乌龟一样往下缩，身体看起来处在很紧张或很泄气的状态。
- □ **攻击型**：在热愤怒的时候，你的姿势可能会很夸张，并且具有威胁性，身体平面和脸部平面向下倾斜，有一种笼罩着对方的压迫感。这个姿势传达的信息是，你已经准备好进行身体对抗了。冷愤怒通常比较抽离一些，身体略微偏向一边，但姿势无可挑剔，有一种自信拿捏的气场。

动作和手势

- □ **坚定自信型**：动作通常放松而流畅，几乎没有肌肉紧张。手势自然、开放及放松。双手通常放松

且张开，而不是彼此紧握或攥成拳头。这看起来
像是某人在对朋友描述最近的休假情形时可能会
采取的友好姿势。

☐ **被动型**：这因人而异，有些人在被动的时候几乎
不做手势，他们看起来很沮丧，无精打采；有些
人则会提升速度，做出快速但目的不明确的手势
（挥动双手，坐立不安，玩弄硬币或纽扣）；还有
些人会做经典的"不要攻击我"的动作，耸耸
肩，手掌朝外，做出无助的手势。摊开手掌给对
方看是一个经典的被动型手势，表示"我没有拿
武器，所以我不会对你构成威胁"。

☐ **攻击型**：与热愤怒相关的身体张力会通过肢体动
作表现出来，这些动作往往快速而尖锐。当事人
在做手势的过程中可能会将食指指向对方，或者
将所有的手指僵硬地伸到一起。有时当事人会用
手做短击或空手道劈掌的动作，这些动作越接近
对方的私人空间，就越具有攻击性。在冷愤怒的
时候，手势会相对克制得多，甚至完全不做手势。

身体距离

☐ **坚定自信型**：正如我们所看到的，人际距离在不
同文化之间存在很大的差异。在冲突中使用坚定
自信型风格的人通常会保持他们正常的对话距离
（即他们在不需要坚定自信行为的情况下所使用
的距离）。

☐ **被动型**：人际距离通常比正常情况下更远一些

（除非一方声音很小，为了听清对话必须站得比较近），结合转向别处的身体姿势，这会让当事人看起来有一种想逃离这个互动的感觉。

□ **攻击型**：在热愤怒的时候，人际距离通常比平时更近一些，这意味着当事人侵入了对方的私人空间。同时，大幅度且迅速的手势可能会导致当事人的手或脸突然冲向对方。冷愤怒则通常包括退缩、拒绝或不予理会等行为，所以人际距离可能比正常情况下更远一些。

目光接触

目光接触的频率和持续时间是非言语行为中最具文化特异性的因素之一，一些国家（如美国）的公民会更多地保持凝视，而另一些国家（如日本）的公民则较少这么做。在与来自不同文化背景的人互动时，请记住这一点。在一种文化中被视为奇怪（因此似乎很重要）的事情在另一种文化中可能很普通。下面的观察通常适用于各种文化，但请假设我们的意思是"与同一社会中的大多数人相比"。

□ **坚定自信型**：目光接触频繁，但偶尔会被横向的扫视打断。通常伴随着友好的面部信号，如微笑或轻微扬起眉毛。

□ **被动型**：通常避免目光接触，眼睛倾向于往下看。当偶尔有目光接触时，当事人倾向于眼睛往上看，而不是抬起头。

□ **攻击型**：目光接触通常是直接而固定的。眼睛周围通常保持着相当程度的肌肉紧张，导致当事人眯眼或怒视。一个不习惯展现攻击性的人眼睛周围可能会有同样的肌肉紧张，但他会把目光从对方身上移开。

面部表情

□ **坚定自信型：** 面部表情很符合当事人要传达的信息，如果讨论是严肃的或具有对抗性的，当事人通常会比平时笑得少。但无论如何，面部总体上会通过直视、平静的表情和极少量的肌肉紧张来传达一种开放的态度。牙齿稍微分开，前额平整放松。

□ **被动型：** 表情通常是焦虑或充满歉意的。很可能有肉眼可见的相当程度的肌肉紧张，特别是在前额部分。当事人也许会脸红。对有些人来说，紧张的微笑或不恰当的笑声颇为常见。

□ **攻击型：** 面部通常有明显的肌肉紧张，最明显的是下颚部分。表情往往固定，而非快速变化。当事人的愤怒大多肉眼可见，且怒视（直接看向对方或别处）的行为十分普遍。有可能出现脸色变红（尤其是在热愤怒的时候），但通常能够与因难堪或羞愧引起的脸红区分开来（前者有时会呈现出更多斑点），除非当事人不习惯展现攻击性。如果当事人确实不习惯，脸红就有可能出现。

身体接触

□ **坚定自信型**：身体接触在不同的文化之间存在很大的差异。在坚定自信的交流互动中，当事人通常不会比他们在其他情况下更多或更少地触摸对方。当触摸发生时，它通常很温柔，旨在表达对对方的共情。在不经常有触摸行为的文化中，在对方的私人空间边缘（或者在朝着对方方向的桌子或椅子的扶手上）温柔地张开手轻拍是很常见的做法。

□ **被动型**：触摸行为通常很少出现，因为被动的人习惯退缩到自己的世界里。如果有那么一点点的身体接触，往往是当事人在传达"不要恨我"或"不要伤害我"的信息。

□ **攻击型**：如果出现触摸行为的话，可能是有力的，且带有戳的动作（比如用手指指责对方）。当然，有些人会变得具有暴力倾向。更常见的情况是，在热愤怒时具有攻击性的人会近距离地做各种快速的手势（包括指指点点和用手戳），但不会真正触碰对方的身体，这看起来好像当事人正试图刺穿对方私人空间的气泡。在冷愤怒时，远距离的鄙视更有可能发生，触摸则相对不那么常见。

语音声调

□ **坚定自信型**：声音温暖且调节得很好。如果当时的情境需要严肃，当事人的声音可能是坚定的，

但信息很少通过咬牙切齿的方式传递出来，音量
也很正常。

☐ **被动型**：声音通常很小，有时甚至到了别人听不
见的程度。语气可能具有抱怨的属性，尤其是在
自我辩护或试图安抚对方的时候。陈述的结尾可
能会有一个上升的音调，好像当事人在问问题一
样。"所以，我想要加薪吗"这种"提问式说话"
对许多人来说是一个明显的困难，它传达了不确
定性和容易受到别人影响的开放性。

☐ **攻击型**：有些人展现出一种"火爆的声音"，他
们大喊大叫，情绪激动，音量惊人。"你怎么能
这样做？我简直不敢相信！"另一些人则具有一种
较冷的风格，说话时会把每个词缓慢、清晰地挤
出来，几乎没有情绪上的变化。"我。希望。它。
现在。就能。完成。明白？"较冷的声音可能是充
满敌意的、大声的，或者冰冷的、安静到令人窒
息的，并经常伴随讽刺或居高临下的语气。

流利程度

☐ **坚定自信型**：语速平稳且用词口语化，没有匆忙
或犹豫的感觉。也就是说，任何人都可以坚定自
信地说话，无论他们平时的谈话风格是什么。主
要的一点是，在坚定自信的互动中，当事人说话
的流利程度往往没有太大的变化，与坚定自信型
风格相关的低压力水平不会干扰当事人进行流利
的演讲。

□ **被动型**：可能有相当程度的犹豫，部分原因是压力，部分原因是当事人试图寻找能让对方满意的用词。语句常常是不完整的："……于是我想问你是否……因为我太忙了……而且弗洛伦斯姨妈星期五抵达……"在进入正题之前，可能会出现很多的停顿和拖延："……所以我想，嗯，你知道的……我的意思是……"当事人的语速通常很慢，或者话语可能会随着焦虑的情绪喷涌而出。

□ **攻击型**：当事人说话的速度可能比平时慢（咬牙切齿、表情冷漠），或者比平时快（通常伴随增加的音量和尖锐的手势）。有些人在生气的时候语言会变得不那么流利（"结结巴巴的愤怒"），不过，更常见的情况是，当事人说话时几乎没有犹豫。与被动型风格相比，流利可能不是个大问题，因为具有攻击性的人不怎么担心冒犯别人。尽管在热愤怒时，这些用词的冲动性大于信息丰富性，因此它们并不能真正达到当事人的沟通目的。

外表

显然，我们不会通过在一大早问自己"我今天要穿得具有攻击性吗"来开启新的一天，我们使用的风格通常取决于我们所处的情境。不过，人们确实有自己偏好的、习惯的风格，并且经常有意无意地调整自己的外表来反映这一点。

□ **坚定自信型**：衣着、发型、眼镜、整洁等都是我们表达自己的方式。习惯了坚定自信型风格的人能够适应情境（例如，如果场合需要，当事人会打扮一番），但这既不是为了隐藏自己（穿其他每个人都穿的衣服），也不是为了威慑他人。坚定自信的人可能会意识到他们的外表对他人的影响（也许会花一些时间去设计一个好看的发型），但他们之所以选择某种造型，至少在一定程度上是为了反映自己的偏好和个性。

□ **被动型**：最常见的被动型风格旨在帮助当事人融入一个群体，衣着、眼镜和发型都是精心挑选的，以避免引人注目。这是恐惧的产物——对如果自己更显眼、更独特或更诚实会发生什么的恐惧。有些人把自己隐藏在眼镜、化妆或胡须这些屏障后面（尽管其他人会认为这些是令他们感到舒服的个性表达）。

□ **攻击型**：某些人刻意选择自己的衣着、发型和配饰（包括眼镜、手表甚至汽车），可能是为了威慑他人或传达权力的信息。另一些人则强烈地反抗期望，主要根据能否激怒他人来选择自己的风格（例如，在正式的婚礼上穿有破洞的牛仔裤，这么做是为了令人不快，而不是为了诚实地表达自我）。极端的或不寻常的风格本身并不具有攻击性或被动攻击性，关键在于当事人选择这些风格的原因。

练习 2：自我评估

现在，请回顾一下上面列的每一类非言语行为。将你在每种沟通风格旁边打钩的数量汇总，并在下面填入相应数字：

|..............| 坚定自信型

|..............| 被动型

|..............| 攻击型

这并不是一个用来确定你最常使用哪种风格的正式测试，但是，如果你打的钩大多都在被动型或攻击型的类别里，那么也许你需要关注一下自己的非言语沟通风格。

请再次检查各个类别。当你试图表现得坚定自信时，非言语行为的哪个方面（例如姿势、语调、外表等）会给你带来最大的麻烦？

你倾向于使用哪种风格，被动型还是攻击型？

在你练习坚定自信的非言语行为时，特别留意你的风格可能相当重要。

在接下来的几页中，你会发现一些旨在帮助你采用更坚定自信的非言语风格的练习。

请记住：阅读本书也许能帮助你更多地了解坚定自信，但它不会使你变得更加坚定自信，只有练习才能做到这一点，所以请不要跳过练习环节。

练习 3：一周的行动

在这个练习中，你只需要试着改善一种给你带来麻烦的非言语行为。我们的目标不是让你在生活的所有领域中都变得完全坚定自信，事实上，你可以允许你的大部分非言语行为基本保持原样，而只需要改善你所选择的那一个领域。

你应该（从前几页的清单里）选择哪个类别呢？

- 在这一类别中，你发现自己很难使用坚定自信型风格。
- 你最想改善的类别。
- 给你带来最大困难的类别，前提是改善这个领域不会成为一项压倒你的艰巨任务。

你的选择：

现在来说说具体的练习。在一周的时间里，刻意把改善这一领域的非言语行为作为你的优先事项。不要说："从现在开始，我的余生将如何如何。"没有任何人能在他们的余生中每天都做某件事情[⊖]。你需要集中注意力。为什么不从现在就开始呢？

当你发现自己表现得被动或具有攻击性的时候，刻意在这个方面采取更坚定自信的风格。例如，如果你平时尽量打扮得不显眼（一种被动型风格），那么在接下来一周的每一天，选择能让你脱颖而出的着装（色彩鲜艳的袜子，比你平时所穿的多几分或少几分讲究的衣服，你一直回避的领带或围巾，等等）。如果你在与人谈话时通常懒散地望向别处，那就有意识地把你的肩膀往后拉，并在交谈中保持更好的目光接触。

⊖ 此处指做某件和改善非言语行为有关的事情，不包括诸如吃饭、喝水、睡觉等日常事宜。——译者注

你的旧风格已经自动化，所以你会发现自己在不经意间又退回到了过去的方式。你必须不断提醒自己注意你的任务，每天至少一次。以下是一些帮助你记忆的策略：

- 如果你希望提升自己说话的音量，**在便利贴上写下"音量"这个词，并把它贴在你的工作台上。**
- 如果你试图让自己的面部表情更放松，**在镜子上贴一张某个放松的人的照片（或者只是贴一张写着"放松"这个词的纸条）。**
- 如果你想穿得与众不同，**在你的衣柜门上贴个提示。**
- **在你的手腕处戴上松紧带。**
- **把你的手表戴在与平时相反的手腕上。**
- **把戒指戴在与平时不同的手指上。**
- **在你的手机上设置一个每天响一次的闹钟。**

每当你注意到自己设置的提醒时，请重新练习你选择改善的坚定自信行为的那个方面。

练习 4：在城里散步

这个练习将帮助你在不担心自己语调的前提下改善非言语行为的被动线索。事实上，你可以把注意力完全集中在你的姿势、目光接触和面部表情上。

你的任务：在一个安全的公共场所散步 15 ～ 30 分钟，在那里你会看到很多你不认识的人。你也许可以试试在市中心、购物区、公园或商场散步。

当你开始散步时，集中精力以一种坚定、自信、舒适的方式展示自己。如果你并不感到特别自信或舒服也没关系，就以你似乎有这种感觉的方式走路。如果有帮助，不妨把自己想象成一个你认识的，或在电视、电影中见过的特别坚定、自信的人。你可以像一名演员一样，扮演一个自信、果断的角色。以下是一些有用的策略：

- **走路时保持直立姿势**，身体笔挺而不懒散，肩膀向后。
- **抬起你的头**，大部分时间都把你的目光保持在眼睛的水平线上，而不是盯着地面。
- **让你的头保持在肩膀的正上方**，而不是低着头，使头位于肩膀前面（后者在被动型、攻击型和被动攻击型的风格中很常见）。你的胸部应该比鼻子先进入房间。
- **保持放松、从容的步伐。**让你的手臂自然摆动。
- **采用一种愉快、友好的表情。**看看你能不能保持一个非常浅的微笑。
- **与你经过的人进行短暂的目光接触。**如果你要转移目光，请向右或向左看，而不要向下看。
- **走在路径或人行道的中间**，而不要走到一边。经过他人时，记得腾出空间，但要避免直接走到路的边缘。
- **想要升级？**你可以在目光接触的基础上加入微笑。当你经过路人的时候，试着随机和几位打打招呼。
- **如果你需要提醒，在你的手机上设置大约每五分钟就响一次的闹钟。**

当你以这种方式走路的时候，密切留意你的感觉。你可能会感到些许不自然。在走了几个街区之后，允许自己懒散一些，避免与人目光接触，呈现一种固定的、茫然的表情，观察地面，远远地走到人行道的一边，就好像你没有权利在人行道上出现一样。当你以这种方式走路的时候，留意你的感觉。也许它对你来说更自然，尤其是当它很熟悉的时候，又或者你会觉得不那么坚定和自信。

接着，在又过了几个街区之后，改回之前的走路方式。逐渐抬起你的头，放松身体，把你的肩膀和头往后移，并开始再次与人进行目光接触。注意其中的区别。继续以这种方式走完剩下的路。

我们的非言语行为通常让人觉得它是对"我们是谁"和"我们此刻有什么感受"这两个问题直接而诚实的表达。但实际上，我们的行为也创造了我们的内心感受。如果你表现得像一个缺乏坚定和自信的人，这会真真切切地侵蚀你的坚定和自信。你可能会展现出和自己的感受一致的行为，但也可能会体验到和自己的行为一致的感受。

在接下来的几周里，试着发现自己以不那么坚定自信的方式走路的例子，并换上一种更加坚定自信的姿态。

练习 5：改善你的声音

这个练习将帮助你改进你声音的非言语表现。你将使用电话与人沟通，所以不必担心你的姿势、你与对方的距离、你面对的方向或者你身体姿势的任何其他方面，相反，你可以完全专注于你的声音。

你的任务是打电话给一个你不认识的人，并向对方询问信息。以下是一些建议：

- 打电话给一家当地的旅馆，询问他们的房间价格。
- 打电话给一家餐厅，询问如果周六晚上一行四人过去吃饭，你是否需要提前订座。
- 打电话给图书馆，询问他们是否有在线的有声书收藏。如果有的话，一本有声书你可以借多久。
- 打电话给一家票务代理，询问即将到来的演出是否有好座位。
- 打电话给一家商店，说你最近看过他们的广告，想询问广告中的某个产品是否有货。

在通话过程中，不要太在意自己的实际用词。目前，你的主要目的是改善涉及你声音的其他方面的品质。以下是一些也许能帮助你放松的建议。

- **打电话之前，把手放在腹部上面。**使用你的膈肌，慢慢地深呼吸一两分钟。每次吸气时，你的腹部应该会膨胀，而每次呼气时，你的腹部会放松下来。
- **演练一下你想说的话，**这样你就可以尽量冷静、平和地说出来，不会匆忙或犹豫。
- **说得足够大声，**让对方能够听清你的话。继续用腹部呼吸，试着从膈肌处发声，而不是从头部发声。

- **使用温暖的谈话式语气。**避免道歉、为自己找借口等行为，或者（走到另一个极端）听起来具有攻击性或充满敌意。即使回复你的人很慢、很尴尬、很不耐烦，或者不知道你的问题的答案，你也要避免进入生气或不耐烦的状态。试着保持友好和谈话式的语气。

当你打完电话后，留意你的大脑是否会自动陷入自我批评的状态。也许你将发现自己在说（或在想）以下的某句话：

> 我说得不够清楚。
>
> 我原本应该做得更好。
>
> 我永远都没法把这件事做好。
>
> 我羞辱了我自己。

你还会如何批评自己的努力，或者否认自己所取得的成就?

温柔地提醒自己，这只是一个练习，你既不期望也不渴望完美。同时还请记住，和你交谈的人怎么看你并不重要，因为他们不知道你是谁。重复这个练习至少两次。

搭档练习：面对面的非言语演练

如果你和一名搭档共同努力，那么这是一个你们可以一起做的练习。如果你只能靠自己，你也可以通过对着镜子说话来做这个练习。它的目的是在一个有组织的情境中练习坚定自信型风格的非言语方面，并获得关于你做得如何的反馈（要么从你的搭档那里，要么通过观察你自己）。当你在日常生活中试着改善你的沟通风格时，你可以使用这些信息。

第一部分：有脚本的演练

在这个练习的第一部分，你将对着自己或搭档背诵一个非常简短的脚本。可以参考以下的指示：

（1）如果你和搭档一起做练习，请决定谁先背诵。

（2）从下面的清单里选择一个简短的脚本。试着记住大部分或所有的句子，这样你就可以把它背下来，而不需要不断地从页面上读。

（3）对着你的镜像或搭档背诵这个脚本。尽可能自然一些，就好像你在自发地和那个人说话一样（例如，假装对方是店主、空中乘务员或出租车司机）。

（4）使用坚定自信的非言语风格。把精力集中在坚定自信型风格给你带来最大麻烦的那个特定方面（目光接触、语音声调、面部表情等）。

（5）如果你有搭档，请他们对你的非言语行为做出反馈。给予反馈的人应该同时关注正面的和负面的信息。你在什么方面做得好？有什么可以改进的？如果没有搭档，那你就自己评价自己的表现，记下你已经做得很好的部分。

（6）把这个场景再演一遍，记住你收到的反馈。

（7）评估你的第二次尝试，或者从你的搭档那里得到反馈。

（8）如果你有搭档，请和他互换角色，重复这个练习。

（9）使用另一个脚本，重复这个练习。

脚本

- "我昨天在这里买了这本书，结果发现少了30页。我希望换一本不缺页的，或者得到退款。"
- "我想把这条裤子干洗一下，但除非您能把这个污渍彻底洗掉，我才觉得值得。"
- "对不起。我的朋友和我希望换张桌子，最好位于餐厅里比较安静的区域。"
- "嘿，我的航班由于暴风雪取消了。我想订下一班有座的飞机。"
- "我没有要申报的东西，但我希望有人能帮我提这个很重的箱子。您能找人帮我吗？"
- "不好意思，我想应该是我排在下一位。"
- "您好，我想去镇中心。我注意到您还没有打开计价器，我希望您使用它。"
- "我的酒店房间很冷，恒温器好像不起作用了。您能派人上来检查一下吗？"

第二部分：没有脚本的演练

这个练习与前一个练习类似，但增加了即兴表演的元素。就像之前那样，你可以和你的搭档一起，或者独自在镜子前表演一个短暂的单方面场景。不过，这一次，你必须自己想好你要说的话。

整个练习的顺序和之前的一样。如果你有搭档，请决定谁先表演。从主题清单里选择一个情境，把它表演出来，在演的过程中即兴发挥你自己的台词，不要让它超过几句话。

你可以批评自己的表演，或者让你的搭档来评价，但请记住要同时留意正面和负面的信息。重复这个任务并再次评估你的表演。然后，通过一个新的主题再次开始练习。

主题

- 旅行社已经给你订了机票，但你想让他们帮你查一下更便宜的机票。
- 询问你乘坐的公共汽车是在城市公园之前还是之后经过邮局。
- 在餐厅就座前要求先看一下菜单。
- 要求医生的接待员给你找一个更方便的预约时间。
- 要求保险理算员确定和你的车相撞的那辆车是不是偷来的。
- 钥匙店所制的钥匙有问题，要求其免费重制。
- 询问售票员今晚演出的票有没有可能售罄。
- 询问食品商这些农产品是不是当地种植的。
- 询问有没有和你的外套相匹配的绿色地砖。

第 9 章

如何坚定自信地表达你的观点

"在那里"包含一种表明你的态度、偏好、观点、想法和目标的意愿，我们可以把这个个人公开的过程统一放到听起来平淡无味的"发表意见"的旗帜之下。从某种意义上来说，几乎所有坚定自信的沟通都涉及发表意见这种行为：提供反馈，对他人的反馈做出反应，提出要求以及参与困难的对抗。在这些情境中，我们可以避免表达自己的想法，但如果这么做，我们将无法过上自己想要的生活。

我们也许很难想出所有你可以发表意见的情境。也许你自我抑制得太久了，不发表意见似乎成了自动的做法。也许你总是用一种专横、带有攻击性的风格发表自己的意见，以至于人们会在你面前刻意回避有争议的话题。

以下是一些你可能需要处理的日常互动的例子：

- 今晚你想去哪家餐厅？
- 你觉得这部电影怎么样？

- 我们需要就厨房的修理工作做出决定。我们首先应该做什么？
- 我需要你在这个问题上的专业意见。
- 我们应该去哪里度假？
- 我们欢迎读者就这篇文章给编辑写信。
- 我们应该如何处理女儿的偷窃习惯？
- 你打算给谁投票？
- 你介意我把这个拿走吗？
- 我们正在考虑解雇詹姆斯。你怎么看？
- 这是我正在写的备忘录的草稿。你有什么想法吗？
- 也许我们应该结婚。
- 你的评分必须在周一之前完成。
- 我准备好去海洋潜水了吗？

有时候没人征求你的意见。某人表达了他们的观点，而你意识到自己强烈反对这种观点。或者他们说了一些非常冒犯人的话，又或者他们的行为危及他人，再或者他们宣布了一个可能导致灾难的决定。你可以闭上嘴巴，什么也不说，而这偶尔会是最好的选择。你的表妹兴高采烈地宣布，她刚刚嫁给了一位你认为不靠谱的男士。她不会因为你这么说就马上离婚，所以也许你最好的做法只是简单地祝她幸福。

在其他场合，你可能会感觉到把自己的意见表达出来很重要：

- 你经过一名皮划艇手，此人正驶向你知道很危险的急流。

- 你的晚餐同伴对你鄙视的候选人表示钦佩，而且似乎认定每个人都和他有同样的感受。
- 一位民选官员对少数群体人士表达了轻蔑之情。
- 一名公交车乘客骚扰你旁边一位戴头巾的女士。
- 一名主管公然羞辱一名新聘用的员工。
- 在尚未检查燃油存量之时，一名机组人员已然宣布飞机起飞。
- 招聘委员会偏袒一个你认为完全不合格的人。

你应该如何处理这些情况？试图控制对方还是改变他们的想法？例如，你也许对即将驶入急流的皮划艇手深感担忧。在大多数上面列的这些情况之下，你可能都会希望对接下来发生的事情产生影响。但是，冒着老生常谈的风险我也要再说一次：你只能控制自己的行为，而很少能直接控制别人的行为。

有时你也许会更直接一些。在和一位朋友一起过桥的时候，我的父亲把自己最近心脏病确诊的事告诉了他，这位朋友二话不说把烟斗从我父亲的嘴里抽了出来，扔进海里。如此公开的干预是很罕见的。但有些时候，你的确应该避免沉默的诱惑，主动提供你的意见——无论别人是否请求你发表意见。

回想一下过去的几天，列出三个你可以提供意见的情境。也许你确实表达了自己的想法，也许你忍住没说，也许你的表达方式让别人觉得他们没有任何提出异议的余地，也许你用一种迂回或讽刺的方式表达了你的观点。无所谓，请写下你最先想到的三个情境。

（1）

　　　　　　　　　　　　　　　　　　　　　　　　　

（2）

　　　　　　　　　　　　　　　　　　　　　　　　　

（3）

　　许多人难以公开表达自己的观点。请仔细阅读下面的描述，找出在大多数情境里最适合描述你的那个选项，在它旁边打钩。用你在上面列出的情境作为一个粗略的指导。

☐ **被动型**：你避免发表自己对问题的看法，无论是小问题（"你喜欢这部电影吗"）还是大问题（"你认为我们应该结束这段关系吗"）。你等待别人先发表意见。也许你愿意给出自己的观点，但前提是你恰好和他们意见一致。又或者，你会改变自己的观点或假装同意来配合对方。

☐ **攻击型**：你非常愿意发表自己的意见，但你说话的方式会让人觉得好像持有任何其他观点都是愚蠢的或糟糕的。"那是我听过的最荒谬的事！"你严厉地批评或取笑其他观点。如果有人明确表示反对，你就试图通过威慑、讽刺或激烈的争论来改变他们的观点。

- **被动攻击型**：你避免直接反对别人的意见，但当你暗地里知道在场的其他人可能会受到伤害时，你会表达一些非常固执己见的观点。如果受到质疑，你就会否认自己知道对方是攻击目标。"弗兰克·斯迈思⊖是有史以来最腐败的政客。不，我不知道你是他的竞选经理。"你经常对不在场的人发表意见。"我认为杰森在这件事上完全疯了，你不这么看吗？"你经常使用讽刺，但很少采取直接的方式，并且否认自己负面的意图。"不，我没有什么特别的意思。你为什么这么问？""哇，你真是太敏感了！"

- **坚定自信型**：你愿意表达自己的意见，无论别人是否这样做。你对自己的观点负责（"我认为……"），而不是把它当作一个讲道理的人会接受的唯一观点。如果有人表示反对，你愿意和他们讨论这个问题，但你不一定觉得自己需要改变对方的想法。如果别人提供了你之前没有考虑过的新信息，你愿意改变自己的想法，但你不会仅仅因为别人和你想法不同就做出改变。

　　像大多数人一样，你可能会在不同的时间分别使用这四种风格。无论你打钩的是哪一种，练习更公开地表达自己的观点都会对你有所帮助。

⊖　Frank Smythe，作者虚构的政客。——译者注

承认你的立场

想象这样一个情境：你和另一个人在某个问题上持对立观点，比如设立单独的自行车道是不是一个好主意，夏威夷是不是一个理想的度假胜地，或者叉子应该放在盘子的右边还是左边。你们都不是无所不知的。如果你的目的是让他们赞同你的观点，那么要求他们把叉子放在左边就不仅仅是把叉子放在左边的问题了。他们还需要服从你的意志，并承认（至少在这个特定领域里）你比他们更了解现实。大多数人都不愿意这么做，你不能强迫任何人相信你所相信的，这样的尝试只会让他们更加抗拒。

你可能有过这样的经历：某人强迫你同意他们的观点，于是你越发下定决心坚持自己的立场——即使你已经开始怀疑自己是错的。后来你可能会想，"很明显她知道该走哪条公路，所以我为什么非要争论这一点，让自己看起来很可笑呢"。答案很简单：对方试图掌控局面，而你本能地做出反抗。你非但不同意他们的观点，甚至可能采取了比你原来的立场更极端的观点。

这并不意味着你不能对别人产生任何影响。如果你在表达你的观点，你的目标就是鼓励他们理解，并让他们尽可能向你的思维方式靠近。如果你试图强迫他们，他们就会退缩。如果你让他们做他们自己想做的事，那么控制权仍然在他们手中，他们也许会决定自愿地考虑你的观点。当没有人试图强迫他们改变观点时，人们反而通常会更多地改变观点。

　　不妨考虑一个例子。我和同事在医院吃午饭的时候谈到了回收的话题，一位拿高薪的专家摇了摇头："我太忙了，没时间操这份心。我就把所有垃圾都扔进垃圾桶里。"我自然的冲动是试图说服她："你当然应该回收。你以为别人不忙吗？"

　　这样的说服不会有任何结果，而且她会进一步死守自己的立场。于是，我把矛头指向了自己："我认为我过着优越的生活，不需要同时做三份工作来维持生计。如果我不回收，我怎么能指望生活比我艰难的人来做这件事呢？所以我回收垃圾。"请注意，我没有对我的同事进行评判，我甚至没提到她，所以她没有反抗的理由。我说的是我自己的观点和行为，她可以把这种推理应用到她自己身上，也可以不这么做。我控制我自己，也让她控制她自己——这是一切坚定自信的表达的核心所在。

　　坚定自信的表达需要使用包含"我"字眼的陈述，这一点可谓陈词滥调，但这些陈述确实有效。包含"我"字眼的陈述承认你的观点显然就是你自己的，它们来自你的个人经历，说的是真话。"这是我的想法。""这是我所看到的。"你没有把它作为放之四海而皆准的真理来呈现。你知道你的立场是正确的，把它作为你的观点来表达会让你走得更远。这么做的效果肯定好过试图夺取控制权，并通过羞辱对方来让他们屈服。

　　"但这不爽啊！"我仿佛听到你说。当然，那什么会让你觉得爽？是咆哮？还是说"你必须这样想"？还是一拳打在偏执狂的鼻子上？又或者告诉鼓吹"地球是平的"言论的那个家伙，他是个傻瓜？但在当下感觉良好和什么真正有效这两者之间是有区别的，坚定自信的表达不是要满足你的冲动，它旨在有效沟通。

坚定自信发表意见的贴士和策略

坚定自信地发表意见的核心是这条原则：承认你自己的观点，而不要试图控制对方。下面是一些用来微调你的方法的技巧。

- **在开始之前放松一下。**如果你很平静，你就可以更清晰地思考，并且更好地表达自己。在你考虑要说什么的时候，慢慢地深呼吸。你也许可以使用第 4 章中介绍的膈式呼吸练习。如果这太复杂，就把手放在肚子上，慢慢呼吸，让你的腹部像海滩上的充气球一样膨胀起来。

- **演练。**在你打算说些什么之前，先简单地过一遍具体内容，试着把你的信息表达清楚。虽然在理想情况下，你大多数时候可能希望自发地做出回应，但找到一个你固有风格的替代品可能需要大量的练习。最终，恰当的言语会更容易脱口而出。如果你能提前预测自己所处的情境（如果你回家吃节日晚餐，你知道弗朗西斯叔叔一定会对你跳钢管舞的工作说三道四），想想你希望如何回应。

- **不要释放你缺乏自信的信号。**也许你的思想并没有完全封闭，面对新的信息，你可能愿意改变自己的观点。尽管如此，要避免在这个问题上流露出自卑感。"我的想法可能是完全错误的，如果我确实错了，你可以直接告诉我。但我一直在想……"如果你还没打定主意，可以直说自己不确定。"我打算投票给刘，但瓦霍夫斯基仍然有机会说服我。"如果你对某件事有强烈的看法，也直接说出来。"我肯定会接受化疗。"切记，不要因为害怕别人可能持不同意见而削弱你自己的观点。

- **请尽管释放你对其他观点持开放态度的信号。** 有时你可能希望表明，虽然你有自己的观点，但是你也愿意接受其他想法。"我没有特别强烈的偏好，不过我想试试海鲜餐厅。"这可能是一种避免"不听我的就走开"这般狭隘立场的有效方法。

- **避免诉诸权威。** 当你提出观点时，要为自己的这个观点负责。"我个人对堕胎的看法是……"诉诸权威可能很有诱惑力。"卫生局局长说……"你也许会设想，人们反对权威的可能性要低于他们反对你的可能性。另外，你可以通过假装只是在报道权威所说的话来为自己开脱。"别怪我，那是他的原话。"这种做法不诚实，如果你持有某个观点，就说出来。承认它是你的观点，稍后你可以给出你支持这个观点的理由（这可能涉及权威），但这仍然是你自己的观点。在最初的声明中，最好承认这一点。"我反对把原始森林里的树都砍完。"

- **不要因为持有观点而道歉。**当你越权时，道歉是恰当的。"对不起，我不小心穿上了你的外套。"但你有权发表意见，所以你不必为持有某些观点而道歉。避免说类似"请原谅我这么说……"或者"我真的很抱歉，但我认为……"这样的话。你真的后悔持有自己的观点吗？切记，道歉意味着承认罪行。如果你没有犯罪，就不要主动坐牢。

- **不要以提问的语气说话。**正如我们在非言语行为那一章中讨论的那样，把陈述变成问题（"我不喜欢海底石油钻探吗"）表明你不确定自己的想法，需要对方的确认（"我想我是反对钻探的，但我真的反对吗"）。这种做法无意间让对方控制了你自己的观点，并暗示你很容易被说服。这显然不会带来什么好结果，所以，请好好说话，不要使用提问的语气。

- **你不是所有真理的来源。**避免用一种把其他人挤到台下并暗示他们无权发表不同意见的方式来表达你的观点。"任何一个聪明人都是这么想的。"人们完全有权不同意你的观点，也有权像你有时令人恼火的那样，回答正确或是被人误导。不要以这样的方式来陈述你的观点：世上只有一种看待这个问题的方法，所以每个人都必须站在我这边。你可能觉得这么做是巩固自己立场的一种方法，但实际上它却起到了削弱的效果。

- **不要威慑他人。**如果有人改变主意，那应该是有充分理由的，而不是因为你不断施压，直到他们屈服为止。不要提高嗓门，居高临下，盯着对方看，威胁对方（"如果老板听到你的话会怎么想"），进行人身攻击（"你就是这么软弱"），或者利用对方的内疚感（"当然，不用管我，我只是你母亲而已"）。即使你说服了人们让步，他们也只是当面同意而已，你一离开房间，情况就会立刻不同。很少有人出于威慑或内疚的原因而真正改变自己的主意。

- **急着证明自己有理前请三思。**有些人会在别人不同意或质疑他们的观点时觉得自己受到了威胁，他们会变得很愤怒，并竭尽全力去说服对方。这种行为通常源于以下两种信念的其中一种：我得以保持自己观点的唯一方法就是让对方也相信我的观点；我的价值取决于我捍卫自己立场的能力。这些想法让你处于一种不得不去改变别人想法的位置，把所有的控制权都交给了对方。事实上，如果他们挑战你的立场，你可以选择是否捍卫它。你并非必须说服他们才能坚持你自己的观点，你可以只是简单地承认你和对方存在分歧。"我看得出来你不同意我的观点。""听起来你相信……，而我相信……。""我不想争论这一点，但这就是我的看法。"

- **别让机会溜走。**我们不必在每次机会出现时都发表意见，但有时仗义执言还是很重要的，不能一味地袖手旁观。当有人讲粗俗的笑话，或者对某人做出恶劣的举动时，你可以冷静地表达自己的观点。"我认为他那样做没问题。""约翰，我知道你没有征询我的意见，但我必须告诉你，我强烈地觉得收养一只小熊是一个错误。"

练习1：提出你的意见

看看你在几页前列出的三个情境，选择其中一个你希望表现得更坚定自信的例子，在下面或在你的日记里做一个简短的记录。你也可以想想最近一个你在提供自己的意见时不那么坚定自信的例子。当时的具体情境是什么？

....

....

你还能说哪些更加坚定自信的话？既然你并不是真的处于这个情境中，考虑这个问题也许会更容易一些。

....

....

....

下周是否会出现这样一个情境，让身处其中的你想用一种比平时更加坚定自信的方式来表达自己的观点？那会是什么样的情境？

....

写下一个坚定自信陈述的范例，让你可以在那个情境里用来表达你的观点。不用着急，记得使用上面给出的建议。

当那个情境出现时，考虑将你的计划付诸行动。至少在接下来的一周里，每当你避免说出自己的意见或以一种具有攻击性的方式来进行表达的时候，都试着意识到自己的行为。使用坚定自信记分板或你的日记来记录这些例子。逐渐努力转向一种坚定、自信、开放、不具攻击性的风格，奖励自己的努力，原谅自己会感到紧张或没有做到无懈可击。每一项新技能都需要时间和练习。

练习2：意见交流

这个练习旨在帮助你培养必要时表达意见的能力。如果你和搭档合作，你们可以一起做这个练习，记得决定谁先扮演说话者。如果你独自练习，那就对着镜子里的自己说话。这是你的任务：

说话者

（1）从本章末尾的"问题清单"中选择一个问题，或者创建你自己的问题。

（2）想想你对这个问题的看法。如果你没有看法，就现编一个。

（3）清晰地表达你的观点（既不被动也不带有攻击性）。你的目标不是得到搭档的认可，也不是改变搭档的想法，或者说服搭档你是对的。

（4）花一分钟时间陈述你的意见。给这个过程计时。

聆听者（如果与一名搭档合作）

（1）搭档应该认真聆听，不带表情，避免点头、微笑或表示自己是否同意的行为。说话者不应该知道你是否赞同该问题。

（2）当说话者说完后，搭档通过使用"发表意见技能清单"来提供反馈——该清单位于当前的这些指示之后。从正面反馈开始，然后，只给出一两条改进的建议。人们不可能一下子改变一切，他们只能一次专注于一两件事。

评估（如果独自练习）

（1）请看"发表意见技能清单"。评估你的表现，同时考虑你表现得好的和不好的方面。

（2）确定刚才的练习演示中可以改进的一两个方面。

重复

（1）再次给出你的意见，记着要改进的部分。

（2）试着继续强调在这些方面的改进。

以上步骤完成时

（1）互换角色（如果与一名搭档合作）并重复这些步骤。

（2）再用至少一两个问题来进行这个练习。

发表意见技能清单

☐ 身体姿势、动作、距离、目光接触、面部表情

☐ 语音声调、音量、流利程度

☐ 提问式说话（"我认为它是错的吗？它不应该发生吗？我反对它吗？"——被动型）

☐ 道歉（"我很抱歉，但我真的认为……"——被动型）

☐ 专注于你自己的无知（"我不太清楚，但是……"——被动型）

☐ 包含"我"字眼的陈述（"我相信……"——坚定自信型）

☐ 不考虑其他观点（"只有傻瓜才会认为……"——攻击型或被动攻击型）

☐ 诉诸权威（"研究显示……"或"专家一致认为……"——通常为攻击型）

☐ "当然"式陈述（"很显然……"——假定所有人意见一致，通常为攻击型或被动攻击型）

问题清单

我们应该优先考虑保护环境，而不是资源产业的工作岗位吗？

政府应该资助公共电视和广播吗？

职业运动队应该享受税收减免吗？

矿井应该被强制清理排入海洋的排放物吗？

一个国家有理由在冲突中率先使用核武器吗？

各个国家应该销毁所有核武器吗，即使其他国家不这么做？

企业应该被允许在人权记录不良的国家投资吗？

在非常贫穷的国家，童工是情有可原的吗？

沿街乞讨应该被允许吗？

少年犯应该进监狱吗？

驾车的法定血液酒精含量限制应该是零吗？

互联网提高还是降低了人类的幸福感？

我们应该允许克隆人吗？

在学校进行性教育是个好主意吗？

大多数孩子对性的了解足够 / 太多 / 太少吗？

警察应该使用照相雷达来捕捉交通违章行为吗？

你们国家最适合居住的地方是哪里？

国际贸易协定应该涵盖文化产业（如电影、图书出版等）吗？

那些在树林里迷路的人应该为救援付费吗？

我们需要更多的公共住房吗？

我们需要拨出更多的土地来建设荒野公园吗？

我们应该有死刑吗？

捕鲸有任何的正当理由吗？

第 10 章

如何接受他人的正面反馈

　　想象一个没有他人反馈的世界。没人帮助你学习任何知识，没人告诉你你做得很好，没人主动评价你的表现。你向你的工作小组进行展示，而组员们只是茫然地盯着你，就好像你在千里之外的电视上一样；你的老板拒绝告诉你她对你工作表现的看法；当你问你们的关系进展如何时，你的伴侣只是看着你，什么也不说。你怎么知道你的努力是否成功？你又将如何改进？

　　我们需要反馈。有时我们看不到自己在做什么，"我在最后一次发球的时候，球拍挥得够高吗"；有时我们不知道该如何评判某个情况，"大多数人一天能见多少名客户"；有时我们无法判断自己的行为是否达到了预期的效果，"在会议上站着有帮助吗，还是我看起来太具威胁性了"。虽然我们经常担忧自己给别人留下的印象，但我们还是本能地知道，我们需要听取他们的反馈。于是我们主动询问。

"我穿这条裤子看起来怎么样?"

"你觉得我选的电影怎么样?"

"这对你有帮助吗?"

"这件衬衫合身吗?"

"我能得到这份工作吗?"

"你愿意和我结婚吗?"

"这适合我吗?"

"我做得对吗?"

"你喜欢我的未婚妻吗?"

"你为什么生气?"

我们在社交情境中尤其依赖反馈。大多数人都会发现,我们很难评判自己的社会性行为,因为我们看不到自己真实的样子,所以我们常常不知道自己的行为是否得体。我们看待自己的主要方式之一是接受来自他人的反馈,这些人可以是我们的眼睛和耳朵。

"你的声音对这个剧院来说有点儿大了。"

"你今天看起来有些羞怯。"

"你的衬衫上粘了一根线。"

"你对她太苛刻了。"

"你这么说真是太好了。"

我们可以利用收到的反馈来调整自己的行为。我们不会想把自己的一生都建立在别人的意见或要求上,但当他们朝我们看过来时,明白他们看到了什么还是挺有帮助的。

不过，有一个问题需要注意。人们并不能始终看清我们，他们对我们的判断是有缺陷的，所以他们的反馈也经常是扭曲的。这些缺陷有不少来源，下面列了一些：

- 关于我们在想什么、感觉如何或打算做什么的猜测——这些猜测往往是错的。"你一心想伤害他的感情。""你为那个会议感到焦虑。""你只是认为我又在试图控制你。"
- 关于我们将如何感受和行动的希望或恐惧。"你偷偷地爱着我。""你不相信我。"
- 高估了他们本人对我们行为的影响。"你忘了台词是因为我在观众席上，对吗？""你那样做是为了给我留下深刻的印象。""你之所以沮丧，是因为我上周对你很生气。"
- 关于恰当行为的不切实际的想法。"你不邀请他和我们一起度假，真是不礼貌。""当别人发表意见时，你永远不应该告诉他们你有不同的看法"。"如果你爱我，那么你应该知道我的感受，根本不需要我告诉你。"
- 一种通过反馈来控制我们的欲望。"下次我希望你站在我这边。""证明你爱我。""如果你再谈论那件事，我就离开。"
- 一种伤害我们的欲望。"你的演示太烂了。""我很惊讶，你居然从来没有掌握更好的技巧。"
- 一种给予含糊的、无益的反馈的倾向。"你应该

清楚。""我认为整个过程还行。""有些东西我喜
欢，其他的就不对我胃口了。"

考虑到这些问题，我们很有可能会选择完全忽略外界
的反馈，并且从不向他人提供我们自己的反馈。但还是那
句话，反馈是不可避免的，我们的工作、工资标准、人际关
系、个人卫生和健康等也许都取决于各种形式的反馈。此
外，如果没有反馈，我们自己的行为会越来越糟糕。想想这
些例子：

- 从来没有收到过负面反馈，结果变得比以前更加
  苛刻和不讲道理的老板。
- 从来没有意识到自己的行为会让伴侣抓狂的配偶。
- 禁止一切批评，越来越热衷于滥用权力的领
  导者。
- 因为父母从来不纠正其行为而被宠坏、变得以自
  我为中心的孩子。

当别人的反馈经常出现错误的时候，我们可以如何处理
这样的反馈？我们如何避免被他们的批评压垮？我们如何在
侮辱中找到有用的信息？我们如何优雅地接受赞美？我们又
如何向他人提供有用的反馈？

让我们先从正面反馈开始探讨——正面反馈通常比负面
反馈更容易给予和接受。在许多情境里，对沟通、绩效提升
和行为改变而言，正面反馈是更有效的工具。不过，就像我
们将在第 12 章和第 13 章里看到的那样，负面反馈也很重要。

接受正面反馈

今天是你最好的朋友的生日，你挑选了一件你认为她会喜欢的礼物，把它精心地包起来。你敲开她的门，祝她生日快乐，并把礼物递给她。她连看都不看一眼，就把它扔进了用来放垃圾邮件的废纸篓里。

那么问题就来了：明年，你会再买一件生日礼物送给她吗？估计不会，你很可能感到自己被冒犯、忽视或轻视了。你用心地为朋友做了一件积极的事情，而她甚至没有承认这一点。

这种粗鲁的行为可能让你难以想象，毫无疑问，你自己永远不会这么做。只是……当你收到正面反馈的时候，你也许就是这么做的。

赞美是一份礼物，但许多人发现自己极其难以接受赞美或任何形式的正面反馈。对于那些不够坚定自信的人来说，这一点尤其如此。于是，他们简单地把赞美放到一边，就好像它们是垃圾或者不存在一样。让我们讨论一下这种情况是如何发生的，它为什么会发生，以及这种行为所带来的影响。

我们是如何拒绝赞美的

赞美会以多种方式被扔进废纸篓，下面列了一些常见的做法。看看你是否能记起你曾经也有使用这些策略的时候。

忽略

当事人完全忽略赞美，假装自己没有听到。

赞美：“你戴那顶帽子很好看。”

回应：“你想在哪里吃午饭？”

或者，他们甚至没有听出来对方的话是一种赞美。

赞美：“我想让你领导那个新部门。”

回应：“你不满意我在目前岗位上的工作表现吗？”

否定

当事人通过反驳赞美而使赞美无效。

赞美：“你今天看起来棒极了。”

回应：“不，不是这样的。我看起来很糟糕。”

争论

收到赞美的人和给予赞美的人进行争论，以表明对方对自己的赞美是错的，自己并不值得。

赞美：“你的项目完成得很好。”

回应：“不。上座率比我预计的要低，我们没有赚到尽可能多的钱。”

开玩笑

收到赞美的人和对方开玩笑，没有完全按对方的意图去接受这份赞美。

赞美：“你听我说，我真的很感激你在我母亲生病的时候给我的帮助。”

回应：“对哦，好像我还有更好的事情可以做似的！”

自我侮辱

收到赞美的人试图用自我侮辱来平衡正面的反馈。

赞美："你爬最后一座山的速度很棒啊。"

回应："我想，这对一个又老又肥的人来说还不算太糟糕吧。"

质疑

收到赞美的人质疑给予赞美的人的判断。

赞美："你唱得真好听。"

回应："你为什么会这么想？你一定是聋了。"

缩小

收到赞美的人只接受比对方原始意图要小的部分赞美。

赞美："你看起来棒极了。"

回应："那是因为我妹妹送我的这双袜子好看。"

回旋镖

收到赞美的人迅速回敬赞美。

赞美："你今天晚上真逗。"

回应："但你可是每天晚上都很逗哦。"

我们为什么拒绝赞美

当你认为正面的反馈是一种礼物时，很难想象为什么人们不能在收到赞美时表现得更优雅一些。下面列了一些你可能拒绝赞美的最常见的原因，看看有没有哪条听起来很熟悉。

- 你一直被教导，接受赞美是自负的表现。换句话说，接受等于同意。如果你接受别人给你的赞美，那就等于你完全同意别人给你的高度评价，这是非常冒犯人的。因此，你必须对给予赞美的人的判断进行否定。

- 你觉得有必要恢复平衡。赞美是正面的，所以为了达到平衡的效果，你必须贬低赞美（消除正面元素），侮辱自己（通过负面元素来抵消正面元素，以获得平衡），或者给对方一个赞美作为回报（正面元素的有来有往，总量守恒）。

- 你害怕接受赞美会让你欠对方的债。避免这种债务的唯一方法是立刻摆脱、中和或偿还对方给你的赞美。

- 你的自我意象低下。赞美不符合这种意象，所以你不知道该怎么处理它们。你认为你之所以给人留下好印象，一定有其他的原因（也许是运气，或者是良好的光线，又或者是赞美你的人愚蠢到家了）。

- 你担心赞美背后的动机。因此，你给出怀疑的、负面的反应。"她为什么会那么说？"你想知道对方是不是在陷害你，而忘记了仅仅接受赞美并不会赋予别人权力这一点。

拒绝赞美造成的影响

有些人认为拒绝赞美能让他们有不错的形象，也许别人会认为他们谦虚、脚踏实地或善良。

实际情况通常不是这样的。

拒绝赞美非但不会给你的形象加分，还侮辱了好心给予你赞美的人。这意味着他们的判断力很差，或者他们的意见对你来说无足轻重。于是，给予你赞美的人很可能会感到尴尬、不舒服、愚蠢、被拒绝或沮丧。也许以后再遇到类似的情况时，他们会犹豫是否还要赞美你。

抵挡赞美也会影响你自己的情绪，在这样的交流之后，你可能会感觉更糟，而不是更好。

想想你自己的生活，你是否认识习惯性地拒绝赞美或把赞美扔回给对方的人？那是谁？

当他们拒绝你给出的赞美时，你会怎么想？你有什么感受？

当你扔掉别人送给你的礼物时，别人可能也会有同样的反应。不过，也许会有不同的反应，又或者他们感觉更糟。

替代性选择

所以，如果你不打算拒绝赞美，你该怎么做呢？接受就好。让赞美进来吧，感谢给予你赞美的人——不要缩小赞美的范围，不要道歉，也不要立刻回敬赞美，一句简单的"谢谢"就够了。

接受赞美不是傲慢，而是礼貌的行为。它告诉给予你赞美的人，你重视并感激他们的意见。下面是一些例子：

> "谢谢你。"
> "谢谢。我为它付出了很多努力。"
> "我很高兴你喜欢它。"
> "谢谢。我很感激你注意到了。"
> "谢谢。我也对它有不错的感觉。"

 赞美是有待接受的礼物，而不是需要拆除的炸弹。

练习 1：接受赞美

按照下面提供的清单进行接受赞美的练习。如果你和搭档合作，那么你们可以轮流使用清单中的例句来赞美对方。你也可以随意添加你自己的赞美，不要担心这些赞美是否现实。如果你是一个人练习，先想象一下某人正在给你提供清单上的那些反馈，然后做出回应。

当你给出正面的反馈时，尽可能表现得开放和真诚。如果你愿意，可以改变一些措辞，使赞美符合你平时的说话方式。如果你的搭档给出任何不接受的回应，试着抓住这样的例子，把它们指出来。

当你是收到赞美的一方时，尽量大大方方地接受赞美。清晰地说话，密切留意自己的非言语行为，直接和给予你赞美的人交谈，保持良好的姿势及目光接触。注意当你接受赞美时出现的感觉，最初你可能会感到尴尬、羞愧或内疚，好像你做了什么糟糕的、自负的或不礼貌的事情。通过练习，你也许会开始在回应赞美的过程中注意到一种积极的、有助于建立坚定自信的感觉。

当你已经练习了下面列出的一些赞美后，自己想几句真正适用于你搭档的赞美。对外表的夸奖当然没问题（"我很喜欢那条橙色的裤子"），但不要拘泥于此，试着夸夸他们的性格、品味或能力。

正面反馈的范例

"你把飞机降落得很完美。"

"你在那个项目上做得很好。"

"那是你自己选的油漆吗？看起来真漂亮！"

"这汤真好喝。"

"你安装的电脑正完全按我希望的方式运作。"

"我真的很喜欢你的衬衫。"

"你今天看起来棒极了。"

"你效率真高。"

"这是一件伟大的作品。"

"我真的很喜欢你的主意。"

"你今天在会议上提了一个很好的观点。"

"你开车送我去诊所真是太好了。"

"没有你的帮助，我不可能做好这些安排。"

"你那样的表现很优秀。"

"你极其有才。"

"多棒的发型啊！"

练习 2：接受正面反馈的一周

在接下来的一周里，请注意你收到的任何赞美或正面反馈。努力接受这些赞美，不要淡化它们。留意自己这么做的感觉，接受正面反馈在一开始可能会让你感到奇怪或不自然，但请坚持下去。

如果你发现自己在逃避赞美，那就记下你在回应时说的话。使用本书后面的坚定自信记分板来记录你的回应，或者在你的日记本里记录你和对方的交流。

在一周结束的时候，回到这一页，将你不接受的回应与前几页"我们是如何拒绝赞美的"清单里的回应进行对比。有没有那么一两种你经常会使用的拒绝赞美的方式？如果有，它们是什么？

当你拒绝或淡化人们给你的正面反馈时，他们有什么反应？

当你给出一个更具接受心态的回应时，他们又有什么反应？

当你接受正面的反馈时，你感受到了什么？内疚？羞耻？满足？焦虑？接受赞美对你的自我感觉有什么影响吗？不要抱有太高的期望，也不要失望，学会允许让赞美来提升你的自尊是需要时间的。

对于你最初没有坦然接受正面反馈的每一种情境，什么是更具接受心态的回应？

在接下来的一周里，试着在你拒绝任何赞美之前停下来，用更具接受心态的回应来代替你的习惯回应。

第 11 章

如何给予他人正面反馈

你也许会认为一个过度使用被动型风格的人在给予正面反馈这一点上不会有太大的困难，他们可能一直在赞美别人，使用一种"我很友善，所以请不要攻击我"的策略。事实上，情况似乎正好相反。大多数过于被动的人不仅避免冲突，同时还避免表达积极的感受。他们很少给予赞美、表达爱意或提供支持性的反馈。当然，攻击型和被动攻击型的沟通风格也不涉及太多给予赞美的行为。

你的情况如何呢？考虑下面列出的三种非坚定自信型行为，在最常让你陷入困境的那个选项旁边打钩。

□ **被动型风格。** 如果被动型是你的默认风格，你可能不会主动表达积极的感受。你也可能认为别人并不会真正在乎你的想法。

□ **攻击型风格。** 攻击型风格是具有竞争性的，你的任务就是超过对方，取得优势。表达积极的感受或给予赞美可能会让你觉得自己把优势拱手让给了别人。

□ **被动攻击型风格。**被动攻击型风格的目的是打击别人的士气，而不是提升他们的精气神。正面反馈的作用正好相反，所以你可能会避免给予正面反馈。

为什么要给予正面反馈

为什么给予正面反馈如此重要？原因有很多，下面列了一些：

- 赞美、爱意的表达和对我们努力的认可是人际互动所带来的一些重要好处。如果我们从来不提供这些东西，我们就会错过在家庭、友谊和工作关系中扮演重要角色的机会。
- 人们喜欢和能让他们振作起来、真诚欣赏他们优点的人打交道。提供正面反馈有助于维持和建立我们的人际关系。
- 信任和安全感是建立牢固友谊的关键因素。如果朋友和同事从来没有听过你的想法，你对他们的态度在他们看来将是十分隐晦的。"她就在那里，但我不知道她对我的真实看法。"
- 奖励比惩罚有效得多。如果我们想鼓励别人做出改变，我们更有可能通过关注他们的积极行为而不是批评他们的消极行为来获得成功。

- 正面反馈（"对，你那样做是正确的"）在学习新技能的过程中必不可少。无论我们扮演了什么样的指导者角色（老师、主管、教练、家长、导师、伴侣），正面反馈都可以帮助别人提高他们的表现。

如果这些原因还不够，就考虑一下正面反馈的反面——纠正性反馈。在大多数关系中，你需要在某件事情让你无法接受的时候说出来。"这份报告需要以不同的方式编排。""我对你在我们度假期间一直工作有意见。""我觉得绿裙子会比灰裙子好看一些。"如果对方根本不愿意接受你的反馈，这样做就没有意义了。

在 2009 年出版的《积极情绪的力量》（*Positivity*）一书中，心理学家芭芭拉·弗雷德里克森（Barbara Fredrickson）总结了影响人们对反馈的接受度的决定因素。当一份模拟工作评审清单中同时包含了正面和负面评价时，人们往往更容易回忆起负面的评价。在判断评审的整体基调时，他们也会更看重这些负面的反馈。也许你能对这一点产生共鸣，如果有人列出了你首次单口喜剧表演的所有优点，外加一个小小的批评——那个批评会是你唯一记住的东西。

弗雷德里克森发现，在很多领域，1 句负面评价所产生的影响力往往和 3 句正面评价不相上下。毫无疑问，这个比例存在变化，3 本身并没有什么神奇之处，但对我们大多数人来说，负面反馈的重要性似乎始终要高得多。如果某人得到的负面反馈和正面反馈数量相同，他们往往会沉默寡言，变得不那么顺从。

为了帮助人们敞开心扉接受反馈，保持正面元素与负面元素（或"纠正性"元素）的高比例大有裨益。如果你希望青春期的孩子或你的配偶不那么拒你于千里之外，仅仅给予同等数量的赞美和建议是不够的，你必须更多地给出正面的反馈。为了达到最好的效果，你每提 1 个建议，最好都配上 3 个或更多的正面评价和赞美。

　　在你自己的生活中，有没有人似乎特别不愿意接受你的合理反馈呢？那是谁？

....

　　回想过去的一段时间，你认为你给出正面评价（没有什么事情需要改变）和负面评价（至少有些事情可以做得更好）的比例是多少？

　　每_____个负面评价 / 建议配有_____个正面评价 / 赞美

　　你认为这样的比例可以在某种程度上解释这段关系中的问题吗？如果答案是肯定的，你能做些什么来增加你给出的正面反馈呢？

....

....

....

　　事情不会在一夜之间改变，所以你做的任何试验都必将是一个漫长的过程。也许是时候开始了。

哪些因素会阻碍我们提供正面反馈

　　考虑到赞美的效果有多好，你可能认为我们会把它们像五彩纸屑一样扔得到处都是，但为什么我们没有这么做呢？

很多因素会阻止我们向周围的人提供正面反馈。以下哪些符合你的情况？请找出至少部分时候适用于你行为的解释，在其旁边打钩。

☐ **对负面信息的关注。**你只会注意到别人那些令你反感的行为，当人们表现得很好时，你会认为没什么可讨论的。"如果东西没坏，就不要修它。事实上，连提都别提。"如果这准确地描述了你的风格，那么你最好能更清楚地意识到自己喜欢什么，并在它发生的时候努力识别和承认它，没有引起注意的积极行为不太可能持续下去。

☐ **没有什么能达到你的标准。**你对别人有确切的期望，而他们的行为永远达不到那个最低标准。也许你期望你的儿子把他的房间保持在一定的整洁程度之上，他花了一些时间打扫，但如果没有达到你的标准，你就不愿意表扬他。"他只会想，'对，已经够干净了'，然后开始懈怠。"与其将打扫结果和你的理想情况进行比较，不如和替代选择——一间更乱的房间——进行比较。无论对方的进步有多小，都要给予赞美，这比你的沉默更有可能带来改进。

☐ **不知道该说什么。**如果你很少赞美别人，刚开始这样做的时候会感到尴尬和不自然。这需要你：①练习赞美，也许是和一位朋友进行模拟，或者自己在镜子前演练；②忍受尴尬的感觉，直到它逐渐消失。在我们进行足够的练习之前，一切都会感觉很奇怪，唯一能让赞美自然流动、张口就来的是频繁和刻意的练习。

□ 对"失败"的恐惧。如果你拥有攻击型的风格，你很可能对别人充满竞争的感觉。给予赞美会让你觉得你是在为对方的团队工作。"我应该给自己加油，而不是长他人志气。"现实情况是，如果摒弃竞争心态，大多数关系都会运转得更好。矛盾的一点在于，称赞别人的人，其社会地位通常会上升，而不是下降。

□ 对拉大差距的恐惧。低自尊会让你觉得自己不如别人，而给予别人赞美似乎会把他们抬到比现在更高的位置上。你的目标是无论如何都要把他们抬得更高，请忍受这份焦虑，这样做非但不会拉大差距，反而会让对方对你有更好的感觉，在事实上缩小差距。在别人的生活中起积极的作用也可以帮助你有更好的自我感觉。

□ 对自己的看法不重要的恐惧。如果你轻视自己的判断，你也许会认为别人并不真正关心你的意见。如果你赞美他们，他们也许会觉得奇怪、无关痛痒，甚至挺侮辱人的。"他们为什么要在乎我对他们工作的看法？"因此，你保持沉默。事实上，对方几乎总是会对正面反馈心怀感激。

□ 他们没有我的支持也应该做这件事。你认为赞美应该在特殊情况下使用，人们不应该对常规的预期行为进行评论。"他洗碗用不着感谢，那是他的本职工作！"你可能会担心赞美或感谢某人做

日常家务，相当于暗示他们的表现远远超出了你
通常对他们的期望，于是他们将来会少做一些。
又或者，这样做可能会让你欠别人的债。这种恐
惧基于一个错误的假设。当我们请求别人把盐递
给我们时，我们会表示感谢，即使我们原本就期
望他们照做。感谢、表扬和赞美既不会减少对方
积极的行为，也不会让我们欠债，对方会支持、
鼓励并延续我们喜欢的行为。

对提供正面反馈的建议

正面反馈是你沟通工具箱中最强大的工具之一，寻找机
会使用它，并付诸行动。你不用担心把它用坏，但是你可以
通过记住一些基本原则来把它变得更加强大。

- **赞美已经发生的行为。**"谢谢你开车送我去商店。
  你的新车真棒。""谢谢你昨天表现得那么随和。"
  不要把赞美作为将来操纵别人的工具。"你的新
  车看起来棒极了！真巧，我正好需要找人开车送
  我去商店。""你真随和，太讨人喜欢了。我有件
  事要问你……"如果你这样做，那么人们一看到
  你微笑就会提高警惕。
- **说具体的细节。**当你就一项完成得很好的任务给
  予正面反馈时，要尽可能说得具体一些，如果你
  在监督做这项工作的人，这一点尤其重要。"我
  特别喜欢你清洗机器上那些气缸的做法，大多数

人都忽略了这个环节。"这会告诉对方下次该重复什么，并让他们知道你对他们的努力给予了密切关注（这远比你简单地说"哦，是的，总体来说，那很好"或"做得很棒"更有效）。

- **塑造。**塑造是一种让你对逐渐接近目标的过程进行奖励的学习工具。例如，当你教某人游泳时，你可能会因为他们下水而表扬他们，即使他们尚未真正开始游泳。然后你表扬他们狗刨式地游了整个池子的池宽距离。最后，当他们学会在自由泳的过程中以正确的方式呼吸时，你也对他们进行表扬。如果你非要等他们游得很完美才肯表扬他们，他们将永远到不了那一步。切记，对改进和积极的行为给予赞美和正面反馈，不要在别人的行为尚未达到你的标准之前对表扬有所保留。

- **公开地表扬。**这取决于具体情况，但一般来说，增加正面反馈的力量和影响的一种方法是将其公开——在小组会议里，在家庭晚餐上，在团队的电子邮件中，或者只是在非正式聚会上大声说出来。如果表扬对象能带着不扭捏的骄傲态度来庆祝自己的成就，这种方式将尤为恰当。类似"米里亚姆已经连续三天准时上班了"这样的赞美最好还是私下里说，运用你的判断力。

- **尽可能避免虚假的赞美。**"哦，琼，你厨房里的艳粉色壁纸真好看！""我觉得你那本关于工业分区政策的书太令人激动了——我简直爱不释手！"如果人们感觉到你的赞美是虚假的，它就会失去力量。

- **避免给予含沙射影的表扬，这种恭维犹如藏在天鹅绒手套里的拳头。**"你的新发型看起来好多了，不像以前那样又灰又褐。""和你过去的工作表现相比，你的这份报告简直出奇地好。""谢谢你洗了车，很高兴你终于抽出时间来了。"这些都是具有被动攻击性的侮辱，而不是赞美，人们也会这样看待它们。

练习1：交换赞美

如果你和一名搭档一起练习，记得兼顾给予和接受赞美。一开始，你可以随意给出一些完全不切实际的、并不真正适用于你搭档的赞美。"嘿，游艇选得不错啊！""你那篇关于粒子物理的文章写得极好。"请参考上一章题为"接受赞美"的练习环节中的清单。

从你的搭档那里获得关于你的风格的反馈。与此同时，观察你的搭档，看看他们是否拒绝你的反馈。如果他们这样做了，就让他们回到第10章，重新审视他们接受赞美的方式。

当你感觉更舒服的时候，允许自己尝试一些确实适用于搭档的真诚赞美。"谢谢你今天在群里发表的那条评论，它真的让我明白了一些事情。""你关于我在与人交谈时倾向于往别处看的反馈真的很有帮助。"

如果你独自练习，请站在一面镜子前，想象你生活中形形色色的人，练习给予他们真诚的赞美或正面反馈，就像他们在场一样。看看你是否能对你手机联系人名单里的每个人都想出一些积极的东西来说。

练习2：你的正面反馈新策略

下面的每一个练习都涉及采用一种新的个人标准来给出正面反馈，请至少做其中一个练习。如果给予正面反馈对你来说很困难，那就做两个、三个或者全部四个练习。

每日赞美策略

连续一周，每天至少给予别人一次赞美或一点儿正面反馈。这应该是你通常不会给出的肯定。你可以把它送给你选择的任何人：售货员、服务员、家庭成员、同事——选谁都行。

在日记里或纸上记下你的赞美，无论你走到哪里都随身携带。到了一周结束的时候，拿出你的记录，回答下面这些问题：

你把赞美给了谁？他们大多是陌生人还是你认识的人？

为什么选他们？（如果是因为赞美他们比较容易，请试着选择一群难度更高的人再做一次练习。）

给予他人赞美的时候，你感觉如何？（如果有点儿尴尬也没关系，每一种新的行为都会让人产生这样的感觉。）

在一周的进程中，你给予正面反馈是变得更容易还是更困难了？当你坚持下去的时候，有什么不同的感受吗？

无论这个过程是否变得更容易，都请下定决心坚持新政策至少一个月。这也许有矫揉造作之嫌，的确如此，它是你的一种刻意练习，而不是你自然的、本能的冲动。随着时间的推移，你也许会发现给予正面反馈变得更容易了，而且你的赞美似乎也更真诚了。你可能还会开始注意到你平时与人相处的方式，以及他们与你相处的方式逐渐有了转变。

陌生人策略

对你来说，向不认识的人（比如销售人员、服务员、办事员或公交车司机）提供正面反馈是否很困难？如果是，可以考虑采用陌生人策略。每当你获得还不错的服务时，都主动提出来。如果你能从别人对待你的方式中找到一些积极的东西，那就张开你的嘴，告诉对方。如果有人帮助你，记得感谢他们——即使这是他们日常工作的一部分。

这样做一周。

哪些人是你在日常生活中可以尝试这样做的对象？

正负比例策略

如果你批评起别人来易如反掌，说句表扬的话却好似挤牙膏，那就试着改变你正面反馈和负面反馈的比例。

目前，你会向那些为你服务或帮助你的陌生人提供更多的正面反馈（感谢信、卓越服务的汇报、积极体验的评论）还是更多的负面反馈（投诉信、怒视、糟糕服务的汇报）？

在这些情境里，你认为你给出正面反馈和负面反馈的比例是多少？

每 _____ 个负面反馈配有 _____ 个正面反馈

如果你不确定，可以查看自己在反馈网站上（如搜索引擎、餐厅页面、旅游网站等）曾经给过的评价。数一数你真心认为老板、作者、厨师愿意看到的评价，以及他们认为至少存在些许负面性质的评价。

_____ 个正面评价，_____ 个负面评价

问问你自己，如果有人用这个比例来描述你，你会有什么感觉。"伊莲娜是一个充满正 / 负能量的人。"这会让你感到满意并觉得符合你的自我形象吗？如果答案是否定的，那你更喜欢什么描述？

如果你给出的负面反馈多于正面反馈，你可能会觉得自己完全有理由这么做。也许你得到的服务通常都很糟糕，只是偶尔才好到值得费心提及。当然，你有权给予任何反馈。但问题是——你想要什么？如果你真的希望服务有所改进，就注意并评论好的方面（或者比较好的方面），不要等待完美服务的出现。

与自己达成一个协议：你将改变给出的正面评价与负面

评价的比例。如果你现在每给 3 个负面评价才配上 1 个正面评价，不妨决定至少每给 1 个负面评价就配上 1 个正面评价。

把正面评价看成你存入银行账户的钱，而负面评价是你花的钱。如果你今天还没有找到一些正面的东西来评价某人，那么你的账户里就没有足够的余额让你说负面的东西。这一点适用于任何人，不管情况有多糟糕，你就是负担不起。

如果你已经能够做到 1 : 1 的比例，那么就像芭芭拉·弗雷德里克森建议的那样，将正负评价的比例提高到 3 : 1。

你选择的正负评价比例是多少？（别过于野心勃勃，这个练习比你想象的困难！）

每 ＿＿＿＿＿＿ 个负面评价配有 ＿＿＿＿＿＿ 个正面评价

保持这个比例至少一周。如果事实证明这样做很困难，它可能意味着在这方面做出改进确实会对你大有裨益，所以不要放弃。先保持一天，然后连续两天，然后进一步加大力度。

如果你很难记录你做过的评价，请随身携带纸和笔（或者使用坚定自信记分板）。每当你赞美别人的服务时，就顺手记录下来。只有等到你已经给出了足够数量的赞美，才允许自己给出 1 条负面反馈。一周过去后，回到这一页。

你能保持你选择的正负比例吗？

如果不能，你遇到的障碍是什么？

当你在这方面努力了一段时间后，试着改变你的正负比例。如果你没有达到你的目标，那么就给这个比例降低一点儿难度。如果你真的实现了你的目标，那就增加一点儿难度。不过，可别完全剔除负面反馈，纠正性反馈在大多数关系中相当有用，所以你不应该彻底回避它。第13章提供了一些技巧，旨在让它具有建设性，而不是一味地伤害对方。

一旦你获得成功，你给自己定的新比例将是多少？选择一个可以维持一个月左右的比例。然后，考虑把它变成你永久的个人策略。

每_____个负面评价配有_____个正面评价

特殊关系策略

想想你生活中一段困难的关系——一个你很难与之交谈的人。也许你不得不唠叨他们去做家务，也许你发现自己经常批评他们（无论你的批评是否具有建设性），也许你们会互相侮辱或交换尖刻的评论。这个人可能是你的配偶、孩子、父母、其他家庭成员、同事、室友或朋友。

如果你有一段这样的关系，这个人是谁？（如果你有很多段这样的关系，现在暂时只选一个人。）

目前，你给这个人提供直截了当的正面反馈的频率是多少？请在下面的一个选项旁打钩：

☐ 零
☐ 很少
☐ 每周一次

☐ 每天一次

☐ 每天一次以上

至少在一周的时间里，每天起码对那个人说一句正面的评价。如果你目前已经给出了很多的负面反馈，试着在增加正面评价的同时减少你给出负面评价的频率。

如果你希望这个人改变某些方面的行为，那么每当你发现他们表现得好的时候，就给出正面评价。当他们表现得不好的时候，尽量减少负面评价。例如，许多孩子只有在他们不做作业的时候才会获得家长的评价，而当他们做作业的时候，从来不会引起大人的关注。

在这段关系中逐渐增加正面表述的次数，观察对方的行为所发生的变化（但是不要指望奇迹很快出现）。

在接下来的一周里，你向这个人提供反馈的目标是什么？请说得具体一些！

一周后，你能坚持你的策略吗？要改变你平时的风格，最困难的方面是什么？有没有什么比预期中容易一些的事情？

对对方而言，结果是什么？你注意到他们的行为有什么改变吗？不要抱太高的期望，一周通常太短，不足以发生很多变化。

还有什么其他的变化吗？比起平时，你们相处得更好了还是更差了？这与你在反馈策略上的改变有关吗？怎么有关呢？

基于这一经验，你在向这个人提供反馈的策略方面有没有什么希望做出的改变？你想继续执行目前的计划还是对它进行更改？

无论你选择做什么练习，都要不断地努力改进你提供正面反馈的技巧，这需要相当长的时间才能成为你自然的、本能的反应——也许我们所有人都可以在这方面有所提升。我们也需要相当长的时间才能意识到，当我们应该认真的时候，如果我们忙着讽刺和开玩笑，或者给予虚假和含沙射影的赞美，我们就会破坏我们给出的正面反馈。随着我们逐步清除这些问题，提供支持性反馈的好处也会开始成倍增加。

第 12 章

如何对他人的负面反馈做出回应

听别人讲述他们喜欢我们什么已经够难的了，听到我们身上那些他们不喜欢的、冒犯他们的、让他们失望的东西，或者他们认为愚蠢的、有失我们身份的东西更是让人无法忍受。我们身边的大多数人都没有读过这本书，这让听到负面反馈的体验变得更加糟糕！我们收到的"纠正性"反馈通常是具有攻击性的、模糊的，而且并不旨在帮助我们解决问题。

然而，我们无法避免批评。唯一不接触批评的生活方式是躲在山洞里，永远不见任何人。只要你和其他人打交道，你迟早会收到一些关于你说过、做过或相信过的事情的负面反馈。

很好，我们都时不时地需要负面反馈，因为我们很难看清自己，无法判断自己在世界上是什么样的，也不知道自己的信息是否被他人理解或达到了预期的效果。反馈可以帮助我们了解在外界的眼中我们是什么样子，然后我们可以由此决定是否改变我们的行为，使我们的行动符合我们的意图。来自他人的反馈就像一面镜子，向我们展示自己。正如我们可能不希望拥有缺乏镜子的浴室一样，过没有他人反馈的生活（哪怕是令人不舒服的反馈），将是个糟糕的主意。

好吧，这样的观点很好，但有一个问题，与一面好的镜子不同，批评常常会给我们一个不准确的画面。下面是一些可能会扭曲画面的因素：

- **情绪**。有时候，批评更多与对方的情绪状态有关，而不是与我们有关。反馈只是情绪表达的一种形式，包含的有用信息相对较少。这种反馈的核心信息是当事人的感受，而不是他们看到了什么或想要什么。约翰（在被锤子砸到拇指后）："快把胶合板给我。你太慢了！"

- **不切实际的标准**。有些人期望我们是完美的，当发现我们只是普通人的时候，他们会生气，并让我们知道我们没有达到他们的期望。当然，没人能达到他们的期望，所以揭示这一点并没有多大帮助。老板："乔安妮，我还以为那份项目评审现在已经在我桌子上了呢！你已经有将近一个小时来做这份评审了！"

- **控制手段**。有时候，批评我们的人暗地里想要控制我们的行为。如果他们说我们做得不够好，他们就觉得自己有权掌控局面，负面反馈只不过是攫取权力的开端。凯莉："拉乌尔，这地方太差劲了，你真的不擅长选度假地点。从今以后，我来计划我们的行程。"

- **嫉妒。**当你感到自己不够好的时候，批评是把别人拉低到你的水平的一种方式。批评你的人也许嫉妒你，因而试图恢复你们之间的关系的平衡。他们的反馈可能会告诉你他们的感受，但对你自己的行为却几乎提供不了任何信息。唐纳德："没错，你当上了公司的总裁，但那只是因为你在所有人背后捅刀而已。"

- **竞争。**当有人与你竞争时，他们可能想要削弱你的信心或表现。如果能让你放慢速度，他们也许就会获胜，负面反馈在这个时候可以成为一种竞争策略。玛尔塔："祝贺你比我先完成论文，斯科特。但如果我是你，我会重写引言，我认为它挺薄的。"

- **沮丧。**很多人会憋着不去批评别人，直到他们快要爆炸为止。到那个时候，他们的愤怒和沮丧将使他们试图表达的信息变得毫无帮助。他们失去了清晰地思考和表达自我的能力，而你所收到的不过是一通情绪的猛击。特里（在车里沉默了一个小时后，突然地）："我再也受不了了！靠边停车！我来开！"

- **恐惧。**有些人对批评别人的行为是如此犹豫不决，以至于他们的反馈会以一种很隐蔽的形式出现，或者他们在谈到要点之前可能会拐弯抹角。你也许要等上几个小时才能得到真正的信息，或者根本就得不到。马丁："你的演示？哦，啊，我认为很好，就是……真的很棒，在我看来大家的反应都很不错……只是有一个小小的……嗯，其实没什么，几乎不值一提，我的意思是其他的一切都很好，只是，我该怎么说呢，嗯……我不想在你讲课之前说什么，以免打乱你的节奏，但是……你裤子的拉链一整天都开着。"

批评的各种形式

如上所述，我们收到的许多负面反馈都很难厘清，对这样的反馈做出回应就更加困难了。让我们来看看一些不同类型的批评以及它们对我们的影响，然后再来看看我们可以用来应对批评的技巧。

非言语批评

有时批评会以根本不涉及词汇的形式出现，人们只是皱眉、往旁边看、流露出厌恶的情绪、翻白眼、不耐烦地轻敲手指或者走开，什么也没说。即使他们真的开口说话，也不会提出批评，他们不高兴的唯一线索是他们的非言语行为。

这是一种非常强大的沟通方式，当事人可以表达不赞成，却不必承担相应的责任。毕竟，他们没有批评你。"你什么意思？我什么也没说啊！"这里的关键是可否认性，对方可以否认自己有任何特别的感觉或想法。同时，他们会让你感到焦虑和被侮辱，这是一种典型的被动攻击策略。

　　非言语批评通常旨在控制你的行为。通过以非言语的形式表达不赞同，人们可以让你同意他们的意见，放弃某个请求，不打扰他们，给他们做饭，或者屈服于他们的要求。因为他们没有真正地向你索取任何东西，所以他们可能会觉得自己当然不欠你任何回报，毕竟，是你自己改变了主意（顺从了他们的意思，选择了他们想看的电影，按他们的偏好投了票，或者加了更多的班）。他们实际上并没有要求你做这些事情，是你主动做的，他们不欠你什么。

　　非言语批评会让你感到愤怒、不被欣赏、焦虑和沮丧。你还可能会对自己收到的信息的性质以及如何处理它感到不确定。"她的行为真的是针对我的吗？这一切是我编造出来的吗？"

　　你的生活中是否有人给你很多的非言语批评？那是谁？

　　简要记录一个你受到非言语批评的情境（来自上面列出的人或其他人）。当时你做了什么？

　　在阅读本章有关反应和技巧的部分时，请记住这个情境。

间接批评

　　间接批评类似于非言语批评，不同之处在于，间接批评的某个方面会出现在当事人实际说的话语中。它可以以几种不同的形式呈现出来。

一种形式是含沙射影的赞美。这在表面上看起来是一句正面的、善意的评论，但它的核心是一颗毒丸。

"你穿条纹挺好看的，它们很显瘦。"

"你真勇敢，选了一个你那么不熟悉的话题做演示。"

"我好喜欢你对艺术那种天真无邪的态度。"

"尽管有各种问题，但你的项目实际上效果不错。"

就间接批评而言，正面的赞美总是依赖于负面的假定。在上面的例子中，这些潜台词分别是：你太胖了；你缺乏准备；你对艺术一无所知；你的项目有许多缺陷。

另一种间接批评的形式是"没有恶意"的观察。当事人就某件事情泛泛地发表了一句负面评论，没有直接把矛头指向你，但这话实际上是对你的人身攻击。

"抑郁症似乎只是性格软弱的表现，你不这么认为吗？"

"医生都不怎么样——哦，等等，你是医生，对吧？"

"那种车买来只是为了给人留下深刻印象而已。哦，车是你的？"

这种言论伤害了你，但对方可以矢口否认任何内容是针对你说的。"哦，我不知道你有抑郁症。""哦，不，我是泛指一般的医生，不是特指你。""我是从理论层面来说的。"他们甚至可以利用这个机会再补一刀。"天哪，你对这件事太敏感了。你是遇到什么问题了吗？"

就像非言语批评那样，间接批评通常具有被动攻击性。当事人做出了攻击行为，却不必为此承担责任。

在你的生活中，谁给你的间接批评最多？

简要记录一个你受到间接批评的情境，并记下你是如何回应的。

当你仔细研究本章后面关于对批评的常见反应的那部分内容时，回头参考一下这个情境。

怀有敌意的批评

就怀有敌意的批评而言，反馈是包裹在攻击行为里的。与大多数非言语批评和间接批评不同，它具有攻击性的内容，明显而公开。人们可能会侵犯你的私人空间，对你居高临下，采取挑衅的姿态，提高音量，并试图盯着你看。就具体内容而言，怀有敌意的批评可能属于下面列出的其中一类：

- 一种释放情绪的行为。这个人"一吐为快"是为了获得一种解脱，而不是试图帮助你。
- 一个针对你个人，而不是针对你行为的评论。比如说"你无能"，而不说"你犯了一个错误"。
- 一个夸张或绝对的说法。比如"你永远做不对任何事情"。
- 一句尖锐的伤人的话。"你是一名糟糕的家长"——对方特意选择"家长"这个头衔，是因为它对你来说非常重要。

在你的生活中，怀有敌意的批评最频繁地来自哪里或来自谁？

在你的生活中，怀有敌意的批评最频繁地来自哪里或来
自谁？

想一个还算比较新近的例子，记录下来，包括你的反应。

当你研究本章后面探讨的应对批评的策略时，想想这个
情境。

直接批评

这种批评是公开而直接的，不是特别具有攻击性。这是
我们希望见到的批评类型，尽管我们仍然无法保证它是恰如
其分的坚定自信的表达。有时它包含攻击性的元素，过于情
绪化、过于笼统而没有什么用处，不够准确，或者显露出不
合理的期望。虽然它通常比上面讨论的那些类型的批评更容
易应对，但它可能依旧颇为棘手。下面是一些例子：

> "你在约翰逊的报告上犯了一个错误。"
> "这些盘子没洗干净。"
> "你对我提出的要求太多了。"
> "你必须更高产。"
> "我不喜欢你的态度。"

说出两个在你的生活中通常给你清晰而直接的批判性反
馈的人。

（1）

（2）

描述一个你最近受到直接批评的情境。对该批评进行评估，它是坚定自信型的、攻击型的、被动型的，还是被动攻击型的？直接批评可以是其中的任何一种。

在阅读下一部分时，思考你对这种情境的反应（以及你想如何改变它）。

对批评的反应

我们对批评的许多反应方式是可以理解的，但它们往往会起反作用。下面是一些最常见的反应。请注意，其中的许多反应都是相关的，我们经常以不止一种无益的方式对同样的批评做出反应。

- **恐惧**。这是对批评的正常反应。有时，评论本身就会引起我们的恐惧（例如，为我们真的不能把工作做好而感到焦虑）。有时，对方的态度造成我们的恐惧。"他看起来很生气——他会打我吗？"有时，甚至绝大多数时候，我们的恐惧都源于我们脑海中设想的批评的含义。"这是否意味着我会丢掉工作？""我的孩子会变坏吗？""她还喜欢我吗？""我有生之年能把这件事情做对吗?"尽管恐惧是一种完全正常的情绪,但仔细研究你担心有可能发生的事情到底是什么还是相当有必要的。然后,评估一下这种恐惧是否真的合理。即使合理,恐惧也很可能不会让你的反应变得更好。

- **羞耻和无能感**。我们都有一种隐藏的怀疑,觉得我们真的不够好或能力不足,我们在童年早期就形成了这种不安全感(但愿还同时形成了一种相反的感觉,即我们已经足够好了)。批评会唤醒这种沉睡中的怀疑,让我们自我感觉很糟糕。虽然这种情况是正常的,但它会干扰我们以有用的方式回应负面反馈的能力。与其沉浸在羞耻和自我厌恶中,不如花点儿时间仔细想想这些反馈。"好吧,我把某样东西归错档了。下次我怎么才能把事情组织得更好一些呢"或者"嗯,他在用锤子砸自己之后才对我生气——也许他的话不是针对我,而是对他自己沮丧情绪的一种反应。"

- **愤怒**。我们在受到威胁时最常见的情绪反应之一是愤怒。"他怎么敢对我说那样的话?好像他自己没有过错似的!"再说一次,情绪本身并不是问题。但是,我们的愤怒可能会让我们分心,从而无法仔细审视信息("也许我可以以不同的方式来处理这件事")。它还可能导致我们以无益的方式做出反应,例如下面列举的那些。

- **反击**。当有人攻击我们的时候(我们常常把批评看成一种攻击),我们的第一反应往往是攻击回

去。我们也许会觉得开火还击合情合理。"他们
先来惹我的，我有权感到愤怒。"然而，这不但
不会结束冲突，还往往让事情变得更糟。有冲突
问题的情侣通常会进入"导弹交换"模式，在这
种模式下，他们用轻微的批评触发对方，然后冲
突逐渐升级为全面战争。"我完全有理由翻旧账，
谁叫他先说了那些伤人的话。"你最后一次成功
地用这种方式解决问题是什么时候？

- **否认。** 我们很容易对批评做出断然否认。"胡说，
  我明明是个很好的家长！""我才不会犯那样的错
  误。"这看起来十分坚定自信，而且在某些情况
  下，它确实是一个可行的回应。问题在于，否认
  通常包含着一种含蓄的反击："你错了。你只是
  看不清形势而已。"不管这话是否正确，对方都
  会觉得受到了攻击，并可能通过更强烈的批评来
  进行反击。断然否认往往会引发一场不断升级的
  你来我往的斗争。

- **辩解。** 为自己辩解这种做法真的很好用，在某些
  情况下，给出解释是合适的。但是，辩解性的反
  应往往会把对方放在法官和陪审团的位置上，让
  他们决定我们的命运。"但我昨天的表现不算太
  糟糕，对吧？""屋子里没那么乱，再说了，我正
  准备打扫呢。""不，不，我那样做的原因是……
  和……"一旦你给出了你的辩解，权力会落到谁
  的手里？对方，因为他们可以决定你的辩解是否
  说得过去。"我还是不满意你的解释，再挣扎一

下给我看看。"为自己辩解实际上会招致这种反应，它意味着你愿意让对方对你的行为做出判断，并且你承认他们对你的权威地位。

应对批评的技巧

想想这样一个最近发生的情形：你收到了一些负面反馈，随之展开的交流非常糟糕，也许你很生气，进行了反击；也许你什么也没说，但希望自己能表现得更好一些；也许对方似乎觉得有资格详细阐述你表现得不好的方面。和你这样打交道的人是谁？

当时的具体情形是怎样的？

处理负面反馈有多种策略。当你阅读下面的贴士时，想想你刚才描述的情形。在你希望记住的想法旁边打钩，这样当你将来发现自己遇到类似的情形时，可以拿它作参考。

□ **放松**。批评可能会使你紧张。这会让你表现出一种防御或攻击性的身体姿势，改变你说话的情绪基调，并增加你想出有效回应的难度。在你回应别人的批评之前，尽可能地放松自己。具体做法包括深深地、慢慢地呼吸（最好是把一只手放在肚子上），松开你的双手，释放你脸部和身体里的紧张。

□ **避免报复行为。**不要立刻把注意力转移到对方身上。"哦，真的吗？好吧，你昨天还把沾满泥巴的靴子留在地毯上呢！"这种诱人的策略会让对方觉得自己没有被倾听，于是他们通常变得很愤怒，或者用更有力但不那么有帮助的方式重复负面反馈。请保持原来的话题，即使你知道对方在一个相关的问题上很脆弱。

□ **不要上钩。**有些批评，尤其是间接批评，是专门用来激怒你的。对方想让你为他们的言论心烦意乱，这样他们还可以进一步否认自己有任何不良意图。"天哪，你可真是永远都这么敏感！我的话根本没有什么特别的意思！"然后他们可以继续随心所欲地批评你。"你真的需要冷静下来，都没人能和你好好交流了！"类似地，有些人会释放令人不快的非言语暗示，专门用来引发争论——就像那个愠怒的少年，当你叫她做任何事情时，她都会大声叹气、翻白眼。对别人故意的刺激进行报复很少奏效，而且它会让你的行为和情绪受到对方的控制（关于这个主题的更多内容，请参阅第 3 章"刺激和钩子"那个部分）。如果你怀疑他们诚心让你难受，那么干脆无视他们讨厌的面孔或冒犯性的评论，而不是选择上钩。

□ **考虑你的安全。**这一点之前已经说过了，但它很重要，值得重复。一些爱批评的人可能有暴力倾向，当你知道对方过去曾经有暴力行为，或者面对你的是个陌生人的时候，这一点尤其令人担忧。避免暴力比给出最好的坚定自信的回应更重要，所以在这样的交流中要谨慎行事。如果对你进行持械抢劫的盗贼或虐待你的配偶扣错了衬衫的纽扣，现在可能不是指出这一点的时候。

□ **不要苛求完美。**坦率地说，大多数人都不太擅长提供负面反馈。如果你愿意，你可以要求别人对你的每一丁点儿反馈都必须使用完全正确的措辞（即和本书中介绍的原则一致），否则你就不予理会。这将意味着你可以放心地忽略你余生收到的几乎所有建议。然而，这样做会剥夺你从收到的反馈中学习进步的一些大好机会。即使有些反馈表达得不够出色，也不妨考虑它是否可能具有一定的价值。

□ **倾听并等待。**在你进行回应之前，允许批评你的人完整地表达他们的观点。最终，他们会放慢速度，为开诚布公的交流做更充分的准备。如果你过快地给出回应，会给人留下一种防御的印象，对方会感到意见受阻，于是他们的情绪基调通常会升级。倾听批评并不意味着你必须接受它或相信它，你只是接收批评，但不一定要接受它。

□ **缩小范围，具体说明。**人们经常提供模糊的批评，这看起来就像是他们在批评有关你的一切（"你是个彻头彻尾的傻瓜"），而实际上他们只是在对一个具体的事件做出反应（"你挡住了后面的那辆卡车"）。记得询问批评的真正含义，不要因为对方措辞不够精准而过于严厉地抨击他们。"你看起来很不高兴,你能告诉我你什么时候觉得我不够体贴吗?""我的驾驶技术并不完美,我同意这一点。你现在在想什么?"

☐ **肯定他们的看法。** 如果你明白为什么对方会以他们的方式看待这个情形,就说出来。"我理解你怎么会那么想。"这在一定程度上缓和了他们的挫败感,使讲道理的交流变得更有可能。阻止你这样做的恐惧通常是一种信念,即你认为对方会觉得他们"赢了"。现实情况是,在听到你的肯定后,他们通常会冷静下来,达到足以和你进行理智讨论的程度。

☐ **肯定他们的情绪。** 伴随着言语反馈,你看到的对方展现出来的一些情绪波动(流汗、大幅度的手势、泛红的面孔)也是一种沟通手段。它向你表明,就对方而言,这是一个严重的问题。在这种严重性得到承认之前,他们无法平静下来,情绪只可能会进一步升级。如果对方感到心烦意乱,请承认这一点。"你真的很担心这个问题。""我看得出这让你很难过。"对方通常会觉得他们被倾听了,于是会放松下来。如果你释放出你已经收到了他们非言语信息的信号,那么情绪的功能就将得到发挥,对方展现的情绪波动也可能因此逐渐消退,那时你们就更容易谈话了。

☐ **部分同意。** 有时你会真心地同意至少部分的批评,如果是这样,让批评你的人知道这一点是相当明智的做法。"你说得对,医生,我的缝合技术没有我希望的那么好。""那绝对没错,作为一名母亲,我确实有不足之处。"你不必同意批评的全部内容。"的确,绝妙医生[⊖],我是有史以来最无能的外科护士。"那个特定的方面(你的缝合技术)可能才是对方真正的意思,这种言过其实("你完全无能")只是人们在给出负面反馈时经常使用的缺乏准确性的说法。一旦把真正的话题摆上台面,你们就可以进行公开和诚实的讨论了。"你是怎么学会把针脚缝得这么整齐的?"

☐ **对批评进行补充**。通过在原有批评的基础上更进一步的做法来表达你的开放态度。"嗯,你对红酒库存的批评是对的,但这还不是唯一的例子。星期二那天,我忘了提交肉的订单,直到差点儿误事才发现。"没有什么比表现出你已经知道问题所在,并且愿意公开承认自己的缺陷更能让批评你的人泄气的事情了。你会惊讶于这可以多么有效地使人解除戒心。不过,如果你能接着制订一个改进计划,将对局面颇有帮助。"所以我创建了一份订单检查表,在每周开始的时候打印出来。让我们一起来过一遍,看看我是否漏掉了什么。"

☐ **要求澄清**。当有人对你进行间接批评或非言语批评的时候,询问他们究竟什么意思是合理的做

⊖ Dr. Fabulous,作者虚构的医生外号。——译者注

法。不要对你猜测的他们的心思做出回应，而要
直接问他们，这会迫使对方为批评承担责任。如
果他们说："股票经纪人都只是为钱而活。"你可
能会回答："我就是一个股票经纪人，我不确信
我明白你的意思。"如果对方瞪了你一眼，你可
以接着说："我不确定这个表情是什么意思。"如
果对方还是拒绝详细说明，那是他们的权利，你
不能控制他们的行为，也不能强迫他们进行解
释。但是，你传达了你的信息：如果对方不肯为
自己给出的批评承担责任，你就不会做出任何
回应。

□ **解释，但不提供借口。** 如果合适的话，你可
以通过提供你对事件的简要解释来回应批评。
"哦，对不起，我错过了那个电话——那天我休
息。""你说得对，我确实把那件事忘了——我星
期二很忙。"不过，不要长篇大论。"我知道我忘
记在你生日那天给你打电话了，但是……和……
发生了，然后……，再然后……"长串的借口会
传达出你不够坚定自信的信息，并招致批评你的
人对你进行挑战。试着等到批评你的人要求你做
解释的时候再给出回应。"我很高兴你问了这个
问题，我在考虑的是……"

□ **把注意力转移到目标上来。** 有时，批评的焦点都
聚焦于当事人不喜欢的东西。"你给我订了红眼
航班，让我住进了一家附近没有餐厅的破汽车旅
馆，租了一辆无法装下我的架子鼓装备的过小的

汽车——这一切是多么愚蠢！""这出戏的第二幕根本说不通，我一直没明白管家为什么要杀公爵夫人。"让讨论变得更有成效的一种方法是转移焦点，把关注焦点从对方不喜欢的事情上转移到他们喜欢的事情，或者他们希望发生的事情上来。"我想我不太清楚你的要求。让我们坐下来，列出你这次旅行所需要的东西。""听起来你更喜欢这出戏的第一幕。有没有你觉得效果不错的部分？"

☐ **不要试图改变别人的想法。**你无法控制别人想什么，他们有权拥有自己的意见——甚至是错误的意见。如果你试图强迫他们改变，你就把权力递交到了他们手中。不要没完没了地辩解、解释和争论，直到他们同意你的观点为止。他们可能永远也不会同意。他们不必这么做，而你通常也不需要他们这么做。即使在一些特殊的情况下，你似乎确实需要他们同意你的意见（也许是在工作中），你也不能强迫他们这么做。如果他们说"我还是不明白你为什么做了这件事"，你也许可以回一句类似"我理解"这样的话。

☐ **感谢批评你的人。**正如在这一部分内容中数次重复的那样，我们需要反馈。当某人把我们需要的东西给我们的时候，感谢他们是恰当的行为。即使你没有寻求反馈，即使对方给予反馈的方式不是特别友善，即使你无意按照他们的建议去行事，你也应该考虑这样做。"谢谢你让我知道你对演出的看法。"感谢他们会让他们觉得自己被倾听，并提醒我们，给些简单的反馈对我们没什么坏处。

□ **回应批评的风格。**对当事人提供批评的方式做出反应。如果对方很善良，明显心怀好意，不妨对他们的风格提供一些正面反馈。"你提出这个建议的方式太棒了。"如果他们以故意伤害你的方式提出批评，试着指出这一点，并建议对方使用另一种沟通方式。"谢谢你告诉我。不过，如果你能很具体地描述让你不高兴的事情，我通常会给出最好的回应。"

□ **换个时间约见对方。**有时，在当下的那一刻做出回应可能不合适。对方也许正在难过，以至于他们将对你说的任何话都做出负面反应。你也许需要时间来思考反馈的潜在真实性，也许需要花上一段时间才能想出该如何回应。如果是这样，你可以考虑约对方在稍后的某天见面，澄清之前所说的话。"谢谢你详细核对了我的绩效审核。等我有机会理解了你信里的内容后，我希望下周找个时间和你见面详聊。"

总结：案例

下面是对一个常见批评的一些回应样本。

批评："你最近工作很马虎，而且经常偷懒。"

无益的回应: "不,我没有。我一直都是有条理和高效的!"

"呵呵,你自己也不是多优秀的员工。"

"哦,但是我上周约了要去看牙医,然后还要做约翰逊的项目。另外,你还记得周二的火警吧。再说了,隔壁办公室的弗兰克还没有完成他的工作部分呢。"

更好的回应: "你可能会那样想,我能理解。"

"嗯,你能给我举个例子吗?"

"现在最困扰你的是什么?"

"你说得对,这周我没有处在最佳状态。"

"你能告诉我,你希望我做些什么不同的事情吗?"

回到你在"应对批评的技巧"部分里描述的收到负面反馈的情形。基于你已经读过的内容,有哪些你希望做得不同的事情?你希望自己当时如何处理这种情形呢?

你描述的情形也许能恰当地代表你最常经历的与反馈相关的互动,也许不能。或许其他情形中需要非常不同的回应。

回顾应对技巧的清单,并注意你在旁边打钩的那些想法。在现阶段的实践中,哪两点对你来说是最重要的?

(1)

(2)

看看你能否在下一个练习中使用这些策略。

练习 1：对他人的批评做出回应

使用前几页的技巧，为下列批评想一些能起帮助作用的回应（写在这里，或记录在你的笔记本里）。第一个批评的例子已经提供了一些回应。

　　批评："你约会又迟到了。"
　　回应："你说得对。"
　　　　　"你听起来很不高兴。我错过了什么？"
　　　　　"是的，我很抱歉。我通常比今天准时。"
　　　　　"谢谢你让我知道了你的感受。"
　　　　　"对，我上次也迟到了，不是吗？"
　　　　　"是的，这已经是我连续第二次迟到了。"

"你从来不能把晚饭做得恰到好处。"

"你今天很情绪化。"

"你永远不能对一段关系做出承诺，对吧？"

"我从来没见过像你一样愚蠢的人。"

"除非你聪明起来，否则你会让你的队伍输掉这场比赛的。"

"你的工作效率不是很高。"

"除非你放慢速度，停止像个傻瓜一样地开车，不然我们肯定要出车祸了。"

"你在乎那台电视的程度远超其他任何东西。"

感觉自己卡住了吗？前面提到过，这个练习存在着一个陷阱，你可能已经掉进去了：你认为自己必须使对方信服，他们对你的看法是错误的。这是一个无助的处境，不要试图说服他们，而是感谢对方的评论，然后继续前行——要么开始富有成效的讨论，要么转移到另一个话题上。

　　例如，以下是对"我从来没见过像你一样愚蠢的人"的一些回应：

　　　　"真的吗？"

　　　　"你说得对，我确实会做一些愚蠢的事情。你在想什么？"

　　　　"为什么这么说呢？"

　　　　"听起来，你对我很生气。"

　　　　"谢谢你让我知道了你的看法。"

　　　　"我明白了。"

　　这些回答都没有落入"试图让批评者相信他们的观点是错误的"这个陷阱，也都没有给出容易招致报复的断然否认。其中有些话可能在和陌生人打交道时更有帮助，其他的则可能更适用于朋友间的交谈，但所有这些回答都好过试图说服对方你真的不蠢。

练习2：接受批评的演练

　　在尝试应对真实情形之前，先练习在人工情境中接受批判性反馈。这为你尝试针对不同类型的批判性反馈做出不同类型的回应提供了机会。

　　如果你和一名搭档一起练习，你们可以轮流给予和接受反馈。如果你没有搭档，你可以练习对想象中的批评做出回应。

　　看看下面的主题清单和对各种不同形式的批评的描述，然后仔细阅读随后的练习说明。

主题清单

- 你的太空行走表现得很糟糕。
- 你没有得到这份工作。
- 我会在你的工作表现评估中给你打一个低分。
- 我不喜欢你关于这个项目的报告。
- 你房子重新装修的风格不合我的口味。
- 你的艺术品很丑。
- 你的房间很脏。
- 你外出得太频繁了。
- 你在电话上聊得太多了。
- 你开车时粗心大意。
- 我认为你和你的新男友 / 女友约会太频繁了。
- 你没有从你的薪水中存下足够的钱。

负面反馈的类型

　　在这个练习中，批评者可以使用本章前面讨论过的四种批评（非言语批评、间接批评、怀有敌意的批评和直接批评）中的任何一种来提供反馈。如果你想要了解关于每种批评的更多信息，也许你可以再次阅读本章中相关的部分。如果你是独自一人做这个练习，就请想象一下你收到符合每一种类型特征的批评的情形。你也许会发现，想象该反馈来自你认识的一个能体现某一种类型特征的人（胆小的帕特丽夏姑妈、愤怒的邻居艾伦、狡猾的诺琳表妹）可以起到帮助作用。

　　每种类型的反馈都特别适合我们一直在讨论的一种或多种互动风格（被动型、攻击型、被动攻击型和坚定自信型）。如果愿意的话，扮演批评者的那位可以尝试使用任何一种或所有的风格。如果感到提供坚定自信型风格的批评似乎很难也不用担心，下一章将讨论如何使用坚定自信型风格提供建设性的批评。

- **非言语批评**。从上面的清单中选择一个主题。如果你和一名搭档一起练习，那么你们共同选择主题，确保你们俩都知道该主题涉及的情境是怎样的，因为批评者可能不会说得很详细。在开始演练前，先决定批评者将使用被动型、攻击型还是被动攻击型的风格。非言语批评和这三种风格都很搭，如果你是被动型的，请尽可能避免透露你不喜欢的东西，流露出逃避的眼神，在对方问起时，否认你有任何批评的意图；如果你是攻击型的，请通过皱眉、恶狠狠的眼神、不耐烦的信号、无聊的表情和充满敌意的沉默来表达不满；如果你是被动攻击型的，那就缓和敌意，同时让对方明确感受到你不赞成某些事情，在对方问是什么事情时立刻否认一切，试着让对方不停地猜测，并暗示他过于敏感。

- **间接批评**。选择一个主题，以一种间接的方式来组织批评的措辞。这种类型的反馈最适合被动攻击型风格，你可能会给予对方一个含沙射影的赞美，如"恭喜啊！我很惊讶你能在太空行走中幸存下来，因为这项任务通常会给你带来很大的麻烦"；另一种策略是发表似乎没有什么恶意，但暗地里旨在伤人的言论，如"我们决定把这份工作交给一个有资格的人"，这就意味着听到这句话的人没有资格。

- **怀有敌意的批评**。这种类型的反馈最适合攻击型风格，以一种具有攻击性的方式给出反馈，并强调非言语行为。一种策略是大声说话，侵犯对方的私人空间，对其居高临下，把身体大幅度向前倾斜，并在一概而论、大放厥词的同时瞪着对方看；另一种策略是退回到敌对的、冰冷的疏离状态，说话轻声但带着威胁，保持冷静的超脱心态，并使用精心设计的伤人话语。但是请记住：这只是练习，不是真正的批评。请确保你们选择的是不反映你们俩之间真正问题的主题。
- **直接批评**。这种形式的反馈可以展现恰当的坚定自信型风格。如果你选择使用这种风格，记得要表达得清晰、开放和放松，关注你想表达的精准意思，并向对方传达一种持续的关心。不用担心自己是否做得恰到好处，直接批评也可能带有攻击或被动的成分。允许自己稍稍过于笼统，过于情绪化，或者过于含糊，重点是要给对方一个机会来回应你不完美的反馈。

练习

如果你没有搭档，请站在镜子前面，这样你就能够评估自己的表现。你将既扮演批评者，又扮演被批评者的角色。

如果你和一名搭档一起练习，请决定谁将率先扮演批评者的角色。合作选择一个主题，并就任何必要的设置达成共识。"好吧，我刚修完某样东西回到飞船里。"请记住，不要试图在这个时候选择一个特别现实的话题，你需要通过不那么戳到痛处的批评来进行练习。

批评者和被批评者应该共同商定使用一种反馈类型来进行尝试，然后，批评者用这种选定的风格提供反馈。

如果批评者的任务是表现得具有攻击性，那就允许他们非常刻薄，甚至比你想象的任何真正的批评者都要更严苛。"毫无疑问，你是史上最差的钢琴演奏者。我的耳朵在流血。现在就放弃钢琴吧，让这个世界变得更美好！"

被批评者通过使用本章中提供的技巧来做出回应，在这个过程中，重点使用他最需要练习的那些技巧。被批评者有权要求"暂停"，以便在回应之前进行思考，这是事先演练的好处之一。

然后，批评者可以按照角色的人设进一步做出回应，或者就对方的反应可能给人留下的印象给予真实的反馈。

基于批评者的反馈，重复一遍整个过程（尽管这么做的目标并不一定是为了让批评者满意）。

一旦你完成了几个像这样人为设置的情形的练习，你就可以尝试一些更现实的、基于被批评者现实生活中的人物的情形。如果有朝一日，你决定尝试应对涉及你们俩之间真正问题的情形，请确保：①该问题非常小；②你使用一种直接的、坚定的、自信的（即非攻击型的）风格，而不是其他任何一种风格。不过，请先暂缓一下，读完下一章之后再来讨论这些问题可能会更好。

练习3：在现实生活中密切留意并改写你的回应

　　有时我们很难当场做出正确的回应，一来没有太多的时间去思考，二来可能正感受到强烈的情绪冲击。有空的时候再回过头来细想这些交谈是很好的做法，你也许能够更清楚地看到对方在做什么，以及你希望如何做出回应。这个练习正是鼓励你这么做的。

　　（1）在一周的时间里，密切留意你从别人那里得到的所有批评，使用坚定自信记分板或你的笔记本进行记录。

　　（2）写下每一个批评以及给出这个批评的人。

　　（3）写下你当时的回应。

　　（4）评估你的回应。它是坚定自信的吗？它过于负面或具有防御性吗？在回应中，你有没有做得对的部分？如果有，那是什么？

　　（5）改写你的回应。想一个可能比你的实际回答更好的修改后的答案，你不必回到当时那个批评者身边，给出你的新回应，知道自己想说什么就够了。

　　来看下面这个例子：

　　　　　　情境：老板说，"你太慢了"。
　　对情境的评估：我认为他对我还没给他预订航班这件事感到生气。
　　　　你的回应："我正在尽快地解决问题。我会订的！"
　　对回应的评估：听起来比较愤怒，防御性强，属于攻击型回应。
　　　　备选回应："我手边有很多任务需要处理，您认为我们最需要优先处理的是什么？"

　　在你的生活中，是否有一个人经常批评你？如果有，你也许应该考虑把你的练习集中在这个人身上。你想到的是谁？

....

　　坚持做这个练习至少一周。你应该能发现，通过练习，你会比以前更清楚自己应对批评的惯常风格，以及该如何做出改进。起初，只有在事情过去以后，你才能想到更有帮助的回应。但最终你会发现，当事情正在发生的时候，你就可以当场想到合适的回应。

第 13 章

如何给予他人纠正性反馈

　　给予负面反馈可能比接收负面反馈更加困难。有些人对这个想法感到非常不舒服，以至于他们完全回避。"如果你没什么好话可说，那就什么也别说。"

　　"负面"这个词可能会让你相信，回避的做法没有问题。生活中的不如意已经够多了，谁还需要更多负面的东西呢？也许我们应该试着只用正面强化来过日子。如果我们表扬好的一面而忽略坏的一面，也许好的一面就会扩大到足以把坏的一面排除出去的程度，在这个过程中，我们甚至不需要提及坏的一面。

　　这是一个美好的想法，而且在某些情况下似乎很有效。如果你刻意把一名年轻篮球运动员的注意力吸引到她的优秀表现上，她自然会越来越熟练地做出这些行为。作为改变的工具，奖励和认可确实比批评更有力量。

　　不幸的是，这并不能完全消除我们对偶尔的纠正性反馈的需求。没有它，基本上你拥有的每一段关系最终都会衰退和瓦解。在我们的个人生活和职业生涯中，适时提供建设性反馈是一项至关重要的技能。

不妨考虑下面几个例子：

- 在管理岗位上，我们需要指出员工的错误或糟糕的表现。"哈维，我们今天务必拿出计划。""奥利维亚，当你和一个咨询客户在一起的时候，能够安静地坐着是很重要的。"

- 在和主管打交道的时候，我们需要说明自己能做什么、不能做什么、不愿意做什么，以及出现了什么问题。"我们的团队要到周二才能完成那项工作。""在从你那里得到数据列表之前，我没法建立那个电子表格。"

- 在教学场景中，我们需要指出对方的错误并提出改进建议。"玛格丽特，那样握桨会让你很快就感觉到累，试着把它放下去一些。""利亚姆，注意你在转弯时驶入即将到来的车道的倾向。"

- 作为父母和监护人，我们需要约束孩子的行为。"我知道你迫不及待地想去公园，但我们一定要等到绿灯亮了再通行。""你不可以打同辈的表亲。"

- 在恋爱关系中，伴侣依靠我们的反馈来了解我们对什么没有意见，以及对什么心存不满。"你没有告诉我你要在这趟旅途中多待一天，这让我很沮丧。""如果你没有征求我的意见就代表我俩接受邀请，我会觉得我的意见似乎并不重要。"
- 我们的朋友常常依赖于我们诚实的反馈。"哎呀，你裙子的拉链没拉好。""我会犹豫要不要和有那种经历的人结婚。"

在我们感到不满的时候，保持沉默通常解决不了问题。简单地抵制一个带有歧视性政策的企业不太可能产生改变——部分原因是他们可能不会注意到你的抵制行为，还有部分原因是你没有告诉他们你抵制的原因。当然，明确告诉他们也不一定会产生你想要的结果，但它至少会带来比沉默更为强大的冲击。

回避纠正性反馈的影响

我们对提供令人愉悦的坚定自信反馈的抵触也许会导致一些问题，而每一个问题都将使我们远离有效沟通。下面列出了一些常见的问题，当你产生抵触情绪的时候，其中一种反应可能比其他反应更频繁地出现。试着从 1（对你来说最常见）到 4（最不常见）将它们进行排序。

逃避。你完全避免给出纠正性反馈，在大多数关系中，这是导致灾难的原因。你的孩子会失去控制，你的同事和雇主会不尊重你，你的朋友会觉得遭到了背叛。"你为什么不告诉我你有那样的感觉？"

攻击。给予纠正性反馈的不适会让你在被形势逼着公开表态的时候变得愤怒。你的愤怒并不是针对对方，而是针对你被迫和他们产生冲突的局面。当然，他们看不出这当中的区别，而且你在愤怒时给出的反馈也不太可能有帮助。"够了！约翰，别再帮我点餐了！你是个专横的家伙！"

　　　　　　　　含糊不清。给予纠正性反馈的不适会让你在压力下的表达变得含糊不清。这种被动型风格是无益的，而且通常会使别人不耐烦。"嗯，呃，说实话，呃，你的谈话就是，我不知道，似乎缺了点儿什么。"

　　　　　　　　间接表达。你并不直接给你的反馈，而是用一种迂回的方式提供意见，以避免直接对抗和产生冲突的可能性。你没有告诉服务员他们给你上错了菜，而是在网上对这家餐厅进行了严厉的抨击；你没有向老板要求加薪，而是向你的工作团队抱怨他。这既不能解决问题，也会损害你自己的诚信。

　　你最常见的反应可能不在这份清单上。当形势需要你给出纠正性反馈，而你感到不适的时候，你还会做别的事吗？是哪些事呢？

提供纠正性反馈的技巧

　　我们该如何使我们给出的纠正性反馈有用呢？有不少原则可供参考，但其中一条脱颖而出。

 关注行为，而不是关注人。

纠正性反馈的主要目的是改变，我们希望提供可以帮助对方提高他们在某些方面表现的信息。如果我们讨论一些无法改变的事情，我们可能是在伤害而不是帮助对方。有很多东西是我们无法改变的：重力、历史、年龄、我们的身份，等等。但当人们给出负面反馈时，他们关注的往往是人，而不是这个人的行为。

"你无能。"

"你需要更多的自尊。"

"你太笨拙了。"

"你的态度很糟糕。"

"你太保守了。"

"你不尊重人。"

这些陈述都专注于当事人的一个方面，而不是其行为的一个方面。我们不建议你把关注点放在个人性格特征上的原因主要有两点。

第一，当事人几乎无法控制这些广泛而一般的特征。你究竟如何改变"糟糕的态度"呢？即使我们是对的，他们也只能改变自己的行为。如果指望纠正性反馈发挥作用，对方必须能够改变一些东西。如果你提出的反馈是"我认为你需要更聪明一些"，请问对方可以做什么？做一台非正式的神经外科手术来提高他们的智商？这样的反馈毫无意义。

第二，专注于某个一般特征通常是不正确的。当我们给予反馈时，我们并不是在回应这个人想象出来的、看不见的性格特征，而是在回应我们能看到的东西：他们的行为。如果一位同事总是在周五下午很晚的时候才把工作交到我们手里，我们很容易说我们讨厌她不懂得体谅人。然而，我们其实是在对自己在周末之前收到工作这一点做出反应。我们的反馈应该集中在我们不喜欢的行为上，而不是对行为背后的原因的猜测。即使我们猜对了（她确实不体谅人），她也不可能在一夜之间改变这一点。她能改变的，同时也是困扰我们的，是她在周五下午交给我们工作的习惯。

因此，当你给予负面反馈时，记得要把注意力集中在你希望对方改变的行为上，不要专注于行为背后的原因。

下面罗列了一些其他的技巧和策略，可以帮助你提供适当和有用的纠正性反馈。在阅读它们的过程中，想想当你面对这些情境的时候你最常见的问题，在你最需要练习的技巧旁边打钩。

□ **等待邀请**。有时，无论对方是否想要，你都必须给出反馈。"你游泳游得离瀑布太近了！""像那样的性别歧视言论在这里不受欢迎。"但要让大多数反馈发挥作用，对方必须愿意接受它，他们会通过询问来释放愿意接受反馈的信号。"我是唱准那个音了，还是又偏低了？"你也许认为你可以提供很棒的反馈，但如果你并不处于正式的监管职位，对方也不想听你的意见，你十有八九是在白费口舌。当你不确定的时候，你可以直接问他们："你想要一些反馈吗？"即使对方表示肯定，也不要认为他们真的有兴趣，这很可能只是基本的礼节性回复而已。

□ **选择时机**。不要在对方倍感压力、注意力不集中或太过匆忙而无法密切关注你的意见时给予反馈。我们给予纠正性反馈是为了帮助对方，但如果他们不能专注于你的信息，反馈就起不到帮助的作用了。在对方开始讲课前的 5 分钟提建议对他们来说已经太晚了，他们没有足够的时间去改变他们要说的话。同理，不要在你即将走进家庭聚会场地的时候开始讨论你配偶的新发型。

☐ **注意比例。** 请记住，负面反馈往往比同等的正面反馈承载更多的情感分量——因此芭芭拉·弗雷德里克森推荐了 3∶1 正比例的概念（每给出 1 个纠正性的负面评价，都要给出 3 个正面评价，参见第 11 章）。问问你自己，你更常给出哪一种类型的反馈。如果你给出的负面反馈过多，对方很有可能不接受你的意见。试着增加正面反馈，哪些是他们做得对的方面？

☐ **三思而后言。** 我们在给予反馈的过程中很容易偏离轨道。因此，在你开始之前，先考虑清楚你到底想说什么，以及你将怎么说。如果你发现给予纠正性反馈特别困难，不妨花点儿时间把你想说的话记下来。你不会想要永远借助于笔记，但它们在现阶段确实可以帮助你克服不情愿。

☐ **进行一对一的谈话。** 一般来说，遵循公开表扬、私下纠正的原则。当（除了你以外）不止一个人在场时，避免给出纠正性反馈。大多数人都觉得在别人面前被批评是一件丢脸的事（尽管你越是以具有支持性和坚定自信的方式给出反馈，这就越不成问题），他们会更关注自己的尴尬，而不是你的信息。与公开纠正相反，试着在这个人独处的时候与其展开对话，或者邀请他和你单独见面。"安吉拉，我能到你的办公室和你碰个面吗？"当然也有例外情况，如果对方的行为非常恶劣，那么每个人都需要看到你已经处理了这个问题。"我们不在这些会议上开那样的玩笑，大家都清楚了吗？"

☐ **框定问题**。如果你说的话在对方看来可能具有一定的威胁性，那就先给出一个明确的声明，在这个问题上划清界限。"你游泳的总体情况很理想。但是，就仰泳而言，你的右手下压得不够。""我真的很享受我们在一起的时光。正因如此，我想告诉你我对你迟到的反应。"这个框架表明你的批评并没有完全否决对方。

☐ **精确地表达**。为了让反馈有用，当事人必须确切地知道你在说什么。如果你说"我不喜欢你的演示"，他们将对如何做出改进毫无头绪，但如果你说"我看不清你在黑板上的字迹"，他们就会确切地知道该怎么做。反馈时要具体一些，给出细节。

☐ **在信息中包含正面的内容**。从你喜欢的方面开始反馈，这样人们就不会觉得你在攻击他们，而他们也可能更愿意考虑你的反馈。当你这么做的时候，切记避免在正面的信息后面加上"但是"一词，因为这听起来像是你在取消刚刚给出的赞美。相反地，使用"此外"一词在赞美的基础上做进一步的补充。"这是我认为你做得很好的地方。此外，这是我认为你可以表现得更好的方面……"

□ **不要言过其实。** 沮丧往往会诱使你夸大自己的情况，而夸张很少奏效。如果你对你的配偶说"你从来不想出去"，他们只会提起 8 年前他们建议郊游的那一次特例。他们将是对的一方，而你的观点就此失效。注意"总是""从不""不断地""必然地"和相关的表达，以及说出"全有或全无"这种绝对态度的词汇。重新措辞，把这些词去掉，它们几乎总是谎言，对你没有帮助。

□ **提供信息，而不是建议。** 直接的建议听起来像是命令，对方很可能会表示抗拒。"我自己会决定我要做什么，谢谢。"在给予纠正性反馈时，重点是给出有关这个问题的信息，让对方来决定该怎么做。"你的衬衫露出来了"比"把衬衫塞进去"更好，同理，"我听不见你说什么"比"说大声一点儿"更好。

□ **不要强烈地表现情绪。** 当你忍不住想给出反馈时，有时你会感受到强烈的情绪。"我简直无法相信那个浑蛋要给我更多的工作！"你想干什么——发泄情绪还是做出改变？你必须做出选择，而向某人发泄情绪很少能起到帮助的作用。沮丧或愤怒的大声表达会降低对方的接受度，使其不可能清晰地思考你的反馈。有时，你对对方行为的情绪化反应就是真正的反馈。即便如此，平静的汇报通常也比激烈的展示更有用。"我对工作量感到沮丧，因为我不能像我希望的那样快速把事情办完。"

上面列的一些策略你可能已经在使用了，其他的可能看起来不适合你所处的某些情况。哪些策略似乎是最有帮助的？选出一两个来，确保你在接下来的练习中专注于这些策略。

（1）_____

（2）_____

练习 1：自我评估

回顾一下你自己的生活。谁是你可能需要时不时给予纠正性反馈的人？配合这个练习，试着说出 4 个名字。

对于每个人，想一个你希望能更有效地给予纠正性反馈的问题。也许你的配偶倾向于使用太多的盐，你的兄弟不帮忙照顾你们的父母，你的老板对新员工非常刻薄，或者你最好的朋友有着透露电影结局的习惯。

你在这个问题上给予对方反馈的时候感觉有多舒适？你会变得焦虑或充满敌意，还是放松、坚定且自信？使用从 0（一点儿也不舒适）到 10（非常舒适）的等级进行评估。

然后，用另一个从 0（完全没有效果）到 10（效果很棒）的等级来评估你的反馈效果。有效意味着对方完全理解你的意思，知道什么是更好的做法，并且似乎不觉得自己受到了人身攻击。不过，这并不一定意味着他们会听从你的建议。

来看看下面这个例子：

人物：公司的高级副总裁。

问题：每个月迟交买汽油的收据。

舒适指数：8（我觉得告诉他没太大问题）

有效指数：0（他似乎从来听不进去）

现在，试试你自己想的那4个人：

人物：

问题：

舒适指数（0～10）：　　　　有效指数（0～10）：

人物：

问题：

舒适指数（0～10）：　　　　有效指数（0～10）：

人物：

问题：

舒适指数（0～10）：　　　　有效指数（0～10）：

人物：

问题：

舒适指数（0～10）：　　　　有效指数（0～10）：

现在，把4个舒适指数的数值加在一起：

再把4个有效指数的数值加在一起：

把你的结果画在下图中（见图 13-1）。纵轴显示的是你的舒适指数，而横轴显示的是你的有效指数。在你两个指数交叉的地方画一个 × 做标记。例如，如果你的舒适指数总值为 10，你的有效指数总值为 30，你就在 B 上画一个 ×。如果你的舒适指数总值为 30，你的有效指数总值为 10，你就在 C 上画一个 ×。

注意该图上有 4 个区域。

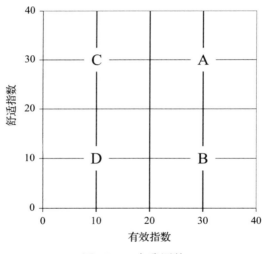

图 13-1　自我评估

区域 A

如果你的分数让你处于区域 A，那么恭喜你，这说明你在涉及提供建设性反馈的大多数情境里觉得舒适，同时沟通也很有效，这正是你的目标。越靠近图表的右上角越好。当然，你也可能是错的。也许你已经忘记了自己在给予反馈时的焦虑，或者别人并不认为你在像自己想象的那样坚定自信地给出建议。回顾和练习本节介绍的技巧将有助于巩固你在这一区域的位置，或者使你进一步向右上方移动。

区域 B

如果你的分数让你处于区域 B，那么这说明你认为自己的反馈有效，但你仍然不喜欢给予建设性反馈。也许你认为别人会被你的反馈压垮，如果确实如此，那么你应该重新评估你的有效指数。也许你习惯忍着不说，直到非常愤怒的那一刻才以一种具有攻击性的方式爆发出你的批评，而这对事态没有帮助。如果交流通常进行得很顺利，也许你可以在给予反馈之前进行常规的放松练习（例如在第 4 章中讨论过的膈式呼吸）。

区域 C

如果你的分数让你处于区域 C，那么这说明不适感对你来说可能不是什么大问题，恐惧不会阻碍你表达意见。但是你仍然觉得自己的反馈没什么效果，这表明你需要提高自己提供纠正性反馈的技能。一种可能性是，你给出建议的方式不太顾及对方的感受，给人留下具有攻击性或伤人的印象，或者你的表达过于含糊。你可能需要对本节提及的策略进行额外练习。另一种可能性是，你默认自己的反馈没什么效果，除非收到你反馈的人同意你的观点或听从你的建议。如果是这样，请记住，坚定自信型风格需要你明确自己的立场，但同时允许别人决定他们自己的行为。

区域 D

如果你的分数让你处于区域 D，那么这说明在提供建设性反馈方面，你往往认为自己感到不适，且沟通也不怎么有效。你的不适可能会成为阻碍，也许你因为焦虑而避免给予反馈，或者你给出的反馈是模糊而不精确的，又或者你以一种敌对的方式给予反馈，因为你对自己不得不进行这样的沟通心怀怨恨。就给予反馈而言，你的风格最有可能是被动型或被动攻击型。重读一下第 4、6、7 章（主题分别关于应激障碍、自我限制信念、坚定自信的心态）会是一个好主意。

练习 2：给予有效的反馈

在这个练习中，请根据前几页的技巧清单中列出的原则来练习组织你的反馈措辞。每个例子都给出了具体情境，以及一个颇具挑衅意味的"人身攻击"式纠正性反馈的样本。在空白的地方（或你的笔记本里）写下更有用且坚定自信的反馈，不要陷入被动型的回避或被动攻击型的操纵行为。

例子

情境：富兰克林这个星期第 4 次上班迟到了。

无效反馈："你对这份工作不够上心！"

有效反馈："富兰克林，商店必须在上午 9 点准时开门。我不能接受你这么频繁地迟到，让我们坐下来讨论这个问题。"

轮到你了

情境：卡罗尔，6 岁，刚刚在没看左右两边的情况下就过了马路。

无效反馈："如果你不小心，你会没命的！"

有效反馈：_____

情境：老板刚刚把一周内的第 3 个大项目交到了你手里。

无效反馈："你疯了吧。你把另外两个项目给忘了，是不是？"

有效反馈：_____

情境：你的配偶已经一个月没有帮忙整理你们的房间了。

无效反馈："你是个彻头彻尾的懒汉。"

有效反馈：_____

情境：你最好的朋友刚刚问你有多喜欢她在一个社区剧场出品的剧目中糟糕的夸张表演。

无效反馈："你似乎认为舞台上没有其他人！"

有效反馈：_____

如果你的坚定自信记分板经常揭露你给予纠正性反馈的方式问题，不妨练习重写你在现实生活中给出的反馈，这会帮助你今后在合适的情境里提供更多有用的反馈。

练习 3：演练建设性反馈

练习以坚定自信型风格组织建设性反馈的措辞并提供有用的反馈。如果你有搭档，你们中的一位可以专注于给出反馈，而另一位可以使用上一章介绍的技巧来练习坚定自信地接受反馈。如果反馈表达得好，对方可能会发现听这番话并接受它相对比较容易。

如果你没有搭档，可以改为独自对着镜子练习。这个练习的主要关注点是如何组织反馈措辞，所以拥有一名搭档并非那么至关重要。

从下面的清单中选择一些主题开始练习。

主题清单

- 你觉得伴侣对你提出了太多的要求。
- 你怀疑你的伴侣害怕在恋爱关系中做出承诺。
- 你想告诉你的朋友，他需要更坚定自信一些。
- 你的拼车伙伴已经连续第三天在接你的时候迟到了。
- 你的员工工作不够努力，配不上她的薪水。
- 你的孩子没有完成你们约定的由他负责的家务。
- 你的室友抱怨生活很无聊，却整天坐在家里一动不动。
- 你的老板给了你太多的工作。
- 你收到了顾客的投诉，说你们这里的结账人员很粗鲁。
- 你的乐队主唱跑调了。

花点儿时间思考一下如何使用本章中介绍的技巧，以一种坚定、自信、有益的方式组织你的反馈措辞。提供反馈的好处是你在行动之前通常有时间思考，这一点和从别人那里得到反馈不同——那种情形可能是无法预测的。

使用适当、放松和坚定自信的肢体语言向你的搭档（或你的镜子）提供反馈。选择清单中的不同主题来重复几遍这个过程。如果你和搭档一起演练，他们可以使用他们接受反馈的技巧来做出回应。

接下来，尝试一下更现实一点的情境。想一些你真正希望自己能够给出的反馈，对象是你生活中的人（除了你的搭档）。你可能一直避免给予对方反馈，或者每次当你尝试给予反馈的时候，总会出问题，于是你们最终会陷入一场争吵。让你的搭档扮演那个人，仔细思考你希望如何给予反馈（以及你真正希望从这种情境中得到什么）。你可能会发现把这些内容写下来对你很有帮助。然后，在你的搭档身上试试。从你搭档那里获得对你的技巧的反馈，然后再重复一遍这个练习。如果你是独自演练，就对着镜子提供反馈，想象一下听到这番信息会是什么感觉。

再接下来，尝试一些可能更有启发意义的情境。练习就你自己的缺点提供反馈。如果你的厨房很乱，就可以扮演室友的角色，有建设性地提出问题；如果你总是迟到，就想象自己是一名因为必须等你而倍感沮丧的朋友。继续练习，直到你有办法提供会让你自己做出良好反应的反馈。如果你和搭档一起演练，看看他们是否同样认为你的信息似乎既清晰又合理。

练习4：用一周时间练习给予建设性反馈

留出一周的时间来练习给予建设性反馈。步骤如下：

（1）在一周的时间里，注意你必须或可以提供一些建设性反馈的每一种情境。你通常会给谁提供这样的反馈？什么时候？

_____

_____

（2）在给出反馈之前让自己停下来，问问自己在这种情境下一般会怎么做。你通常的反应是坚定自信型、被动型、攻击型还是被动攻击型？

_____

（3）使用本节中的建议，设计出一种比你通常的风格更具建设性或更有帮助的提供反馈的方式。你可能不得不延迟给予反馈，直到你有时间思考为止。

_____

_____

（4）提供反馈并观察对方的反应，对比现在与过去你给他们反馈时他们通常的反应。他们现在的反应可能更好一些。但如果他们不熟悉你的技巧，反应也可能比平时糟糕一些。

_____

_____

（5）用坚定自信记分板或笔记本记录下你和对方的交

流，写下当时的情境、你说了什么，以及对方是如何做出回应的。在这一周结束的时候，整理你的描述，看看你是否注意到了任何模式。

可选练习：追踪你的改变

经过一段时间你提供反馈风格的练习之后，回到本章前面名为"练习：自我评估"的练习。再次完成这个练习（如果合适的话，请设想同样的对象）。在图上画出你的结果，看看你是否更接近右上角（区域 A）。如果是，就恭喜你自己，并接着继续努力。如果不是，就考虑一下你是否需要改变策略。根据你现在的问题在于舒适指数还是有效指数，相应地确定你的改进目标。

第 14 章

如何坚定地说不

啊，我们终于来到了这里——说"不"。整本书的内容都以此为主题，而这实际上就是关于建立和维持有效的人际边界的问题，对一些人来说，这是坚定自信的核心所在。

透过显微镜观察，一个活细胞最重要的结构是什么？是DNA[⊖]、线粒体，还是细胞质？可以说，答案是细胞膜，没有它，细胞的其他成分都无法存在。有了它，我们就有了一个细胞，否则，我们只能看到汤状物。细胞膜控制着什么能进入细胞，什么不能进入。换言之，细胞是由它的边界定义的。

什么定义了你的家？地毯？中央供暖系统？你的熔岩灯？都不是。定义你家的是地板、墙壁和天花板，以及一扇可以允许东西进来或者把它们关在外面的门。实际上，外部

㊀ 即 deoxyribonucleic acid，脱氧核糖核酸。因 DNA 已成为日常用语，译文直接采用英语缩写，不用"脱氧核糖核酸"。——译者注

世界和内部世界之间的边界是你家的核心特征。去掉墙，你只有一个野餐棚；去掉屋顶，你只剩一个游泳池。

同样地，你的个人边界——你将做什么、不做什么——也定义了你。它们和你的细胞膜、你的皮肤、你家的墙壁一样至关重要。

无法拒绝不合理的要求在某种程度上是被动型风格的标志性困难。被动型风格的人优先考虑的是令人愉快、回避冲突和顺从他人的意愿。不可避免地，这意味着当人们提出要求时，你一律会答应，至于这些要求有多么不合理，则根本不重要。最终，你不可能既做到这一点，同时还拥有自己的生活。

这就引出了我们对人际边界的核心观察：

 如果你不能说"不"，你就无法掌控自己的生活。

事实就是这样，没什么可争论的。如果别人要求你做什么，你就必须去做，而没有别的选择，那么实际上，你就是每个人的奴隶。你不能制定任何规则，也不能决定你将做什么、不做什么，你能得到安宁的唯一方法就是别人不要求你做任何事。或许你应该去当一名隐士，而这也许正是有些人这么做的原因。

难以开口说"不"的人常常会哀叹："为什么人们要我做这些事？难道他们不认为自己太不讲理了吗？他们什么时候才会停止？"这很容易回答：永远不会。想象拥有一个乐意实现你可能提出的任何要求的精灵，那将是多么美妙啊。

不会说"不"的人对其他人来说就是这样的精灵。当他们问
"我不明白为什么我的朋友和家人这么喜欢利用我"时，答
案就在镜中回盯着他们，是他们自己不愿意设定边界。来看
看下面的这些要求：

> "我能借用一下你的沙发吗？"
>
> "你能开车送我去看医生吗？我一周去 3 次。"
>
> "这里还有一些我的工作需要你做。"
>
> "你可以自己应对孩子们，对吧？"
>
> "我今天下午搬家，你能过来帮忙吗？"
>
> "我知道我是成年人，但我需要有人来照顾我。"
>
> "妈妈，去熨烫我的衬衫！"
>
> "你能写这份报告并在上面署我的名字吗？"
>
> "星期五之前把这个给我。"
>
> "后面的 40 英亩[⊖]地需要收割了。"

　　你会同意吗？你当然会，你根本没有选择。你不认为你
可以说"不"——即使这件事对你来说不方便；即使它意味
着你不能睡觉；即使它意味着你的孩子长大后会很无助，因
为他们从来没有为自己做过任何事；即使它让你失去内心的
平静。

　　说"不"也会给那些过度使用攻击型和被动攻击型风
格的人带来问题。激发攻击性的愤怒通常来自这样一种愿
望——别人最好不对我提要求，以及这样一种信念——激烈
程度低于充满敌意的痛斥的任何回应都将无效。此外，说

　　⊖　1 英亩 ≈ 0.004047 平方千米。

"不"也意味着当事人要为自己的拒绝承担责任，而这是被动攻击型的人拼命想要避免的。被动攻击型策略的本质是先说"是"，然后无论如何都不按要求去做。

是什么阻碍了我们说"不"

如果说"不"如此重要，为什么人们不这么做呢？为什么你又不这么做呢？是什么阻碍了大家？这里涉及数个动机，而其中一些和第 6 章所介绍的自我限制信念有关。让我们来"磨磨刀"，使这些理论更符合无法说"不"的特殊情形。看看下面这些理由，在似乎特别符合你自己情形的选项旁边打钩。

- [ ] **希望他们不要提要求。**你不应该被迫说"不"。如果别人考虑得更周到一些，他们就不会叫你做那么多不合理的事情了！这种信念可能会让你感到怨恨和愤怒。但现实是，别人有权向你提出任何他们想问的要求。"我能拥有你的房子吗？"你也有权说"不"——无论你是否使用这个权利。

- [ ] **他们不会接受我的拒绝。**你认为即使你确实说了"不"，你生活中的人也会认定你始终还是会顺从他们的意思。在这一点上你可能是对的。如果你多年来一直答应他们的所有要求，他们自然会预期你继续扮演这个好说话的角色。你最初几次说"不"的时候，他们不会真的相信自己听到的话，除非你表现出来自己是认真的。

□ **他们不会接受我。**你认为人们接受你只是因为你愿意做所有其他人不想做的麻烦事，如果你停止做下去，他们就不会再喜欢你或接受你了，你会孤身一人。某些人的生命中有你，可能只是因为你扮演了仆人的角色，对他们有价值。但如果是这样，你真的想要这些关系吗？

□ **我没有权利说"不"。**照顾自己的需求或平等对待自己和周围的人是自私的行为，不是吗？不是的，这只是一种对现实的认识而已。你确实有说"不"的权利。你和其他人一样有需求，你也有权照顾好自己。请记住，我们不是在谈论如何成为地球上最自私的人，我们说的是决定你将做什么、不做什么。

练习 1：收到不合理的要求

你什么时候最常收到不受欢迎的要求？在工作中吗？在志愿者组织里？在恋爱关系中？从亲戚那里？从孩子那里？通常是谁开口问你的？

他们需要开口提问吗，还是干脆认定你不用他们开口就会主动做事？"我确信，如果我把自己的衬衫留在这里，就这么放在地板上，她会帮我洗的。"他们会不停暗示，直到你主动包揽工作为止吗？"那棵树需要修剪了，不是吗？我真希望有人会做这件事。"

他们会提出怎样的要求？

也许你需要在这些情境中改善自己说"不"的能力，请在接下来的练习中记住它们。

说"不"的策略

说"是"、帮忙或承担责任没有问题。然而，如果你做这些事情是因为你觉得自己没有权利拒绝或不知道如何拒绝，问题就会出现。下面列了一些你需要掌握的技能，供你在自己想说"不"的时候参考。请在你最需要练习的技能旁边打钩。然后，当你在做本章末尾的练习时，请着重关注那些你打钩的选项。

☐ **等待问题。** 有些人甚至在别人提出要求之前就同意了。当关系疏远的泛泛之交问"我想知道怎么去酒店……"时，你马上就回复说"哦，我可以开车送你过去"。哪怕一个暗示都能让你自愿奉献时间。等待问题，意味着对方不欠你任何东西，因为他们并没有提出任何要求。让我们明确一点，当你主动选择去做事的时候，志愿服务是很好的，但是，如果你发现自己习惯性提供志愿服务，并且被太多因此产生的义务压得喘不过气来，那就强迫自己先等待对方提出请求。一方面，请求往往比暗示少；另一方面，等待会迫使对方为他们的请求负责。"你能开车送我去酒店吗？""好的。"这是一个很有意思的时刻——在这种情形下，坚定自信的行为只需要你暂时闭上你的嘴而已。

☐ **使用自信的身体姿势。** 直接和对方目光接触，抬头挺胸，双手放松或正常地打手势，声音平静并响亮到足以让对方听见。如果你用语言表达"不"，而用身体表达"可能"，人们就会选择相信你身体传达的信息，于是更加努力地强迫你答应他们的要求。

☐ **在发言之前先决定你的立场。** 如果你不确定你的答案是什么，不要急着回答，先明确你愿意做什么、不愿意做什么。如果你优柔寡断或犹豫不决，就等于在邀请别人强迫你给出"是"的回答。如果有必要，要求对方给你几天时间考虑一下。

☐ **决定你的措辞。** 不仅要考虑清楚你想说什么，还要考虑清楚你想怎么说。否则，你更有可能表现出不确定并招致对方的挑战。明确你的答案，不要让提问者怀疑你真正的意思。如果你想说"不"，就不要说"我不确定是否……"或者"也许之后某个时间……"，而是要明确地说"不，我不愿意那样做"。

☐ **不要请求对方允许你说"不"。** 请记住，你有拒绝的权利，所以你不必获得任何人的许可。如果你这样做了，就会告诉对方掌控局面的人是他们，而不是你，这样做是错误的。避免说"如果我不……可以吗"或者"如果我说'不'，你会恼火吗"。

□ **没有必要的时候不要道歉。**我们为不当的行为道歉，而不为恰当的行为道歉。道歉表明你没有权利说"不"——但你通常有这样的权利。此外，道歉会让你对那个要求你做某事的人有所亏欠，它表明对方有权得到他们要求你提供的帮助。那是你想传达的信息吗？如果不是，就避免说这样的话，如"对不起，但我真的不能……"或者"我真的应该，但是……"。

□ **没有必要的时候，不要为自己辩解或找借口。**找借口解释自己为什么不能满足对方的要求通常是不诚实的行为，这意味着不是你做不到，而是你选择不去做。找借口也会招致对方帮你寻找绕过障碍的方法，如"你不能送我，因为你得找人维修你的车？没问题，你今晚可以去我认识的一家汽车修理厂维修，然后明天你就可以开车送我了"。

□ **巩固你的立场。**不要指望别人会在你第一次拒绝他们的时候就接受你的"不"，尤其是当你已经说了很多年的"是"时。对他们再次展开攻势做好准备，然后以同样强烈或更加强烈的拒绝做出回应，不要听起来像是你的立场在变弱。"不，我已经说过了，我不愿意那样做。""再说一遍，我不愿意那样做。""不。"

- □ **反复说同样的话。**不要认为你每次拒绝别人都必须重新组织语言，这样做可能会让提出要求的人坚信你的立场在变弱。"最终他会用完所有说'不'的方式，然后他就会说'是'了。"你不必找到能让对方满意的魔法词汇，重复使用某个回应并不会磨损它的效力。如果你不断重复同样的信息，对方最终会听进去的。"不，我不愿意那样做。""不，我不愿意那样做。""不，我不愿意那样做。"这听起来并不会像你认为的那么奇怪，至少肯定不会比对方一遍遍地重复同样的要求更奇怪。不管怎样，害怕自己听起来奇怪是一个陷阱，会让你一直处在别人的控制之下。

- □ **不要等待别人的接受。**你不必说服别人接受或者同意你的拒绝。"你不明白我为什么不答应？让我们来看看我能不能解释得更好一些……"这种回应的假设是，只有当你能说服别人明白你的观点时，你才有权说"不"。如果每次他们重复提要求的时候你都解释，你就是在把权利拱手送给他们，不妨改说"我看得出来你不同意，不过，那是我的决定"。

- □ **拒绝，然后往前走，不再纠缠。**一旦你拒绝了对方的要求，你就可以通过进入下一阶段的讨论来释放你已经做出了最终决定的信号。当他们问"能把你的瓜果挖球器给我吗"时，你可以拒绝说"不，我喜欢把它放在厨房里"，如果他们说

"哎呀，拜托啦"，你就可以回复"市中心有一家很棒的厨房用品店"。只要确保一点就好，那就是在这样做的过程中，不要把寻找替代的解决方案当成自己的责任。

□ **接受后果。**你有说"不"的权利，但别人也有不喜欢被你拒绝的权利。事实上，他们有权认为你不体贴或不讲道理。有时他们可能是对的。当你说"不"的时候，人们也许会做出不愉快的反应，你需要承认并接受这一点。当你说弗兰克叔叔明年春天不能住在你家里时，他也许会觉得被冒犯了。无所谓，他有权有任何感觉。

典型案例：学习说"不"的语言

阿米莉娅是当地社区大学的一名将英语作为第二语言的教师。她想辞职，因为她感到筋疲力尽，她被没完没了的各种要求和义务所困扰。她不仅担负着繁重的全职教学工作，还在7个不同的行政委员会任职，并且为学生编辑英语新闻通讯。不知何故，她同时成了外籍学生移民问题的准法律代言人，每次遇到危机，大家都会来找她。

阿米莉娅意识到她通常的风格是被动型的，她几乎接受了别人提出的所有要求。不过，最近她的风格似乎不那么明确。通过一种阿米莉娅怀疑是被动攻击型的方式，她有时会忽略一些她已经同意要做的事。最近有几次，她还对向她提要求的人大发雷霆，斥责他们总是来找她，从来不去找别人。正是这些攻击性的爆发让她质疑自己现在的事业，也许另一个工作环境不会对她有这么高的要求。

在参加坚定自信课程的过程中，阿米莉娅意识到了一点，她对一个没有过度要求的工作环境的幻想确实仅仅是幻想而已。像她这样动不动就把责任揽上身的人一定会发现，自己在几乎任何工作场所都难免负担过重。她的愤怒爆发和被动攻击行为仅仅是外显的结果，根源在于她长期累积的对自己那一大堆责任的怨恨和焦虑。问题不在于大学，而在于她没有能力说"不"。

于是阿米莉娅开始在镜子前练习说"不"，想象自己正处理着最近收到的一些要求。起初，她感到一种无法抵抗的诱惑，想要向对方道歉，并为自己的拒绝找借口。她煞费苦心地减少了回复的内容，并且在她猜到自己的拒绝不会立刻被对方接受时，耐心而果断地练习反复拒绝。

然后她想出了一个计划。首先，她禁止自己主动提供帮助。除非别人直接对她提出要求，否则她不考虑帮忙的问题。她意识到自己承担的许多职责，实际上从来没有人要求她去履行，而是当有人暗示需要做某项任务时她就自告奋勇了。在接下来的一个月里，她将先等待对方提出要求。其次，她不再当场接受新的职责。她不会立刻答应任何新的要求，而是必须花至少一天的工夫进行考虑，这将给她充分的时间来评估她是否真的有精力和兴趣去答应这个要求。最后，她禁止自己接管任何新的行政工作，这是她的工作里最令她讨厌的部分。她和一位尝试了一切办法让她说"是"的朋友演练如何说"不"。

接下来的几周颇令人意外。每次当她拒绝或拖延一个请求的时候，她都会感到内疚和压力。但是她意识到，这些压力大多来自内心。随着时间的推移，并且随着她不断地提醒自己有权说"不"，这些内疚感正在逐渐缓和。一位同事祝贺她终于放弃了部门受气包的角色，其他人则似乎真的很困惑，也有些人更得寸进尺地提要求，这给了她练习反复拒绝的机会。"不，我认为我已经做得够多了。"还有几位表达了担忧，想知道她是否病了，或者有什么家庭问题。

这个实验也迫使阿米莉娅目睹她的一个秘密信念彻底坍塌。长久以来她都坚信，除非她亲自处理一切事物，否则这个地方一定会崩溃。实际情况是，真正需要完成的任务仍然会被完成，有时甚至是由阿米莉娅根本没想到会动一根手指的人完成的。她开始怀疑，对其他人扮演"妈妈"的角色是否阻止了他们参与工作。当她意识到她并不像自己想象中的那么至关重要时，她感到了一丝失望。

最终，阿米莉娅的压力感开始消退。她放弃了一些行政工作，但仍然做着她必须做的事情，同时保留了大部分代表学生处理移民问题的工作——这是她真正享受的。通过提醒自己可以拒绝别人的要求，她对它们的恐惧开始减少。在知道她对自己的许多职责拥有选择权之后，她更能感觉到自己是工作的主人。她又开始享受教学了。

练习 2：拒绝要求

在这个练习中，你将尝试以一种坚定自信的方式说"不"。如果你是独自练习，就想想你认识的某个比较擅长得寸进尺的人。假如你选择一个通常会让你觉得不舒服的拒绝对象，这个方法相对会有最好的效果。你会选谁呢？

想象一下这个人提出令人讨厌的要求。然后你将练习以一种友善、坚定而自信的方式拒绝——既要大声，同时又最好是在镜子前演练，这样你就可以观察自己的非言语行为。

但这不会是简单的"一蹴而就"，你想象中的那个人没有那么容易被说服，他们不会接受你的拒绝，至少不会立刻接受。想象一下他们对你疯狂施压的情形，那架势超过你认为任何人真正能达到的程度。为最坏的情形做好准备，可以减少你对现实生活中可能遇到的困难的焦虑。"哎呀，但如果他们说……呢？"相比之下，这可以使现实世界里的沟通交流显得很容易。"哇，我想象中的情形可比这个困难多了。"

如果你和一名搭档一起练习，你们中的一人将扮演提出要求者，另一人扮演拒绝者。提出要求者应该在不与拒绝者商量的情况下，从下面的清单中选择一个要求来进行演练。

我们很难预测人们在现实生活中会提什么要求，所以对于那些意想不到的情形，我们应该做好应对的准备。这些要求可能是合理的，也可能非常过分（理想情况下，每种类型都至少尝试一个例子）。

提出要求者不应试图表现出丝毫的尊重或礼貌，事实上，越得寸进尺越好。他们可以一遍又一遍地重复要求，通过内疚感来操纵你的行为，暗示你欠他们一个人情，说你不答应要求就是不在乎这份友情，以及使用他们能想到的任何其他策略。

你的任务是在不变得具有攻击性的前提下拒绝对方的要求。

如果有意愿，你们中的任何一位都可以要求暂停，以思考和规划下一步的行动。在暂停期间，如果有需要，拒绝者可以向提出要求者寻求帮助。然后，两人再回到各自的角色中去。

使用两三个不同的要求来重复这个练习。你不必局限于清单中的例子，可以考虑基于你过去在现实生活中遇到的难题，来演绎至少一个应对别人要求的情形。

在演练过这种情形之后，思考下面这些问题（单独思考，或与你的搭档一起反思）。对于拒绝者而言：拒绝这个要求有多容易或多困难？被提出要求者不停追问的过程还好吗？你有什么感受？内疚？焦虑？坚定而自信？

对于提出要求者而言：在被对方拒绝的过程中，有没有什么细节让你觉得还有希望，从而促使你继续努力提要求？有没有什么细节释放出这样的信号，即只要你再强硬一点儿，就能得到你想要的结果？有没有什么细节向你传达了对方已经或尚未完全打定主意的信息？

如果你有搭档，请你们互换角色，重复这个练习。

要求清单

- 这个月我付不起房贷了，你能借我那笔钱吗？
- 培训我如何做你的工作。
- 我的工作太多了，你能帮我处理一些吗？
- 我可以借走你正在读的那本书吗？
- 我可以借用你的牙刷吗？我把我的忘在家里了。
- 请我喝一杯酒，好吗？
- 我真的需要乘坐这艘渡轮，而现在只剩下一个座位了，让我先上吧。
- 我可以借用你的割草机吗？
- 我希望你投资我创办的这家公司。
- 以更优惠的价格把这张沙发卖给我吧。
- 妈妈 / 爸爸，我想和我的男朋友 / 女朋友出去过周末。
- 姐姐 / 哥哥，我希望你处理妈妈所有的财政事务。
- 我希望你更改一下办公室派对的日期，那天晚上我去不了。
- 我真的希望你雇用我，而不是另外那个人。
- 帮我把这份稿子打印出来，好吗？
- 我想坐弗兰克的车去滑雪场，他星期五就已经拿到驾照了！
- 我希望你接手萨杜奇的账户。

- 请仔细研究这份文件，并在明天上午 9 点之前把审核报告放到我桌子上。
- 我有太多的猫了，把这只送给你。
- 我对乳胶过敏，不能亲自动手，所以你必须来给我的房子刷油漆。

练习3：答应前先仔细考虑

有时我们还没考虑就答应了，当有人提出一个要求时，我们几乎是自动地回答"没问题"。如果说"不"对你而言很困难，那么你很可能会对所有事情都自动地说"是"。"你能帮我把那头大象抬到这辆自行车上吗？""没问题！等等，你说什么？"

你必须先停止不假思索就答应别人的行为，才能够说"不"。与自己达成协议：在你对任何要求（或任何要求的暗示）做出回应之前，你必须首先意识到它是一个要求。整整一周内，不要答应任何事情，直到你对自己说"这是别人提的要求，我可以选择答应或拒绝"。然后，等你有时间思考后，再允许自己做出回应或延迟回应。

在一周的时间里随身携带你的笔记本或坚定自信记分板，写下任何多少让你觉得有些不舒服的要求，并记录你在这种情境下所做的回应。

一旦你脱离了这种情境，有一些时间来思考，请判定你对自己之前的回应是否满意。如果不满意，就写下一个你认为更好的回应。

现在就从你过去一周的经历里挑选一个例子来试试吧。

简要描述你收到的一个很不想答应的要求。如果可能的话，选择一个你认为你的回应没有像自己希望的那样好的例子。

....

....

....

你做了或说了什么？

....

....

你原本可以给出什么不同的回应？试着想出你希望自己当时使用的语言。

....

....

....

以你在接下来一周里收到的要求作为素材，重复这个练习。

可选练习：延迟答复

与自己达成协议：整整一周（或一个月），都不答应任何要求或为任何活动提供志愿服务，除非你有至少一天的时间考虑。如果有人找你帮忙，推迟至少一天以上再给对方答复。

"额外的委员会工作？我周一会通知你我的决定。"
"你的衬衫？我明天会告诉你我是否有时间熨。"

这种拖延战术会让你有时间：①思考你是否真的想答应或拒绝对方的要求；②思考如何组织你回复对方的措辞。

第 15 章

如何坚定自信地提要求

　　坚定自信通常意味着在不试图控制他人的前提下控制你自己的行为。例如，当你说"不"的时候，你是在维护你将做什么、不做什么的决定权。不够坚定自信的人会发现，设定这种边界是极其困难的。

　　当我们向别人提出要求的时候，情况就变得更加复杂了。乍一看，这像是我们在试图控制他们的行为。"我想让你给楼下的浴室刷油漆。"而实际上，我们只是在陈述我们希望发生的事情或告知对方我们的愿望，至于是否答应这个要求，完全由他们来决定。他们对自己的行为有控制权，而我们也只能控制我们自己，包括他们答应或不答应这个要求时我们的反应。"然后我就会在那里安装你要的搁架。"

　　还记得第 3 章中那位 17 岁新手司机的母亲凯特吗？她发现自己无助地唠叨着儿子，一次次提醒他用完车后要加满油，但他从来不照做。后来，她把自己的要求改成了陈述的形式，说明她希望见到的情形，以及无论如何都会发生的结果。如果儿子把油加满，他就可以随时继续借车；如果没有加满，就需要等两周才能再次借车。她让他来决定，而最终他选择改变自己的行为。她并没有改变她的儿子，她没有那种能力，实际上，她改变了自己在你来我往的双人舞中的角色。她提出了一个明确的要求，让儿子决定他要做什么。

很多人都以一种过于被动的方式提出要求，因为他们觉得自己没有权利直接索取，"我不能叫他给我的车加满油，那太粗鲁了"，或者他们害怕提出要求造成的后果。"如果老板说'不'怎么办？""如果姐姐觉得我提这个问题很愚蠢怎么办？""如果是我在无理取闹怎么办？"结果就是，被动型的人通常避免寻求帮助，即使这样做是完全合理的。他们希望别人会碰巧注意到他们需要什么，并主动提供这样东西。当这种小心思不起作用时，他们就会心生怨恨，觉得自己被利用了。

有些人具有太强的攻击性，他们觉得自己有权控制别人，所以想当然地认为别人会同意他们的要求。"下次你把车加满油。"他们对别人下命令，而不是提要求。"去码头接奥维尔叔叔。"如果别人不服从，他们就会生气。我们在第4章中讨论过，愤怒是一种感受到威胁的迹象，这里受到威胁的是这个具有攻击性的个人的错觉，即他们认为自己可以控制别人。

另一些人在想要某样东西的时候会以被动攻击的方式行事，他们既不提要求，也不下命令，而是精心安排环境，迫使别人做他们希望发生的事。"我知道了，我要让车的油箱几乎空着，然后他就必须加油了。""亲爱的，我本来想再给自己拿瓶啤酒，可是我的膝盖不行了。天哪，好痛。"有时这种方法是奏效的，尽管人们通常比被动攻击型的人想象的更容易看穿这种操纵。作为回报，他们可能也会以被动攻击型的方式行事。"请加便宜的普通汽油。""对不起，亲爱的，我好像找不到啤酒了。"此外，由于被动攻击型策略需要控制他人的行为，它最终会强化我们自己的无助感和焦虑感。

那么，我们怎样才能更自如地提要求呢？不妨考虑下面这些贴士和技巧。

□ **知道自己想要什么。**确定在这种情境下你真正希望发生什么。如果你都不确定自己在提什么要求，别人当然更不会确定了。想象一下，你不必担心别人的感受或权利。在你真正开口之前，你会考虑他们的感受，但目前，你只需要知道自己想要什么。如果你习惯于采取被动的立场，你可能会发现自己很难决定想要什么，更不用说提出要求了。

□ **提合理的要求。**你可能知道你想要什么，但你实际上能得到什么？在提出你的要求之前，根据具体的情境来判定什么是真正合理的。尽量不要低估你的权利，如果你通常很被动，那么你也许会觉得提出一个完全合理的要求是不可原谅的粗鲁行为。"叫他在交响乐演奏的过程中闭嘴实在太没礼貌了。"如果确定什么是合理的对你来说很困难，请重读第7章关于坚定自信心态的内容。

☐ **不要因为提要求而道歉。**你有权提任何要求，只要你承认对方同样有权拒绝你的要求。道歉的行为等于在告诉对方"我真的觉得我没有资格让你为我做这件事，但是……"，这通常会让他们更有可能拒绝你的要求。

☐ **对行为提要求，而不是对性格提要求。**人们能够改变自己的行为，但不能改变自己的本质特征，不要提他们答应不了的要求。"我希望你在这件事上更聪明一些。""我希望你尊重我。"他们的智慧和尊重是你无论如何都看不到的，你能看到的只有他们的行为。你想看到什么样的行为？"我希望你在开始建造露台之前先画出设计图给我看看。""我希望你在带 10 个人回家吃饭之前先和我商量一下。"

☐ **不要因为提要求而贬低自己。**有些人会大肆表演，通过展现顺从或假谦虚的态度来合理化自己的要求。"对不起，我今天早上似乎太蠢、太没条理了，连停车场都找不到。能麻烦你告诉我怎么走吗？"不要妄自菲薄，而是试着用一种尽可能直接的方式去问。"能麻烦你指一下停车场的方向吗？"

☐ **提要求，而不是下命令。**你可以用一种看起来假定别人会同意的方式提出要求，但要确保这仍然是一个要求。"我能看一下你的驾照吗？"请注意，提要求并不总是需要采用问题的形式。"我想要一杯水，麻烦了。""回来的路上请给车加满油。"

描述事实、表达想法、详述行为、给出结果脚本

一种能更自如地提要求的方法是使用描述事实、表达想法、详述行为、给出结果（DESO[⊖]）脚本。这个概念是鲍尔夫妇（Bower and Bower）在他们出版于 1991 年的优秀著作《坚持自己的主张》（*Asserting Yourself*）中提出的。描述事实、表达想法、详述行为和给出结果是坚定自信地提出要求的四个步骤。这些步骤可以帮助你描述情况，说明问题所在，提出要求，并预测结果。

以 DESO 脚本的方式思考可以使提出要求变得轻松许多，并且使对方更有可能把你的话听进去。

在更深入地介绍每一个步骤之前，请想一个你希望对自己生活中的某个人提的要求——也许是想对家人、朋友或同事提出的要求。它不需要是一件多么了不起的大事，可以是开车送你去机场，在你上门拜访时给你提供一张过夜的床，就你房子边缘坏掉的栅栏和你展开讨论，等等。你会想到什么要求呢？

在我们更详细地介绍每一个步骤的时候，请记住你刚才想到的情境。

描述事实

在提出你的要求之前，先描述具体的情境。发生了什么事？尽可能把话说清楚，但不要做冗长的演讲。

⊖ Describe，Express，Specify，Outcome（即"描述事实、表达想法、详述行为、给出结果"的英语原文）的首字母缩写。

"在晚餐可以上菜之前，我还有很多事情要做。"

"我们已经很久没有一起出门了。"

"我注意到草坪需要修剪了。"

"我昨天在这里买了这个咖啡研磨机，但是它缺了电线。"

如果你的要求与其他某个人的行为有关，请确保你关注的是行为，而不是这个人的性格或动机。

不太好的说法： "你又懒又不体贴。"

更好的说法： "你还没有完成你上周答应要做的家务。"

不太好的说法： "你付我这么低的薪水，是因为你认为这么做不会受到惩罚。"

更好的说法： "我挣的薪水比不上同样做这份工作的其他人。"

别人的行为和他们的动机或性格相比，引起争论的可能性要小很多。家务要么做完了，要么还没做完；你赚的要么比别人少，要么不比别人少。家务没做完是否因为对方懒惰，你的薪水太低是否因为雇主贪婪，这些是有待商榷的问题。你的目标是提出要求，而不是邀请对方和你进行争论。此外，指责对方存在负面的性格特征或不良的动机可能使他们变得具有防御性，从而抗拒你其余的信息。切记，始终关注行为。

表达想法

这是提出要求的第二步，表达你在这种情境下的想法。

以下是一些技巧：

- **清楚地表达你的情绪，但不要把它们演绎出来。** 避免利用表达阶段来彻底发泄你的情绪，以"让对方好看"，一个简单的陈述就可以了。"我现在觉得自己不受重视"这话似乎有些轻描淡写，尤其是当你实际上想说"我再也受不了了，你这个自私的浑蛋"的时候，但它通常会有更好的效果。

- **强调正面的信息。** 把注意力更多地集中在你希望感受到的正面情绪上，而不是你当下感受到的负面情绪上。有时这样说是完全合适的："当那样的事情发生时，我非常生气。"但这样说可能对你们的关系更有帮助："我不觉得我和你像我希望的那么亲密。"对正面信息的强调传达出你对这段关系和这个人的重视，但是某件事情（你正准备提一个关于这件事情的要求）阻碍了你们。

- **保持冷静。** 当你在说你的感受时，试着保持一种适度冷静和平和的语气，但也不需要像机器人那样超脱。一个简单的陈述，例如"我感到愤怒"，通常比你龇着牙大声喊出的同样的话更有帮助。

- **使用包含"我"字眼的陈述。** 对你的情绪负责，而不应该把你的感受赖到对方头上。说"你太慢了，简直要把我逼疯"这样的话只会让他们变得具有防御性（"你的情绪不是我的问题"）或者导致他们感觉糟糕（"你说得对，我真是一无是处"），这样我们永远无法激发出人们最好的一面。使用"我"这个字眼表明你对自己的感受负责。"我感觉快被压垮了"比"没人能忍受这种情况"或"这种情况是无法忍受的"要好。包含"我"字眼的陈述使你的要求显得更私人化,它们传达出了你掌控自己感受的信息,并且避免了对对方的人身攻击("任何人都会看出你的行为是不合理的,你这个傻瓜")。

- **避免夸大你的痛苦。** 有些人很喜欢过分强调他们在所处情境下的糟糕感受(即所谓的"看我多可怜"问题),他们的隐藏议程是让对方感到内疚。"当你没来参加我的派对时,我觉得自己一无是处,就像整件事是彻头彻尾的浪费时间一样。"说这种话的人希望内疚会使对方想要做出改变,但这通常是行不通的。即使对方答应了这个要求,整个过程也往往会破坏这段关系。切记,说出你的感受,但不要言过其实。

有时你可以跳过表达阶段。举个例子,假如你在询问去停车场的路,你大可不必告诉对方你对找不着自己的车感到多么焦虑。

详述行为

在你提出要求的时候,详述你希望发生什么。以下是一些技巧:

- **提前决定你想要什么。** 与人交谈时你可能会感到焦虑,这会让当场思考变得更加困难。所以,在开始之前，先决定你想要提什么要求，以及你将如何组织要求的措辞。你可能有过这样的经历，对方失去耐心，说："好吧，就这么着吧！所以，你想要什么？"你必须提前知道这个问题的答案。

- **表述要简洁明了。** 在大多数情况下，你的要求不应该超过一两句话，请说具体的细节。这里有一个不好的例子："我希望你在委员会中发挥更积极的作用。"这到底是什么意思呢？更好的表述是："我希望你负责接下来 6 个月的筹款工作。"
- **以肯定的方式提出要求。** 说你想要什么，而不是你不想要什么。"我希望你在 8 点之前把垃圾倒掉"比"别在倒垃圾这件事上偷懒"要好。
- **关注行为。** 你希望对方做什么？正如我们之前讨论过的，不要要求对方改变他们的想法或感受，例如"别那么怨恨我""别这么固执""我希望你有更好的态度"，也要避免过于笼统，例如"我希望你能更体贴一些"。这些表述可能都会混淆视听，或者使对方抗拒你的要求。

以下是一些恰当的"详述行为型"陈述的例子：

"我希望你在桌子上摆好晚餐的餐具。"

"我要你在午夜之前到家。"

"当你感到愤怒的时候，我希望你给我写张便条，说说你反对什么。"

"让我们坐下来，计划一下每天由谁来接孩子。"

你说得越具体，对方就越有可能答应你的要求。

给出结果

最后一步是描述如果对方同意或不同意按你的建议去做，你认为会发生的结果。鲍尔夫妇把这一阶段称为"后果"。对某些人来说，"后果"通常意味着惩罚，所以我在这里用"结果"这个词来代替。我们指的是什么样的结果呢？

感受

也许你会感觉更好些。这可能是你最常做的一种结果陈述。

"我更喜欢那样的结果。"
"那么我想我会觉得更舒服些。
"如果你那样做，我快被压垮的状态会缓解很多。"

成果

有时，你的结果是在外部世界可以看到的某种具体影响。

"我认为按那样的方式项目会完成得更快，我们也可以更早地放松下来。"
"那将移除我们之间的一个障碍，我想我们会相处得更好。"
"那么我就能先把最重要的事情做完，你也就不用等了。"
"我想这会提高你下次员工考核的评分。"

回报

也许出于回报，你会为对方做些什么。

> "那么你回家后我给你做个按摩。"
> "如果你做那件事，这周我就来接管洗衣服的工作。"
> "如果是这样的话，你可以邀请一个朋友明天过来看电影。"
> "那么下周四你可以用这辆车。"

负面后果

如果对方不按照你的要求去做，你也许会反过来做一些他们不喜欢的事情。请注意，你应该非常谨慎地使用这个方法（即使是对孩子）。大多数人会过度地使用惩罚这种方法来达到自己的目的，相比之下，奖励通常有效得多。然而，告知负面后果有时也是恰当的。

> "如果到8点你还没把垃圾扔出去，今晚就没有电视看了。"
> "如果你不能对我忠诚，我将不得不做一件我不想做的事：结束这段关系。"
> "如果这些言论继续下去，我会向人力资源部门举报。"

通过给出结果，你再一次为自己的行为负责，并让别人为他们的行为负责。你没有要求别人做任何事，如果要求了，这就属于你试图控制他们行为的情形。你其实只是在说，如果他们以某种方式行事，你会有什么感受，以及你会做什么。这样说相当于邀请别人考虑具体的情境，并根据他们的自由意志来决定如何行动。

请记住，负面后果往往会引起怨恨，惩罚在改变行为方面不如奖励有效。在大多数情境下，不妨花一些额外的时间，以一种肯定的方式来表达当你的要求没有得到满足时将会出现的后果。考虑采用前面介绍过的、在芭芭拉·弗雷德里克森的著作里提及的 3∶1 政策。这意味着你要努力给予至少 3 倍于惩罚的奖励，以及 3 倍于批评的赞美。

还有一条关于结果的贴士——人们经常会做出模糊的或过度的结果陈述，这些都不太可能实现。如果你这样做，别人会学聪明，不再把你的话当回事。以下是一些糟糕的结果陈述：

> "否则我将禁足你一整年！"（不太可能！）
>
> "如果你不这样做，呵呵，有你受的。"（"有你受的"是什么意思？）
>
> "那么我会永远爱你，亲爱的。"（至少爱到下一次需要发号施令的时候。）
>
> "一切问题都会完美解决的！"（没有什么东西可以达到完美的效果。）

在做你的结果陈述时使用具体和现实的语言。

案例示范

下面是一些完整的使用 DESO 脚本的例子：

> "伊万，当我到达河边时，我意识到你没有提前把桨送过去（描述事实）。我很沮丧，因为这意味着我们

没有足够的桨让每个人都进行练习（表达想法）。我希望你能想出一个计划，确保在未来的旅行中，所有的东西都提前打好包并发送出去，然后向我汇报（详述行为）。那样的话，我可以更加坚定自信地带别人出去，事后我也不会再来麻烦你（给出结果）。"

"艾莉森，当你说我不爱你的时候（描述事实），你的话既让我感到很糟糕，又让我觉得自己被误解了，因为我真的非常爱你（表达想法）。如果你感觉不到我的爱意，我希望你能立刻告诉我，我们可以好好谈谈（详述行为）。也许那样我们就能搞清楚发生了什么事，而不是就我的感受展开争论（给出结果）。"

"我总是不到月底就没钱了，真不知道这日子该怎么过下去（描述事实）。这让我很焦虑（表达想法）。你愿意和我坐下来喝杯咖啡，梳理一遍我的财务状况，看看我能做些什么来改变这种情况吗（详述行为）？我会非常感激你的（给出结果）。"

练习 1：撰写 DESO 脚本

从你自己的生活中选择一个你要求看到某种改变或得到某种帮助的特定情境，设计一个 DESO 脚本来处理这个问题，你可以在这里或在你的笔记本里把它写下来。

这个情境涉及谁？

具体情境：

现在，在这里或在你的笔记本里写下你可以在每个阶段做的实际陈述。

描述事实：

....

....

表达想法：

....

....

详述行为：

....

....

给出结果：

....

....

你需要额外的纸吗？如果需要，说明你的脚本太长了。无论你是否需要额外的空间，都请检查一下你的脚本，把它精简到最基本的部分，尽量让你的表述简洁明了。

练习 2：坚定自信地提出要求

在这个练习中，请演练使用 DESO 脚本来坚定自信地提出要求。虽然你可以独自练习，但如果你和一个搭档一起演练，这个过程会更加轻松。

设想一个你希望对某人提出要求的情境。如果愿意，你可以重复使用上个练习中的要求。或者，你也可以从下面的清单中选择一个场景。

- 让你的朋友教你如何滑雪。
- 要求同机的乘客和你交换座位。
- 你的朋友周末从来不开她自己的车，问她你能不能借来一用。
- 让委员会的同事担任新的财务主管。
- 让朋友开车送你去拔智齿，拔完后再送你回家。
- 当你下周去看望父母时，让你的配偶或伴侣陪你一起去。
- 这周末你要搬家，麻烦朋友来帮忙。
- 让老板不要在你忙着追赶进度的时候给你安排新的工作。
- 如果你处于青春期的孩子晚上 10 点以后才回家，让他及时给你打电话。
- 要求酒店经理把你换到一个离喧闹的酒吧更远一些的房间。
- 让家居维修工给你一个确定的完工日期。
- 要求房东在向潜在的新租户展示你的公寓之前，先通知你一声。

设计一个 DESO 脚本，看看你能否在脑子里把所有步骤都想出来。当然，如果有必要的话，尽管把它写下来。

如果你是独自演练，请对着镜子传达你的要求。注意观察你的非言语行为，并在提出要求的过程中聆听你的声音。想象一下收到这个要求会是什么情形？你将如何回应？如果你正在想象向你生活中的某人提要求，你认为他们会如何回应呢？那个时候你又会说什么？

如果你和别人一起练习，请向你的搭档简单介绍一下情况，并说明你把他们想象成什么样的角色，例如"我是在对我哥哥／弟弟提要求，他总是试图逃避一切责任"。然后，把你的脚本演出来。

如果你是收到要求的一方，请留意你在听到这个要求时的感觉。你不应该完全答应这个要求，至少在一开始的时候不应该完全答应。按照你认为在这种情境下你会采取的方式做出回应，或者按照你认为你扮演的角色（例如哥哥／弟弟）会采取的方式做出回应。然后，提出要求的一方有机会对收到要求一方的回应进一步做出回应。接着，收到要求的一方可以再次回应。

和搭档就练习的进程展开讨论。提出要求的一方按脚本说话是什么样的体验？收到要求的一方听到这些话后有什么感受？前者有没有流露出任何预料自己会被后者拒绝的迹象？有什么可以做得更好的吗？

当你们结束讨论时，提出要求的一方应该有机会改写脚本，并再试一次。然后，双方互换角色，重复练习几次。

练习 3：DESO 脚本实战

在接下来的一周里，至少想出一个你觉得自己的需求、愿望或期望没有得到满足的情境。提前想好该情境，并为自己写一个 DESO 脚本（在这里或在你的笔记本里）。演练脚本里出现的各种内容，然后将它付诸行动。

在你选择情境的时候，请记住，提出要求对你来说可能是一项陌生且困难的技能，你需要选择一个不太具有挑战性的情境。可以考虑下面的等级列表：

第 1 级： 在一家餐厅预订座位。

在享用晚餐时请人把黄油递给你。

第 2 级： 把有缺陷的产品退还给百货公司。

你不在家的期间，让邻居帮忙收你的快递。

第 3 级： 给某位家庭成员分配一项新的、持续存在的家务。

要求邻居赔偿你的财产损失。

第 4 级： 对伴侣的行为表达不满。

抗议来自工作主管的不公平待遇。

想一想你觉得每个级别描述的情境有多困难，它们是容易的、有挑战性的还是不可能应对的？你应该从一个稍具挑战性的情境开始尝试。也许你希望学习如何应对第 4 级的情境，即便如此，还是先从简单得多的情境开始吧。

这个情境是什么？

现在，在下面的空白处为这个情境撰写一个 DESO 脚本。就像你在上个练习里所做的那样，把它精简到最基本的部分。

描述事实：

表达想法：

详述行为：

给出结果：

一旦你对你的脚本感到满意，就反复重读，直到你几乎可以把它背下来。你不必真的逐字背诵脚本，但你应该记住基本的内容，一出现机会就提出要求。使用坚定自信记分板（或你的笔记本）来记录它的进展过程。最后的结果如何？你在哪些方面表现不错？哪些方面还可以做得更好？

试着以你生活中的其他情境作为素材，重复这个练习。

第 16 章

如何为对抗做准备

"你是一个独一无二的人，在地球上没有人能和你完全一样。"从你还是个孩子的时候开始，你就一直听到这句话。但是请你仔细想想它的意思，它意味着你永远不会有一段你和对方在每个问题上都意见一致的关系。换句话说，在你余生的每一段亲密关系⊖中，双方都必然存在意见、优先事项和观点上的分歧。

并非所有这样的分歧都需要对抗：

- 邻居令人困惑的"世界是平的"的信念。
- 格里阿姨几十年来都没有变过的政治观点。
- 同事明显的由超支和债务引发的焦虑。

⊖ 英语原文为 close relationship，是泛指的亲密关系，包括和家人、朋友的关系，不是我们通常理解的情侣之间的亲密关系。——译者注

- 你最好的朋友对反骨搭档组[⊖]老歌的喜爱。

有些分歧只是反映了你应该容忍的不同品味，还有一些是关于事实的争论。经验表明，你试图教育别人的努力毫无效果，没有法律要求你拿头去撞墙。

不过，有些分歧是需要解决的。不妨考虑下面这些例子：

- 决定由谁来承担家庭责任。
- 与孩子设定边界。
- 解决与朋友之间的误会。
- 应对干扰你工作的同事。
- 与配偶或伴侣决定支出的优先顺序。
- 解决歧视或工作场所的欺凌问题。
- 室友之间分摊家务。
- 与主管讨论分配给自己的工作任务。

你无法逃避所有这些情形，但是当它们出现时，你可以学着更有效地应对。

本章的标题听起来可能令人生畏。对某些人来说，"对抗"这个词带有负面的色彩，是需要压制的东西。其实没有必要。对于这本书来说，"对抗"是把双方带到台上，一起"在那里"的行为（参见第 1 章）。当两个或两个以上的人试图处理他们之间的分歧时，对抗就会发生，它不必是不愉快的或尖刻的交流。

虽然分歧无法避免，但对抗是可以躲开的——至少暂时

⊖ Vengaboys，荷兰音乐组合，曾以非常洗脑的迪斯科舞曲在 20 世纪 90 年代末、21 世纪 00 年代初风靡全球。虽然组合名字中包含 boys 字眼，但成员为两男两女。——译者注

可以。你可以假装自己和别人没什么不同，即使在需要解决分歧的情况下，你也可以保持沉默。你可以被动地否认你的好恶、偏好、价值观和目标，"哦，不，我不是那个意思，我和你的感受一样"，或者用颇具攻击性的方式否认对方的好恶、偏好、价值观和目标，"你不知道你想要什么，我才知道你想要什么"。但这些策略都解决不了任何问题，想要解决问题，就要"在那里"。你必须应对冲突，必须愿意直面问题。

对抗可能非常困难，这个过程中经常会出错。人们会变得焦虑，感到威胁，变得愤怒。他们大喊大叫，挥舞手臂，夸大其词。这种交流往往使事情变得更糟，而不是更好。

为什么这些情形如此具有挑战性？主要有下面几个原因。

- **复杂性**。与许多其他情形不同，对抗需要坚定自信的沟通所涉及的几乎所有技能：有效地使用肢体语言、给出你的意见、提供反馈或接收反馈、拒绝不合理的要求，以及提出你自己的要求。这些技能中的任何一项出现故障都会导致双方的交流偏离轨道。

- **关系的重要性**。冲突经常在对我们来说至关重要的关系里出现，包括老板、员工、配偶、最好的朋友、孩子，等等。这段关系越重要、你和这个人之间的历史越长久，冲突的威胁性就越大。如果你的伴侣离开了你怎么办？如果你的老板认为你不可靠怎么办？如果你孩子的固执预示着他接下来几年的青春岁月都是艰难的怎么办？如果这份工作永远不变，你就这样动弹不得被困到退休怎么办？这样的恐惧很容易让人变得心烦意乱，在对抗中偏离轨道。

- **问题的重要性。** 冲突经常在对我们来说非常重要的问题上出现，比如配偶的忠诚、工作中的责任、孩子的安全，等等。我们可能愿意在不那么重要的事情上让步（比如谁买维生素，谁挑餐馆，谁起得更早一些），但当问题看起来至关重要的时候，我们常常觉得自己有义务采取不通融、不妥协的立场。如果对方也这么做，权力斗争往往随之而来。

- **象征性价值。** 有些情境对我们有很大的象征性价值。关于牙膏管上的盖子、马桶座圈的位置、纪念日的鲜花等问题的冲突，与牙膏、马桶或鲜花几乎没有关系，它们和对方行为的象征性意义有关。不盖牙膏的盖子意味着你认为我是你的仆人；不把马桶座圈放下来意味着你不在乎女人；不送鲜花意味着爱情已逝，婚姻即将破裂。冲突围绕着手头的问题（牙膏）展开，而不是真正的问题（"你爱我吗"）。当你们不讨论真正问题的时候，冲突很难得到解决。

- **时间长度。** 对抗通常需要大量的讨论、澄清和决策。提前准备可能很困难，因为对方如何回应通常不可预测。相比于许多其他情境，你需要能够随机应变，并且更长久地保持坚定自信的立场。

为对抗做准备

在对抗开始前让自己做好准备对你是有益的。当然，这并不总是可能的。有些冲突来得很意外，在你知道发生了什么事之前，你发现自己已经陷入了困难的遭遇，而且出于某种原因，你无法拖延。幸运的是，实际情况往往并非如此。

本章提供了一组建议，帮助你为对抗做准备。在你阅读这些建议所呈现的想法时，如果你的脑海里有一个具体的冲突情境，将会对你大有帮助。从你自己的生活中挑选一个你希望处理的冲突，花一点儿时间，简要地描述一下具体的情境。

你希望处理的冲突涉及谁？ _____

具体的情境和问题是什么？ _____

也许你可以决定什么时候向当事人提出这个问题，或者，也许你知道冲突迟早会发生，但并不清楚确切的时间，又或者，如果这个问题意外地冒了出来，你可以把它往后推，直到你有时间思考为止。所有这些情形都给了你准备的机会。

你已经在发射台上，我们要启动了。下面列了 10 项帮助你为未来做好计划的任务。倒计时开始。

10：对自己陈述问题

问题到底是什么？最初，问题也许只是一个模糊的印象，似乎有些事不太对劲。"我觉得我在被人利用。"这给我们指出了一个关于对抗的一般性原则：

关键点　你不能解决一个印象，你只能解决一个问题。

换句话说，你的印象是基于某些东西的，也许是一种信仰，也许是某人的行为，也许是某人告诉你的某件事情，也许是——就像狄更斯笔下的斯克鲁奇（Scrooge）在《圣诞颂歌》（*A Christmas Carol*）里想的那样——几乎不比"一点点未消化的牛肉"多的东西。有印象没什么问题，的确，在你做任何其他事情之前，意识到你印象的存在可能是至关重要的环节。但是为了采取行动，你需要更进一步。

是什么让你担忧？你暂且不必想出一个解决方案，但是你必须知道问题究竟是什么。如果你不能定义是什么东西出了错，对方肯定没法猜测你要表达的意思。

你在上面已经指出了一个问题。检查你的表述，判断一下这个问题是否比较清晰。如果不是，也许你把你的印象定义成了问题。"我觉得自己被利用了。""我在工作中充满怨恨。""我希望我从来都没有成为家长。"看看你是否能搞清楚这个印象基于什么。"我和女儿的关系让我缺乏满足感，因为她无视我的要求，对待在我身边没有丝毫兴趣"这样的表述好多了。

如果有必要的话，请重新组织你指出的问题的措辞，聚焦问题本身，而不是你对它的反应。

也许你不知道真正的问题是什么，也许在工作或婚姻中，你有一种看起来几乎无法定义的不适感。如果是这样的话，尝试做一些头脑风暴，拿着笔和纸坐下来，试着想出每一个可能对你的印象有哪怕一丝丝贡献的因素。搜索导致你不满的单一原因通常是一种错误的追求，因为实际上很可能并没有单一的因素，大多数问题都是由多种因素引起的。

　　一旦确定了导致问题的因素，你可能想要集中处理所有这些因素。不过，大多数时候你会发现，选择问题的一个方面来关注比关注一切效果更好。

9：找到象征性价值

　　这个冲突真的是关于你所定义的问题吗？还是关于该问题对你和这段关系意味着什么？这个冲突或困难对你来说象征着什么？

　　举个例子，一位同事经常从你的书桌上拿走办公用品，这种行为可能导致冲突的原因有很多。一是找东西会拖慢你自己的工作。二是你可能会因为使用比你分配到的份额更多的物资而陷入麻烦。三是面对这种行为，你可能会这样解读你们的关系：

　　　他认为因为他在这里待的时间比我长，所以我应该做他的仆人。

　　　他是个不替别人着想的懒汉。

　　　作为公司范围内计划的一部分，老板让他搜我的书桌，目的是检查我的动向。

　　你的反应，包括你的痛苦，可能更多地出于你认为这种情形象征着什么，而不是出于真正发生了什么。"他不爱我"而不是"他把戒指摘下来做家务"，或者"我要被解雇了"而不是"她指出了我工作中的一个错误"，又或者"我养育了一个行为不良的孩子"而不是"她在墙上画画"。

为什么事件对我们有如此强烈的象征性价值？有时我们可以从别人的行为中得出正确的结论，然而大多数时候，象征性价值与我们自己的思维方式和经历相关的程度，丝毫不亚于它与实际情形相关的程度。前任曾经背叛自己，所以每次现任晚归时，我们都会起疑心。我们觉得自己不够好，所以每次老板一皱眉头，我们就想象自己即将被解雇的场景。我们觉得自己不讨人喜爱，所以孩子身上每一个独立的迹象都意味着我们是不称职的父母。

了解冲突对我们来说意味着什么是至关重要的，那样我们就可以对它进行评估，并考虑以下因素：

（1）是否将对抗建立在象征性价值上（我需要问清楚他是否背叛了我）；

（2）是否将对抗建立在实际行为上（我希望他帮忙保持厨房的清洁）；

（3）是否要放弃对抗，因为真正的问题是我们自己的看法（也许他在浴缸里看书并不意味着他在拒绝我）。

回顾你在前面的步骤里已经指出的情形。发生这样的事对你来说意味着什么？你害怕它可能意味着什么？

你更想处理哪些问题：实际情形还是象征性价值？考虑到该情形的性质，哪一种看起来是更合适的选择？

大多数时候，处理实际情形要容易得多。如果你选择处理象征性价值，那么首先问问自己，你有多么确定自己的理解是正确的？你的证据是什么？如果你相信你的理解合情合理，那么你可能希望与当事人讨论这件事（在完成本章介绍的其他步骤之后）。最好的态度通常是邀请对方进行讨论，而不是拿着你事先确定的假设与其对抗。所以尽量不要说"好吧，乔纳斯，我哪里得罪了你"，而可以改说"乔纳斯，我担心你不回我电话是因为我在某些方面冒犯了你，这是真的吗"。

8：选择你的战斗

所以现在你知道问题是什么了，你也知道它究竟是关于现实世界中发生的事情，还是来自你内心的印象。是时候重新思考了，这真的是你需要解决的问题吗？你不必参加每一支军队，打每一场小规模的战役。坚定自信总是关乎你的选择。有时你可以选择不做评论，把这个问题放过去。

这个情形对你有多重要？也许实际发生什么都无所谓。如果你的阿姨给你一杯你不想喝的茶，你可以喝，也可以把它放在一边。如果那位名叫弗兰克的建筑师希望你去看他最喜欢的大楼，即使你不喜欢建筑，也可以答应他。没关系的，有时，允许自己按别人的计划或愿望行事会更有意思。

你有选择权，可以坚定自信地说明你的偏好，并拒绝令你讨厌的要求。这句话里的关键词是"选择权"，不要把坚定自信的表达用作逃避你可能不会有的新体验的方法。

你是刚刚上钩（参考第 3 章里的"避免钩子和刺激"原则）还是已经被钩住了？一些小问题对你的情绪来说就像尼龙搭扣，如果你放任不管，就会把你逼疯。也许你的配偶总是穿搭配不当的衣服，或者总是不把厨房橱柜的门关上。如果你愿意，你当然可以把它变成一个大问题，但为什么要多此一举呢？你大概率无法改变对方，专注于这个问题只会激起你们之间的怨恨情绪。在许多这样的情境下，你的任务是①沟通你的偏好；②放弃改变对方的尝试。让他们穿颜色搭配错误的衣服，让他们把橱柜的门开着，让他们从中间挤牙膏，或者让他们开车绕远路，随便他们怎么做。

一个相关的想法是问问你自己沟通的目标是什么，以及你能否实现它。切记，打你能赢的仗。人生苦短，你的精力有限，除非努力能让你有所收获，不然为什么要白白浪费你的精力呢？如果你 30 年来一直试图让你的母亲停止追问你什么时候结婚，考虑放弃吧，就让她问好了。如果要求女儿戒烟从来不管用，并且只会让你俩都不高兴，那就放弃吧，她决定要戒的时候自然会戒，你的纠缠不休反而可能会阻止她找到自己想戒烟的理由。

你赢不了的战斗有一些共同之处，那就是你通常在试图控制对方。请记住坚定自信的核心原则：坚定自信说到底是控制你自己的行为，而不是控制其他人的行为。如果你发现自己在说这样的话，"我已经一次次地试着表现得更加坚定自信，但没有任何效果"，那么请坐下来好好想想，你究竟在试图控制谁?

　　与此相关的是,人们常常觉得有必要在公共场合表达自己的观点。毫无疑问,你注意到了那些在新闻和社交媒体网站上不停发表评论的人。有时这些人觉得他们在为一个有价值的目的服务,但实际上他们说服不了任何人。也许在某个时刻,你试过和一个阴谋论者争论。你是获得了成功,还是仅仅让他们确信你是"一个随大流的人",或者更糟,让他们确信你是邪恶的阴谋集团的成员?(例如,由于访问过澳大利亚,我被指控参与"地球是圆的"阴谋论,说我鼓吹这样一片神秘的土地是真实存在的。)在这种情况下,最坚定自信的做法通常是拒绝辩论。沉默既不等于许可,也不等于赞同。

　　看看你选择的冲突情形。这个问题对你来说重要吗?它真的是一个问题,还是说它只是一个让你的大脑陷入痴迷状态的"钩子"?改变真的可能吗?(有些答案只有在你做完了其余的准备工作之后才会变得清晰,记得保持开放的心态,适时回来再看看这个问题。)

7:用行为术语描述问题

　　到目前为止,你一直致力于自己理解这个问题,现在是时候考虑如何向对方呈现这个问题了。

问题到底是什么？起初，就像前面讨论的那样，问题可能是一个关于某些事不太对劲的总体印象。"我的儿子太不替别人着想了。"如果你把这种想法告诉你儿子，会发生什么事？他会觉得受到了侮辱，于是试图证明你是错的，以此来为自己辩解。"你在说什么啊？去年 3 月我修剪了玫瑰花丛！"这种对抗不会有任何结果。

那么你能做些什么呢？在你开始对抗之前，尽可能清晰地定义问题，具体说明你希望在哪些方面有所不同。尽可能多地关注行为，而不是性格。你或对方正在做什么你不喜欢的事？

> 我在为什么事而不高兴？嗯……3 月份的时候，我们约定他每周修剪一次草坪。但实际上，他每三周才修剪一次，而且还是在我唠叨个没完的前提下。他把外套和鞋子随便扔在前厅的地板上，在自己的房间里吃饭，吃完了把菜留在那里，直到食物都腐烂为止。他平时用那辆车，但据我所知，他从来不给车充电。

不要等到你已经身处冲突之中的时候才去定义问题。到那时，你会被对方分散注意力，并且可能感到焦虑或愤怒，这将使清晰思考变得更加困难。你对问题的表述越不清晰，对抗就越不可能顺利地进行。

有时，定义问题的过程会让你有所领悟。你也许会从对方的角度看问题，也许会发现你以前没有考虑过的他们行为的原因，也许能够放下隐藏的信念，不再认为对方真的是一个反派人物。

　　真正困扰我的是，他同意了今年由他来照料玫瑰花丛，但他所做的一切仅仅是在 3 月份进行了一次修剪而已。也许他认为只需要做这点儿事就够了，我从来没和他说过关于施肥或者任何其他任务的细节。也许问题不在于他不替别人着想，而在于我在他接手这份工作之前没有把沟通做好。

　　回到你选择的冲突，把它重写为一组非常具体的、可观察的行为或事件。剔除你对对方动机的猜测（"当我愤怒的时候，他暗地里十分享受"），即使你认为自己是对的。如果你仍然把这个问题归咎于对方的性格特征（"她不可靠"），请写下让你产生这种想法的具体事件或行为。

6：定义你的目标

　　你希望得到的结果是什么？也许你只是很生气，想发泄一下，上蹿下跳，高声尖叫，这通常会导致对方以完全相同的方式做出回应。发泄你的愤怒情绪虽然很诱人，但是它很少产生令人满意的效果。思考你希望事情如何改变是更好的做法，说到底，这关乎结果，而不是为了自我表达。

　　也许决定你想要什么是很困难的事，你可能不知道答案，也许冲突的原因是你感到愤怒、沮丧、怀疑或无聊。有时与对方分享这些感受是很有价值的，但是如果你要求见到改变，你就必须给出具体的表述。要求对方"更聪明一点儿"只会给你们双方带来更多的沮丧。正如我之前所说的，如果你不知道自己想要什么，对方当然也不会知道。

以下是一些具体目标的例子：

我希望我的儿子在不需要提示的情况下每周修剪一次草坪。

我希望我的助手把她关于工作的问题存起来，一天只集中问我两次，而不是每隔几分钟就给我发电子邮件。

如果他到家的时间比平时晚两个小时以上，我希望他及时打电话通知我。

当我们一起滑雪的时候，如果她觉得累了，我希望她直接告诉我，而不是试图跟上我。

我们经常有一个秘密的目标，那就是私下里希望别人承认他们是反派人物，他们成心伤害我们或让我们感到沮丧，而我们自己完全无辜，没有做错任何事。有时这是合适的，我们确实应该要求他们对自己的行为负责，表达这种愿望没有问题。"我希望你不要再因为你的事责怪我，而是对你自己的行为负责。"

然而，在很多情况下，我们自己的愤怒情绪会让我们幻想完全的胜利。"你说得对，我不该叫你加班（抽泣），我是公司里最差劲的经理！"我们需要认识到我们对胜利的渴望是完全正常的，然后随它去吧，面对现实。你可能不会得到对方的承认，说自己是完全有罪的一方，即使你得到了，它也不会像你想的那么有满足感。有些人承认自己的罪过（"你是对的，我很邪恶"）是为了避免对他们未来的行为负责（"所以我无法改变"）。"亲爱的，酗酒是一种疾病，所以我不能为我喝醉时的任何行为负责。"还是那句话，关注行为，而不要致力于证明别人是错的。

　　在你选择的冲突情境里，你的目标是什么？你有一个以上的目标吗？

5：真正需要改变的人是你吗

　　有时，在你定义了问题和目标以后，你会意识到你正在做的某件事情让自己感到不高兴。

　　　我们总是去海滩，而我明明讨厌海滩。不过，仔细一想，我从来没有明确说过。

　　　他总是向我借打扫院子的设备，我也总是借给他。

　　　我为我的慈善组织做了这么多事，我感觉自己快被压垮了，有明显的怨恨情绪。但是每次他们召集志愿者的时候，我都会举手。

　　这个时候，攻击他人并要求他们做出改变可能是很容易的做法。"别再命令我去那个愚蠢的海滩了！""别再借我的工具了！""别要求我奉献这么多时间！"

　　实际上，也许是你需要做出改变。如果你不喜欢去海滩，或许你应该说出来，然后不去。如果你想停止寻找打扫院子的设备，你需要先停止把它们借给别人。如果你不想承担更多的责任，就不要再主动揽活。有时这样做可以完全消除对抗的需要，与对抗相反，你可以直接通知对方这个变化。"听着，我觉得我们一年一起去一两次海滩挺好的，但其余时间你只能自己去了。"

在你选择的冲突情境里，你需要如何改变？你在这支无法令人满意的双人舞中扮演了什么角色？

4：撰写 DESO 脚本

我们在第 15 章关于提出要求的那部分内容里详细讨论过 DESO 脚本，这样的脚本还可以帮助你为对抗做好准备。请给以下四个主题分别简单地写一到两句脚本：准确地**描述**你觉得不满意的**事实**；**表达**你对这种情形的**想法**；**详述**你希望发生什么**行为**（你的目标）；如果事情按照或不按照你希望的方式发展下去，**给出**你预见的**结果**。这虽然不能帮助你完成整个对抗的过程，但至少会给你一个不错的起点。

例如：

描述事实：我注意到草坪有一段时间没有修剪了。我记得几个月前我们约定过，每周修剪一次草坪是你的工作。

表达想法：我不喜欢看到草长得那么长，所以忍不住要催你，但我又觉得成天唠叨你令我十分沮丧。

详述行为：我希望你像我们之前约定的那样，每周修剪一次草坪。

给出结果：那样我就不会觉得我必须追着你问了。

（还可能出现的结果：那个星期你就可以看电视了，或者，你可以在每个星期一和星期四借我的车。）

现在，把这些部分组合在一起，为你选择的冲突情境撰写一个 DESO 脚本。

描述事实：

....

....

....

表达想法：

....

....

详述行为：

....

....

给出结果：

....

....

....

3：选择你的地点

你想在哪里进行讨论？有些人喜欢在公共场所（如餐厅）讨论某些问题，因为在那样的环境里，对方会相对比较讲理。在其他时候，你也许想要一个更私密的环境。如果有潜在的暴力危险（例如你有一个虐待你的伴侣），请务必在选择环境的时候考虑这一点。

不过，请记住，没有人喜欢在公共场合感到尴尬。在你与他人对抗的任何时候，都请努力确保整个讨论的过程是尽可能私密的，避免在其他人的朋友、家人或同事面前跟他们发生冲突。如果你选择一家餐厅，确保你们可以私下展开讨论。如果你选择让调解人参与进来，试着选一个你们双方都能接受的人。

哪里是你们进行对抗的最佳地点？

2：选择你的时间

不要在你出门去看牙医的五分钟前，或者在团队会议即将开始之际，又或者在你已经把车停到姻亲家门口的时候展开对抗。选择一个你和对方都有空、可以好好处理这个问题的时间，这应该是一个你比较能保持冷静和专注的时间。如果你通常在下午较晚的时候感到疲倦或烦躁，那就另选一个时间。

选择你的时间可以是你决定什么时候提出问题，也可以是与对方协商谈话的时间。无论如何，选择一个时间意味着你也许不得不自己率先发起讨论。如果你习惯于被动型的方式，这对你来说可能很困难。你需要积极地去追求对抗，而不是一味地回避。

如果对方突然和你展开对抗怎么办？请记住，你有权控制自己的行为，这包括参与对困难问题的讨论。你可以决定自己什么时候愿意讨论，什么时候不愿意讨论，甚至可以决定你是否干脆就不想参与讨论。如果这个问题在你还没准备好讨论的时候就出现，你大可以向对方索取时间，先考虑一下再做决定。

> "再过几分钟我就要出门赴约了。什么时间适合我们留出来谈谈这件事？"

> "我需要一些时间来考虑我想说的话。你愿意星期四晚上见面聊聊这件事吗？"

什么时候比较适合你和对方讨论这个问题？

你是否有过在某个时刻不得不推迟对抗的经历？如果问题在你还没有准备好要处理它的时候就出现，你能说什么？

1：确保你的安全

如果你正在考虑对抗有暴力倾向的人（比如虐待你的配偶），首先要确保你已经对自己做了充分的保护工作。也许你在处理这个对抗之前还有其他问题需要解决。如果你确实需要和这个人对抗，你安全吗？如果事情进展得不顺利，之后你需要离开，你有可以住一两个晚上的地方吗？

也许让你们双方以外的其他人在场会是个好主意。也许你应该在专业人士的帮助下进行讨论，比如心理咨询师或专业调解人。也许你应该选择一个在你遇到麻烦的时候其他人可以出手相助的环境，或者你对抗的人不会动粗的环境。不过，千万不要让孩子夹在配偶的困难对抗当中充当调解人或目击证人，即使这样做会消除潜在的暴力行为。

这些简短的讨论不足以审视在暴力关系中应对冲突时所涉及的一切因素。如果你有这样的一段关系，你应该寻求额外的帮助或进行咨询。

在你选择的情境里是否有暴力的风险？

如果有，你会采取什么措施来确保自己的安全？

现在你已经了解了对抗的 10 个步骤。当你到达最后一步的时候，你可能会注意到你还没有开始处理这个问题。但也许你现在准备得更充分了。把一只手放在你的肚子上，深呼吸，然后阅读下一章。

The Assertiveness
Workbook

第 17 章

如何进行建设性的对抗

现在，你已经找到了一个问题。你对它进行了思考，意识到你确实需要和相关的人一起解决这个问题，并且按上一章里确定的步骤完成了所有的准备工作。你有你的计划，你知道你想说什么，是时候开始"工作"了。

对抗迟早会开始，希望你处在一个安全、舒适的环境中，可以清晰、公开地和对方沟通。本章是在进行交流时供你参考的一些建议。

通过努力，你已经确定了哪种沟通风格是你最常用的，哪种非坚定自信型风格最容易诱惑你。在阅读后面的建议时，请记住这些信息。

- 如果你经常表现得具有攻击性，那么当和对方的交流变得困难时，对抗会引发你不自觉地滑向攻击性言行的风险。请特别注意那些能帮助你处理竞争或敌对冲动的建议。

- 如果被动型风格对你最有吸引力，你会想要完全避免对抗，或者一出现分歧迹象就立刻屈从于对方的观点。在你阅读这一章的过程中，注意那些能帮助你保持自己立场的策略。
- 如果被动攻击型行为已经成为你的一种习惯，你很可能动辄在对抗中拐弯抹角或挖苦讽刺。那些能帮助你保持坦诚、直接风格的策略将是你最需要记住的。

放松

对抗会让大多数人感到些许紧张，你可能担心你和对方的交流不顺畅，也有可能所涉及的问题会使你感到愤怒或沮丧。这些情绪往往会加速激活你的应激反应，而正如我们之前所看到的，应激反应会抑制坚定自信的反应。你越是采取不那么坚定自信的立场，交流就越有可能停滞不前。如果你变得被动，你将无法有效地表达你的观点。如果你变得颇具攻击性，对方要么回避这个问题，要么反过来也变得颇具攻击性。

交流越偏离富有成效的讨论，你就越会感到恐惧或沮丧，然后，应激反应将被更大程度地激活。换句话说，我们在这里看到了一个典型的、很可能会失去控制的恶性循环。

你可以在哪里进行干预，以停止循环？一个节点是应激反应。如果你减少自己的紧张情绪，应激反应就会变小，你也就降低了采取被动型或攻击型行为的可能性。所以，在你对抗某人之前，花点儿时间让自己平静下来。如果你知道某种放松练习，不妨彻底地让自己放松一下，或者抽出几分钟来进行膈式呼吸或冥想练习。如果可以保持适度放松的话，你的沟通将有效得多。

在讨论过程中放松你的身体也很重要。你也许会发现自己在屏住呼吸，或在不使用膈肌的前提下浅而急促地呼吸。提醒自己好好呼吸，专注于减缓呼吸的节奏，并增加每次呼吸时吸入的空气量。你也许会发现把一只手随意地放在肚子上是很有帮助的，这样你就可以在对抗发生的过程中监控自己的呼吸。对方可能不会注意到你在做什么，即使他们注意到了，你也没有什么损失。

你能做些什么来帮助自己在第 16 章中指出的情境里保持冷静和放松？

使用开放的肢体语言

在对抗的过程中，我们很容易变得非常紧张并表现出来。你可能会握紧拳头，耸起肩膀，皱着眉头，咬紧牙关。也许你会采用一种颇具攻击性的姿态（离对方很近，盯着对方看，并带着愤怒的表情），这种姿态可能会让其他人处于防御状态，或导致他们也变得颇具攻击性。

或者，出于害怕，你可能会采用一种被动型的姿态（眼睛往下看，身体向地板倾斜，很少与人进行目光接触，带着恐惧的表情，紧握双手）。这看起来就像你并不真正相信自己的立场，从而招致别人更努力地对你施压。

与此相反，你应该采取一种开放和放松的姿态。坐下来，与对方保持适度的目光接触，面部放松，在恰当的时候微笑，避免坐立不安，让身体轻轻地向对方倾斜。这样的姿态传达了一种冲突可以解决的期望，你既不会攻击对方，也不会被对方攻击。当内心感到愤怒或恐惧的时候，你很难保持这种姿态。尽管如此，尽可能保持放松的姿态还是有帮助的，即使这意味着你要假装一下。姿态本身会影响你的思维，帮助你平静下来，并在讨论中专注于当下这一刻。

你将最需要专注于你非言语行为的哪一方面？

保持平和的声音

就像对姿态的选择一样，你也应该使用传达出坚定自信而不是攻击或被动信息的语调。在对抗中，平和、清晰、调整到位、友好的语调可以在很大程度上化解潜在的愤怒情绪。不要太大声，也不要悄声细语。如果对方开始太大声或太轻柔地说话，尽量不要跟随他们的步伐，而是把你的声音保持在一个正常的音量上，并使用友好的语气。如果对方颇具攻击性地变得很大声，刻意降低、放缓和平静你自己的声音可能有助于缓解紧张的局面。

在对抗的过程中，你的声音通常是如何变化的？

在对抗过程中留意这种变化，并集中精力把你的声音恢复到一种平和、镇静的语气。

从巩固关系开始

大多数人在面对冲突时会感受到威胁，而这种感觉会使我们做出糟糕的反应。当我们遭遇对抗时，我们不禁怀疑这份友情或这段关系是否已经结束，或者我们是否即将被解雇。正因如此，在开始谈论你们的分歧之前，先试着巩固你们的关系。先说你喜欢什么，然后再说你不喜欢什么。这可以使对方冷静下来，帮助他们看清你是在谈论一个具体的问题，而不是在谈论他们作为一个人的全部价值。

"首先，让我说一句，我对你过去几个月工作的总体表现感到满意。"

"我真的很享受和你一起旅行。"

"看看你完成的所有事情，桑德拉，做得好！"

诸如此类的陈述在你想要讨论的问题周围设置了边界。你向人们展示了他们是被重视和尊重的，他们不必担心你会完全拒绝他们，也不必担心冲突是由你对他们的仇恨引起的。不过，还是要提醒你：在所有的关系中，请记住在其他时候也要给出这样的正面信息，而不是在说完好话后立刻接一句对抗性信息。否则，人们当然有理由用怀疑的眼光看待你的赞美。"哦，真棒，是一句赞美，看来批评的话就要来了。"

在你提出的对抗的例子里，你如何能够从正面的信息开始沟通呢？

_____

_____

_____

使用你的 DESO 脚本

是时候表明你的观点了。请记住 DESO 脚本的四个部分，尽量简洁明了，尽量多关注正面信息（"我希望能比现在更享受和你在一起的时间"），然后切入主题。

不要过分详细地阐述。你很容易详细地谈论这个问题，但如果你真的这么做了，对方很快就会停止听你说话。他们可能会看着你，但已经在考虑要说些什么来进行反驳。你说得越久，就越让他们感到沮丧，因为你阻止了他们及时做出回应。而他们越沮丧，就越有可能以攻击性的方式来回应你。

你也许会担心，如果你不详尽地解释，对方将无法理解问题所在。事实上，如果他们确实不理解，可以要求你澄清，然后你再进一步解释。对抗是一种交流，而不是某个人的独白。

在长篇大论倾向的背后还有一个隐藏的动机：对对方会说什么作为回应的恐惧。与恐惧相关的自然倾向是回避，而继续滔滔不绝可以让你避开对方的回应。不要这么做，请勇敢面对你的恐惧，陈述你的观点，然后坐下来，让对方说他们想说的话。

　　避免在结果陈述中表达的任何负面后果也是一个好主意，除非这是一个长期存在的问题。一早给出负面后果（"否则我会和你的老板谈谈"）难免给人一种威胁的感觉，这可能会导致对方比在其他情况下更抵触你的信息。"我才不会向威胁屈服！"

　　尝试在初始的 DESO 脚本里给出你希望见到的正面结果，例如"然后我想我们的相处会比以前好很多"，在不受负面后果威胁的前提下，这为对方提供了一个做出正面回应的选择。如果他们的回应不理想，你可以在之后的交流中提出负面后果，例如"伊万，我已经决定了，如果这种情况不发生改变，我将离开你"。如果你经历了多次对抗，但什么都无法帮助你解决问题，那么也许你应该早一点儿提出负面后果。

　　和孩子讨论问题时，你最好比和成年人讨论问题时更清楚地指出负面后果，并且最好在讨论过程中更早地提出来。不过，以正面的方式来描述后果通常是有可能做到的。不妨想象你自己对以下每一句话的反应：

　　　　负面的："如果你的作业没有做完，你就不能去朋友家过夜。"
　　　　正面的："一旦你做完作业，你就可以去朋友家过夜了。"

　　　　负面的："不把垃圾倒出去，你就不能看电影。"
　　　　正面的："把垃圾倒出去之后，你就可以看电影了。"

　　这种差别微妙但真实。正面陈述还假定要求见到的行为会发生，而负面陈述则假定该行为不会发生。这一原则也适用于与成年人的交流。

如果你的 DESO 脚本有负面后果的描述，你如何将它们正面地表达出来？这样做合适吗？

承担责任

使用包含"我"字眼的信息来告诉对方，这个对抗的局面是如何影响你的，以及你想要什么。为自己的行为和要求负责，避免说这样的话："其他家庭都是这么做的。"诉诸外部权威（其他人、你的心理医生、你兄弟的家人、这本书）相当于否认你为自己的观点负责，并会引来争论。

"我们不是'其他家庭'。"

"除非你向我证明每个人都那么做。"

"那不是一个公平的例子。"

"你那本愚蠢的关于坚定自信的书里提到的内容，我可不是每一点都赞同。"

同样地，避免将你的情绪和行为归咎于他人的行为，只要把它们描述出来就好。这当中的差别可能很小，但效果可能是巨大的。

不要说："当你那么做的时候，你让我感觉很痛苦。"

　　而是说："当那种情况发生时，我感觉很痛苦。"

　　不要说："你的唠叨逼着我躲开你。"
　　而是说："当我觉得被唠叨时，我不想待在这里。"

　　对方的行为会引起你的反应这一想法也许看起来是正确的，但你的感受和行为是你的责任，而不是他们的责任。把那份责任强加给对方只会让他们处于防御状态。"我没有逼迫你产生任何感觉。"事实上，他们是对的。几乎没有什么问题能通过这种方式得到解决。

　　同时，为你选择的后果以及你根据这些后果采取行动的决策负责。"如果这种情况不发生改变，我打算开始寻找另一个职位。"避免通过使用包含"你"字眼的陈述把后果怪罪到对方头上。"你让我别无选择。""你将迫使我采取法律行动。"这些陈述并不完全正确，对方并没有强迫你采取这些方法，是你选择以一种特定的方式做出反应。大方承认这一点，明确表示你的回应将取决于他们怎么做（"如果这种情况再次发生，那么我会……"），但不要暗示决定权不在你手中。

　　此外，你也可以强调对方在这种情境下的自主选择。"如果你决定今年不去小木屋了，那也没关系。我当然希望你和我一起去，但即使没有你的陪伴，我自己也还是会去的。"

　　当你处于对抗中的时候，你是否发现自己通过诉诸权威，或者通过将自己的情绪或行为归咎于对方来逃避责任？

就你一直在考虑的冲突而言，这种情况会如何发生？你怎么才能做到不逃避，而是承担责任呢？

不要试图获胜

正如在上一章里讨论的那样，我们经常对对抗的结果有一种隐藏的幻想。我们渴望彻底的胜利，希望对方为问题承担全部责任，然后根据我们的愿望做出改变，从而免去一切我们审视自己的信念或行为的需要。"我意识到你是完全正确的，一直以来，在这个问题和其他一切问题上都是我错了。从现在开始，你说什么，我就做什么。"

什么时候有人对你说过这样的话？可能从来都没有。几乎没有对抗会以一方完全屈服而另一方完全获胜的方式告终，相反地，有效对抗通常包括共同解决问题和互相妥协。

"所以你是说你认为这些草只需要每十天修剪一次，而不是每周一次？我愿意答应你的提议，但前提是你不用我提醒就能自觉完成修剪草坪的活儿。"

"我告诉你，我喜欢一年滑几次冰，但不喜欢每周都滑。如果冬天我们全家人每个月去滑一次，那么剩下的时间你自己去，孩子们有兴趣你就带着他们，你觉得怎么样？"

为了达成这样的解决方案，你必须意识到你的幻想结果是什么，包括你对彻底胜利的渴望。你应该带着一些同情心来对待你的这些愿望。你当然想赢，但在大多数情况下，你必须放弃那些愿望里不切实际的因素，并且打开你的思想，接受另一种解决方案的可能性。这样做使你能够听到对方想要传达的信息。

在你指出的情境里，"幻想结果"是什么样的？你到底希望发生什么？请诚实回答，没人会偷看这本书。

....

....

....

至少在真的听到对方想说什么之前，你能告诉自己哪些话，来帮助你放弃这种幻想？

....

....

....

避免翻旧账

在对抗的过程中，一时激动之下，你可能会忍不住提出其他问题，包括来自很久以前的未解决的问题。"你记不记得那次你……"一次只在一个主题上发生冲突已经够难处理了，不要再牵扯其他问题。我们几乎总是被自己的愤怒所诱惑才翻旧账的。我们要么试图获胜，要么想伤害对方，两者都是可以理解的冲动，但它们都使冲突变得更糟。切记就事论事，不要跑题。

　　和你谈话的人可能没有读过这本书，他们也许会无意地提起过去的事情（"这让我想起了那次你……"），或者故意让你跑题（"嘿，看那边"）。如果他们能让你谈论多年前发生的事情，也许你就永远不会回到当前的问题。你的任务不是阻止他们提起过去，而是防止自己被带偏，记住你们正在讨论的主题。"我知道你还在为爸爸的遗嘱而烦恼，但现在我们正在讨论如何处理那间小屋的问题。"

　　你会受到翻哪些旧账的诱惑？你将如何保持就事论事、紧扣主题的状态？

....

....

....

　　对方可能会翻哪些旧账？你该如何避免被带偏？

....

....

....

绝对不要使用绝对表述

　　我们越是确信自己的立场，就越容易使用绝对的表述：

　　　"你从来不洗碗！"

　　　"你总是迟到！"

　　　"你不断地在我还没来得及脱下外套的时候就给我布置新工作。"

"每次我来到这里时，都会发生同样的事情。"

"任何时候我见到你，你都在接私人电话。"

"你永远在星期五喝个烂醉。"

其他的表述，如一切、一无所有、一天到晚、一次都不，等等，这些用语的共同特点是它们实际上都在说："我的陈述在任何情况下都是正确的。"然而，在几乎每一个例子里，这种陈述都是谎言。同样的事情并不是每天都发生，对方并不是次次都迟到，是我们在夸大其词。

你可能想说："这有什么大不了的？这些词汇仍然传达了要点，不是吗？"

不是的，绝对的陈述通常会破坏建设性的讨论。对方将发现证明你是错的（"啊！我在 8 月洗过一次碗"）实在具有令人难以忍受的诱惑力，而且他们通常都是对的一方。你的观点（希望他们更经常地帮助你）已经被否决了。使用绝对表述是破坏讨论和输掉争论的好方法。

你通常的意思是，某件事情发生的频率高于或低于你希望见到的频率。"你有时会洗碗，但通常是我干洗碗的活儿。"如果你是这个意思，那就这么说。对方将不再有那么强烈的和你展开争论的冲动，讨论也不再会跑题。不要卷入绝对表述的旋涡，除非它们真的百分之百准确。

想一个你可以对你的问题做出的绝对陈述。

把整个情形翻转过来，想象有人对你说这些话，而不是你对他们说。你能感觉到和他们展开争论的诱惑吗？即

使你想不出你的陈述有什么例外，请放心，对方一定会想到的。请把它改写成一个更准确的陈述，用相对词汇代替绝对词汇，比如"更经常""没有那么经常""频繁地""偶尔地"等。合理组织你的措辞，以达到你说这番话听起来很自然的效果。

虽然改写后的这句陈述在你听来比以前更弱，但它的实际效果可能比以前更强，因为它更准确。

倾听

在对抗的过程中，我们经常完全专注于自己的观点和接下来想说的话，以至于没有好好倾听。对方通常会感觉到这一点，从而变得沮丧，并且也停止了倾听的行为。没有冲突可以在不沟通的情况下得到解决，而没有沟通可以在不倾听的情况下发生。

注意对方提的重点，表现出来你在仔细倾听。当你认为你明白他们在说什么的时候，用你自己的话把它说回给对方听，这就是所谓的内容反映（reflection of content）。避开诱惑，不要为了自己的利益而扭曲对方的话，为你的下一个答复进行铺垫。"所以你的意思是我很蠢，对吗？"这只能说明你没有好好倾听。如果对方不认为你的理解是对的，那么你的理解就不对。

　　为了解决冲突，你必须理解对方的观点。你不必表示赞同，但你确实必须理解它，并证明这一事实。"好吧，让我看看我是否明白了你的意思。当我要求你准时的时候，你觉得自己被困住了，似乎你的生活不再属于你自己，你就像是一个必须准时上学的小孩。我这么说和你的意思接近吗？"

　　表现出你也注意到了对方的感受。对对方似乎正在经历的情绪做一个简单的陈述，即情感反映（reflection of emotion），通常有助于对方觉得你听到了他们的话。承认这些感受，不要因为对方拥有这些情绪而侮辱他们。"你真的为此感到很沮丧，我从来没意识到这件事对你有多重要。"

　　如果你以前和对方讨论过你的问题，他们的话你能听进去多少？（没错，我们都知道他们不好好倾听你的话，但是你倾听他们了吗？真的吗？）

　　在思考这个问题的过程中，你可能一直在想象对方会做出什么样的反应。从这些你想象的反应中选择一个，并根据它做出内容反映。

　　现在，再试着做出情感反映。

　　这两种反映好吗？测试一下，把整个情形像煎饼一样翻转过来。不妨想象在这个问题上，你站在现有立场的对立面，听到对方对你做内容反映和情感反映，也就是你刚才写的那些话。你会有什么反应？

　　对内容反映的反应：

　　对情感反映的反应：

　　如果你对其中一种反映的反应很糟糕，请重新组织那种反映的措辞，然后再试一次。谁也不能保证对方会做出和你相同的反应，但新的版本也许会去除原始陈述里那些隐藏的挖苦和讽刺。

找到共同点

　　对抗的目的是什么？但愿你们正试着达成共识。换句话说，你们在确认双方都赞同的观点和双方存在分歧的观点。

　　这种做法可能会存在小差错：人类天生就倾向于关注问题，而忽略进展顺利的事情。如果附近有 100 只无害的羚羊和 1 头狮子，你的大脑一定会指挥你去密切留意那头狮子。因此，我们倾向于关注分歧，甚至到了认为双方似乎没有任何共同点的程度。

　　阅读下面这个例子：

　　　　你和你的伴侣正在谈论购买新房的计划。她希望地下室有一个可以出租的备用套房，用来增加收入，而你讨厌当房东的想法。你想要一个木质壁炉，而她想要煤气壁炉。她想要一个比较古老的传统住宅，而你想要新型住宅。你认为她的优先事项大错特错，而她同样认为你的优先事项大错特错。你对想出一个双方都满意的共同决定感到绝望。

找到并发展你们的共同点，而不是消灭分歧，可以解决冲突。只要你仅仅关注你们之间的差异，问题就会一直存在。前进的方法是与你自己的生理习性对抗，强迫自己关注双方都赞同的那些方面。也许你们都认为孩子需要自己的卧室，并且都不关心你们是否住在大型购物中心的附近。找到双方的共同点，把它们指出来仔细看看。

> "听起来我们并不是完全意见相左。我们都想要一所房子而不是公寓。我们希望每个孩子都有卧室。我们希望有一个可以供他们玩耍的后院。我们想要一个木制平台，或者建造一个木制平台的空间。"

但是，不要用这种方法来否认你们俩在某些事情上存在的分歧。"所以真的没有问题，对吧？"此外，也要澄清分歧的重点。

> "但听起来你希望住得离上班的地方近一点儿，而我希望离公园近一点儿。还有，和我认为我们能承受的数字比起来，你想要一笔数额更小的抵押贷款。这样说对吗？"

当你找到更多的共同点时，请把它们一一指出来。这其中的差异通常是很明显的，但随着你不断地聊下去，你可能会发现它们在逐渐变小。"你觉得可以接受的最大抵押贷款额是多少？我的是……"

　　在你的问题上，你和对方是否已经有了一些共同点？也许乍一看答案是否定的。如果是这样，请继续思考。通常情况下，双方总有一些共同点的，是什么呢？

....

....

　　在对抗刚开始的时候，分歧或争议的领域通常看起来很大且难以处理，但它们往往也比较模糊。你有什么希望和对方澄清的事情吗？如果有，是什么？

....

....

　　最重要的需要理解的领域之一是动机。一开始，也许你会认为对方的动机无法理解。"没有哪个理智的人会认为那样的行为是恰当的"或者"花那么多钱买房子太疯狂了"。如果是这样，你可能不够了解他们的动机。大多数时候（虽然不是所有时候），表象之下的潜在动机是相当合理的。"如果我住得离上班的地方近一点儿，一天下来我就不会那么疲惫，而且我也愿意为更短的通勤花更多的钱。"

　　有时你会意识到你们有着相同的动机，只是在实现它们的手段上存在分歧。"我们都希望拥有一段良好的关系。我认为两个人有一些不同的兴趣爱好会减少束缚感，对关系有帮助，而你觉得两个人大部分时间待在一起会更有帮助。"也许，即使在差异当中，你也可以找到双方的共同点。"我们都希望既有自己的时间，又有共处的时间，但我们在具体时长上的偏好有所不同。"

关于你一直在思考的问题，你认为你和对方有什么相同的动机吗？如果有，它们是什么？经过你们的讨论，你希望能更清楚地理解哪些动机？

承认对方提的某些观点合情合理

在对抗的过程中，你可能不太愿意承认对方的优点，这种犹豫通常来自一种软弱感或无力感。当我们已经觉得对方占据了上风时，我们自然不愿意让他们感到更强大。当他们提出一个好的观点，表明我们对某件事的看法是错的，对我们所说的某件事做出良好的反应，以及指出他们做过的好事时，我们都会很犹豫，不愿意表示赞同。

但是，如果我们不对这些合理的观点给予认可，对方会觉得我们没有在听他们要说的话。他们的感觉是对的。矛盾的是，试图在每一个观点上获胜可能会让我们的立场变弱，而不是变强。

我们希望见到什么结果？我们希望对方倾听我们的观点，承认我们所说内容当中的真理部分。但他们通常不会这么做，除非我们愿意为他们做同样的事情。我们也许会觉得赞同他们是在削弱自己的立场，而事实并非如此。如果我们积极确立共同点，并表现出我们愿意倾听他们的态度，对方通常也会变得更愿意倾听我们。因此，在大多数冲突中，承认对方提的某些观点合情合理不失为上策。

　　"你说得对，我做春季大扫除的时候你在修理车库，我把这一碴儿给忘了。"

　　"我同意，你对大多数事情都考虑周到。"

　　"谢谢你倾听我在这个问题上的立场。"

　　"是的，你在会议上站出来为我说话真是太好了。"

　　在以往的对抗过程中，承认对方提出的合情合理的观点对你来说有多困难？

　　你能想到这个人在对抗中可能提出的一个合情合理的观点吗？如果能，是什么？

　　想象一下他们已经提出了这一观点的情形，你能说些什么来给予认可呢？

不要反击

　　当你与人进行对抗时，他们通常会心生怨恨或感到愤怒，并以指责、侮辱或反击的方式对你进行猛烈抨击。你可以把这些评论视为"钩子",就像我们在第3章中讨论的那样。它们可以抓住你的情绪,击中你的思想,把你从问题上拽走。它们可能相当伤人,所以你会不自觉地保护自己免受它们的伤害。

有时别人很清楚他们是在试图让你上钩。他们知道容易导致你情绪失控的按钮,并故意按下这些按钮,好让你受到刺激,并分散你的注意力。"如果你没有辍学(这对你来说是个很大的按钮),你就会知道我是对的!""仅仅因为你有一个大鼻子(一个令你很不自在的按钮),你就认为你能嗅出真相!"

更多的时候,对方并不知道他们是在吸引你上钩或者按你的按钮。情侣们经常发现,双方无法在不陷入伤人争吵的情况下谈论某些问题,两个人都不知道这是怎么发生的,但它就是发生了。实际上,每个人都说了一些勾起对方情绪的话,争吵就此逐步升级。

你的目标不是防止对方按你的按钮。请记住:你无法控制他们的行为。相反地,试着允许他们按你的按钮,你不做出反应就好。不要对钩子进行回应,如果他们想提你低廉的薪水,就让他们提吧,不要发表评论,你只需要紧扣主题。如果他们提到你讨厌的亲戚,不要为了维护你的家人而涉足争论,还是那句话,紧扣主题。

钩子:"你知道,你也不是毫无过失的。记不记得去年春天……"

回应:"现在我们在谈论草坪的事,我希望我们能继续紧扣主题。你认为什么样的频率……"

钩子："你突然相当咄咄逼人。"

回应："也许吧，但我真的很想解决我们的费用问题。"

钩子："如果你愿意更多地陪我约会，这不会是什么问题。"

回应："这个嘛，让我们找个时间谈谈。但现在，我还是想先敲定谁来支付汽车保险。"

就你一直在考虑的问题而言，对方怎么做才能让你上钩，把你从这个主题上拽走？想想他们以前使用过的策略，或者你知道的自己比较脆弱的地方。

....

....

....

你怎样回应才能使讨论继续紧扣主题？

....

....

....

管理你的愤怒情绪

许多人觉得表达每一种情绪都很重要，即要把情绪表达出来。没错，自我表达可以帮助我们，尤其是与否认情绪的做法相比。然而，在对抗情境中，攻击往往会产生更多的攻击，通过大喊大叫、指责对方或其他具有攻击性的行为来表达你的愤怒很可能会激起愤怒的、具有攻击性的回应。攻击行为通常会导致你来我往的愤怒升级，也就是"导弹交换"。

他抛出侮辱，她扔回石头；他抛出手榴弹，她扔回炸弹；他抛出导弹，她扔回核导弹，这样做什么问题都解决不了，而情况只会变得更糟。

请记住，自我表达和以改变为目的的沟通是完全不同的。用对抗来发泄情绪实际上永远解决不了问题，相反地，它只会使冲突升级。请记住你的目标，并避免把你感受到的每一种情绪都表达出来。

如果你真的想解决问题，试着不要让愤怒情绪影响到你的姿态、声音和说话的内容。如果你希望对方明白这种情况让你很愤怒，尽可能清楚、公开地告诉他们，例如"我发现这种情况令我感到愤怒，而那样的状态让我很难思考"。

有时你可能会变得非常愤怒，以至于无法继续进行富有成效的讨论。恰当的做法是给出有关于此的明确信息，例如"我很难过，现在无法清楚地讨论这件事。我想稍作休息，明天再谈"。

当你在对抗的过程中生气时，你通常是如何表达愤怒情绪的？你会以一种让对方变得同样难受（要么生气，要么焦虑地回避）的方式来表达愤怒吗？

....

....

你可以用什么不同的方式来表达你的愤怒情绪？这种方式有帮助吗？还是只会让讨论偏离当前的主题？

....

....

....

耐心地等待沉默结束

有时，在你阐述观点后，对方会保持沉默，这可能意味着他们在思考。好，给他们时间。冲突失控的可能性之一是人们太快地做出回应，大多数时候慢一点儿更好。

我们不能容忍沉默的原因之一是，我们怕一旦有了充足的时间，对方会提出一个非常好的观点。"我最好赶紧插话，不然他们会想出一些我无法反驳的东西。"这必然会让对方感到沮丧，并且大大提升了无效交流的可能性。如果他们能提出一个好的观点，那就让他们提吧。你的一部分任务是让他们在交流中真正处于"在那里"的状态，包括他们那些会造成麻烦但有道理的观点。从长远来看，试图剥夺他们发言机会的做法是行不通的。

不过，有些人已经知道沉默会让别人感到紧张，他们把沉默作为一种控制工具来使用。如果他们不给任何反应，对抗他们的人可能会开始退让。来看下面这个例子：

你："……所以那就是我希望发生的事情。"

他们：沉默，这让你感到紧张。

你："……那就是说，如果你愿意的话……"

他们：沉默。

你："……我的意思是，我不认为这个提议太不合理……"

他们：沉默。

你："……是吗？"

他们：沉默。

你："……不过，即使只有一点点，我也会很高兴的……"

他们：沉默。

你："……或者即便你只是考虑一下……"

你应该了解这种情形，沉默的人甚至不必争论，他们只需要等待，你就会情不自禁地开始退让。

与其屈服于沉默可能带来的焦虑，不如坐下来，尽你最大的努力放松。容忍沉默，等待对方做出回应，最终他们会开口的。如果沉默一直持续，你可以叫他们发表评论。"我希望听听你对我提的要求有什么要说的。"在对方表明他们的立场之前，不要改变你自己的立场。

与你的问题有关的对方在对抗过程中沉默吗？

你认为他们是在沉默中思考，还是把沉默当成一种控制工具？如果是后者，请记住你也许是错的。

如果在你计划的讨论中出现了沉默的情形，你该如何回应？

练习 1：你的对抗提醒

在阅读了上面的内容之后，问问你自己，哪些建议解决了你在过去的对抗中遇到的问题？如果你过度使用被动型、攻击型或被动攻击型的风格，哪些建议能最好地帮助你保持坚定自信的立场？

　　然后回想你在第 16 章"为对抗做准备"那部分中指出的情境。在关于这个问题的对抗中，记住哪些要点将对你最有帮助？你将如何利用这些技巧使讨论保持在正轨上？你的策略是什么？

　　　　记住的要点：

　　　　策略：

　　　　记住的要点：

　　　　策略：

　　　　记住的要点：

　　　　策略：

对抗之后

　　当最初的对抗结束后，你还有一些任务要完成。

奖励自己

　　对抗是困难的，它们有引发更大问题的风险，而且几乎从来不会在过程中不出任何差错，所以你总是有可能纠结进展得不太顺利的事情，或者对方行为中某些你不喜欢的方面。随着时间的推移，你会发现，最初看似惨淡失败的交流实际上往往是巨大的成功。

即使对抗并不完美，也要承认一点：虽然它对你来说很困难，但你还是付诸行动了。人们很容易把注意力集中在不好的部分，而忘记对自己的努力给予肯定。不要犯这个常见的错误，相反地，提醒自己你所取得的成就。你也可以因为付出了努力而犒劳一下自己（也许只是花点儿时间放松一下）。

你将如何肯定自己的努力，或因为直面问题而奖励自己?

做好你的部分，再多做一点儿

在一次成功的对抗之后，理想情况下，双方都会承诺做些什么。不要太专注于对方，以至于忘记了你自己的待办事项。如果你不履行你的承诺，他们当然也不会履行他们的承诺。即使他们履行了，他们也会把你食言的行为归档，以备将来参考，下次他们就不会那么合作了。

确保你写下你给出的承诺，并严格执行，甚至稍微多做一点儿。幸福婚姻（延伸开来，也包括其他令人满足的关系）的秘诀是：双方都付出60%，而不是50%。因为我们多少都有些自私自利的倾向，常常把存疑的利益归于自己。"好了，我已经做了我该做的部分，现在轮到他了。"我们也许认为我们完成了自己该完成的部分，但实际上并没有，而且

我们不一定总能给予我们的伴侣他们应得的肯定。比 50%
多做一点儿可以减少双方在轻微的不公平方面的分歧。

你生活中过去的讨论（也许谈话对象是你现在想的那个
人）曾经因为你没有履行你那部分的承诺而偏离正轨吗？如
果答案是肯定的，那是什么时候的事？

一旦你们进行了讨论，请尽快在这里或你的笔记本里记
录下你答应做的事。如果有额外的要点，你也可以直接在你
们交流的过程中做笔记。

监测结果

请记住，如果你想被认真对待，仅仅做好自己的那部分
事情是不够的，你还必须达成你声明会出现的结果，无论它
们是好是坏。

如果事情进展得顺利，记得对这一事实发表评论，确
保对方知道你认可并感激他们的努力。不要太挑剔，如果你
孩子做家务的时间只比你们商定的截止时间晚了一分钟，那
就当他履行了义务，只有到了晚点程度越来越夸张的时候才
发表评论。如果你的配偶和你一起去看歌剧，但对它有所抱
怨，尽量无视这番抱怨，并感谢配偶做出的努力。

　　如果你承诺了某项奖励，记得一定要兑现。也许你已经同意了在回家的路上去酒吧转转，即使你很累也要去。如果你爽约，就等于在教对方这样一个道理：哪怕他们做了他们该做的事情，情况也不会好转。这样一来，你们之间的信任将受到侵蚀，你会加强他们把你看成问题所在的倾向。坦率地说，他们也许是对的。

　　如果事情进展得不顺利，考虑提醒对方你之前声明过会出现的不良后果。但是，不要重复这种行为，并且要谨慎地给出这样的提醒。如果你告诉你的儿子，他在洗完碗之前不能看冰球比赛，那就给他空间，让他自己选择什么时候洗碗，不要抱怨。不过，要确保不良后果真的会发生。如果你不这么做，他很快就会知道你是在虚张声势，以后他就更不把你当回事了。如果他似乎已经忘记了自己该做的事，也不要揭他的疮疤。即使你私下里很生气，也要将结果正面地表达出来。"完全没问题。一洗完碗，你就把电视机打开吧。"

　　在这里或你的笔记本里记录结果。比起成功，我们更有可能记住失败，所以如果事情进展得顺利，请更努力地做记录。

　　你把对抗计划付诸行动了吗？讨论进行得怎么样？

　　最终的结果是什么？

哪些方法特别有效？下次你希望做些什么不同的事情？

你有没有执行 DESO 脚本中好的或不好的"结果"？如果有，你是怎么执行的？

附　录

坚定自信记分板

　　密切关注与他人的困难互动将帮助你澄清最具挑战性的情境，以及你处理这些情境的不同方式。使用坚定自信记分板来记录你在学习本书的过程中遇到的每一个困难或尴尬的互动，或者你也可以用你的笔记本记录。

　　你不需要记录每一次谈话，但是在发生下列类似事件时，一定要填写记分板。

- 你和对方的互动结果很糟糕。
- 你认为自己表现得很被动或具有攻击性，而不是坚定自信的。
- 你和一个特别难相处的人互动（不管结果是好是坏）。
- 事后你感到怨恨、软弱、失望或内疚。

　　每遇到这样一个例子，就在记分板的表格里做一次记录。以下是填写方法：

- **日期 / 时间 / 地点**：该经历发生在何时何地？
- **人物 / 情境**：你在和谁说话？对话关于什么内容？
- **你的回应**：你做了或说了什么？你有什么样的表现？
- **回应属于哪种风格**：使用第 2 章中坚定自信型、被动型、攻击型和被动攻击型行为的定义，选择一个最适合描述你的回应风格。
- **结果如何**：互动的结果是什么？
- **事后的感受**：你感觉如何？满意、受伤、焦虑、愤怒或怨恨？
- **回应的替代方案**：如果你判定自己没有表现得足够坚定自信，你可以如何以不同的方式处理当时那种情境？

日期：＿＿＿　　时间：＿＿＿　　地点：＿＿＿

人物 / 情境：＿＿＿＿＿＿＿＿＿＿

你的回应：＿＿＿＿＿＿＿＿＿＿

回应属于哪种风格：＿＿＿＿＿＿＿

结果如何：＿＿＿＿＿＿＿＿＿

事后的感受：＿＿＿＿＿＿＿＿

回应的替代方案：＿＿＿＿＿＿＿

```
┌────────────────────────────────────────────────────┐
│  日期：＿＿＿＿＿   时间：＿＿＿＿＿   地点：＿＿＿＿   │
│  人物／情境：＿＿＿＿＿＿＿＿＿＿＿＿＿＿＿＿＿＿＿＿   │
│                                                      │
│  你的回应：＿＿＿＿＿＿＿＿＿＿＿＿＿＿＿＿＿＿＿＿＿   │
│                                                      │
│  回应属于哪种风格：＿＿＿＿＿＿＿＿＿＿＿＿＿＿＿＿＿   │
│  结果如何：＿＿＿＿＿＿＿＿＿＿＿＿＿＿＿＿＿＿＿＿＿   │
│  事后的感受：＿＿＿＿＿＿＿＿＿＿＿＿＿＿＿＿＿＿＿＿   │
│  回应的替代方案：＿＿＿＿＿＿＿＿＿＿＿＿＿＿＿＿＿＿   │
│                                                      │
│                                                      │
│                                                      │
└────────────────────────────────────────────────────┘
```

提出要求的工作单

使用坚定自信型风格为你自己生活中的某个情境撰写一个 DESO 脚本。请记住，脚本的每个部分都应该相当简短（一般不超过一句话）。

描述事实。设置好舞台，你要处理的是什么情境？记得要关注行为。

＿＿＿＿＿＿＿＿＿＿＿＿＿＿＿＿＿＿＿＿＿＿＿＿＿＿＿

＿＿＿＿＿＿＿＿＿＿＿＿＿＿＿＿＿＿＿＿＿＿＿＿＿＿＿

＿＿＿＿＿＿＿＿＿＿＿＿＿＿＿＿＿＿＿＿＿＿＿＿＿＿＿

＿＿＿＿＿＿＿＿＿＿＿＿＿＿＿＿＿＿＿＿＿＿＿＿＿＿＿

表达想法。陈述你在这种情境下的感受，但不要表现出来。记得使用包含"我"字眼的陈述。

详述行为。你想要什么？记得保持简短，专注于行为，并使用正面的措辞。

给出结果。如果你提的要求得到了满足会发生什么？你会有什么感觉？整个互动会有什么结果？你会做什么回报对方？或者（很少出现的情况），如果对方没有答应你的要求，你会做什么？

后　记
做你自己

恭喜！你来到了本书的末尾。希望到目前为止，你已经完成了大部分的练习，并尝试了一些新的坚定自信的表达技巧和策略。希望你犯了一些错误，因为错误为你提供了机会，让你可以学习并调整这些技能以适应自己的沟通风格。也希望你取得了一些成功，因为成功有助于建立积极性。

什么还没有发生？

也许你以前倾向于过度使用一种不太有效的沟通风格——被动型、攻击型或被动攻击型。如果是这样的话，这种风格对你来说可能已经自动化了，自动的程度就像在路的一边开车一样。如果你搬到在路的另一边开车的国家，你会发现自己很难记住这个变化，至少一开始的时候很难。使用坚定自信型风格不会像你以前熟悉的沟通方式那样自动化，你也许知道该怎么做，但它不会自动发生，你还是必须先在脑子里过一遍。

坚定自信会成为你的第二天性吗？是的，它会逐渐变得容易一些，但是依然需要你付出努力。

- 在你习惯表现得更加坚定自信的过程中,你将不得不忍受一段时间的尴尬。就像学骑自行车那样,在你习惯之前,坚定自信的表达会让你感到奇怪和不自然。和所有的成长经历类似,它位于你通常的舒适区之外。

- 把坚定自信的行为培养成习惯的唯一方法就是练习。仅仅阅读本书中的建议或者在你的生活中做几次尝试是不够的,你需要继续练习。在很长一段时间里,你的第一冲动还是使用你最习惯的风格做出反应。你需要付出努力才能不重蹈覆辙,控制自己,好好思考,并给出一个坚定自信的回应。

- 坚定自信的表达可能永远不会像攻击或被动回避的做法那么容易。坚定自信的表达总是要求我们思考自己相信什么,并要求我们努力听到对方在说什么。虽然通过练习,这会变得越来越容易,但被动地回避或变得具有攻击性可能总是更诱人。坚定自信要求我们"在那里":我们必须运用我们的思想,敞开我们的心扉。这并不总是很容易做到的事。

为什么要付出这些努力呢?很简单,因为它起作用。

你是存在的。你可以通过试图隐藏自己或否认自己的独特性来假装你不存在,也可以努力做个别人看不见的幽灵,但这只是假装。你确实存在,你就在那里。

其他人也存在,他们有自己的想法、观点和偏好。他们有时对我们来说很麻烦，正如我告诉来访者的那样，"每个人都是好坏参半的混合体，绝无例外"。我们可以通过攻击把我们的意志强加给他们，消除我们之间的差异，让他们按照我们认为应该采取的方式去思考、行动和表现，但是我们一定会失败。他们还在那里，还是和我们不一样，还是独一无二的。

通过坚定自信的表达，我们发展出了与自己和与他人的联系。我们成为真正的人，有真正的想法、真正的差异，以及真正的缺陷。我们承认所有这些事情，不会试图成为别人的镜子，不会试图压制别人的独特性，不会假装自己是完美的。我们拥抱现实。"我也是个好坏参半的混合体。"我们成为我们自己，允许自己"在那里"。

这是一项艰巨的任务，需要勇气才能完成。通过阅读本书并做出一些尝试，你已经勇气可嘉地跨出了许多步，请对你开始这段旅程的勇气给予认可。

但是，这条路并没有到此结束。那些通向我们生活的脚步将会继续——伴随着更多的练习、更多的努力，以及更多的坚定与自信。

好好享受这条路，记得要"在那里"。

致　谢

　　在加拿大不列颠哥伦比亚省温哥华市的哥伦比亚大学医院，本书的第 1 版作为一个自信培训项目开启了它的旅程。Lynn Alden、Rozanne Wozny、Shelley van Etten、Martin Carroll、Elizabeth Eakin 和 Lindsey Jack 都为该项目提供了宝贵的反馈和建议。新先驱出版公司的 Patrick Fanning 看到了把培训内容写成一本书的潜力，并在这本书初次出版时对我提供了鼓励。

　　自 2000 年首次亮相以来，"改变方式"（Changeways）诊所已经从医院的一个小项目发展成为温哥华最大的私人心理健康诊所之一。能与那里充满才华的临床医生一起工作并分享想法，我很高兴，也颇受鼓舞。他们包括 Anne Howson、Nancy Prober、Suja Srikameswaran、Quincy Young、Mahesh Menon 和其他许多人。Heather Capocci 用心地管理着办公室，让我有时间做其他工作，包括撰写这本新版的图书。诊所的来访者也提供了宝贵的反馈，为这本书和我的其他图书做出了贡献。我还要感谢在心理沙龙

（PsychologySalon）频道上提供评论和建议的观众们。

我很幸运一路以来可以从同为心理学家的导师和朋友那里受益，包括 Dan Bilsker、Merv Gilbert、Bill Koch、Richard W. J. Neufeld、Margaret Jones Callahan 和 Bill Newby。Anne Treisman 博士对我的影响巨大，如果没有她，我可能永远不会成为一名心理学家。

新先驱出版公司的工作人员一直都很支持我，感谢 Tesilya Hanauer 坚持让我再看一遍材料，还要感谢 Matthew McKay、Madison Davis、Cassie Stoessel、Michele Waters，以及其他很多人。Joyce Wu 在本书的编辑过程中发挥了不可估量的作用。

和往常一样，我一直很感激我的丈夫，也是我人生旅途的共同探险者 Geoff B，谢谢他的观点、洞见和（对我偶尔的）容忍。

延伸阅读

Alberti, R., and M. Emmons. 1995. *Your Perfect Right: A Guide to Assertive Living*. 7th ed. San Luis Obispo, CA: Impact Publishers.

Bourne, E. 1998. *Healing Fear: New Approaches to Overcoming Anxiety*. Oakland: New Harbinger Publications.

Butler, P. E. 1992. *Self-Assertion for Women*. Rev. ed. New York: HarperOne.

Jakubowski, P., and A. J. Lange. 1978. *The Assertive Option: Your Rights and Responsibilities*. Champaign, IL: Research Press.

Kahneman, D. 2011. *Thinking, Fast and Slow*. New York: Farrar, Straus and Giroux.

McKay, M., M. Davis, and P. Fanning. 1983. *Messages: The Communications Skills Book*. Oakland: New Harbinger Publications.

Paterson, R. 2016. *How to Be Miserable: 40 Strategies You Already Use*. Oakland: New Harbinger Publications.

Paterson, R. 2020. *How to Be Miserable in Your Twenties: 40 Strategies to Fail at Adulting*. Oakland: New Harbinger Publications.

Potter-Efron, R. 1994. *Angry All the Time: An Emergency Guide to Anger Control*. Oakland: New Harbinger Publications.

Potter-Efron, R. 1995. *Letting Go of Anger: The 10 Most Common Anger Styles and What to Do About Them*. Oakland: New Harbinger Publications.

Smith, M. J. 1975. *When I Say No, I Feel Guilty*. New York: Bantam.

参考文献

Bower, S. A., and G. H. Bower. 1991. *Asserting Yourself: A Practical Guide for Positive Change*. Cambridge, MA: Da Capo Press.

Davis, M., E. R. Eshelman, and M. McKay. 2019. *The Relaxation and Stress Reduction Workbook*. 7th ed. Oakland: New Harbinger Publications.

Fredrickson, B. 2009. *Positivity: Discover the Upward Spiral That Will Change Your Life*. New York: Harmony Books.

Hays, K. 1999. *Working It Out: Using Exercise in Psychotherapy*. Washington, DC: APA Books.

Kagan, J., and N. Snidman. 2009. *The Long Shadow of Temperament*. Cambridge, MA: Belknap Press.

Seligman, M. 1991. *Learned Optimism: How to Change Your Mind and Your Life*. New York: Vintage.

Silberman, S. 2009. *The Insomnia Workbook: A Comprehensive Guide to Getting the Sleep You Need*. Oakland: New Harbinger Publications.

Sorokowska, A., P. Sorokowski, P. Hilpert, K. Cantarero, T. Frackowiak, K. Ahmadi, et al. 2017. "Preferred Interpersonal Distances: A Global Comparison." *Journal of Cross-Cultural Psychology* 48: 577–592.

Stahl, B., and E. Goldstein. 2019. *A Mindfulness-Based Stress Reduction Workbook*. 2nd ed. Anaheim: New Harbinger Publications.